國家社科基金重大項目（10&ZD104）

上海師範大學古籍整理研究所編
項目首席專家、主編　戴建國
主編　朱易安　傅璇琮　周常林

国家出版基金项目
NATIONAL PUBLICATION FOUNDATION

全宋筆記

第九編 八

大象出版社

顧　　問　王水照　朱瑞熙　徐　規　李裕民

項目首席專家、主編　戴建國

主　　編　朱易安　傅璇琮　周常林

編纂委員會（以姓氏筆畫爲序）

王劉純　朱易安　李亞娜　周常林　俞　鋼　查清華

徐時儀　陳　新　張劍光　傅璇琮　虞雲國　戴建國

目録

◉龔頤正撰

續釋常談

唐玲 整理

點校説明

《續釋常談》一卷，龔頤正撰。頤正生平已見《芥隱筆記》點校説明。自陳振孫《直齋書録解題》始，各家書目皆載《續釋常談》二十卷，唯《四庫總目》作二卷，然今僅存一卷，篇幅短小，條目亦少，當是宋元以來亡佚所致。

是書承襲《釋常談》之體例，訓釋唐前典籍之掌故逸聞，較《釋常談》價值更高。如元方回《讀〈續釋常談〉跋》云：「歷陽龔頤正爲《續釋常談》，釋人所常道之語也，石湖爲之跋。然不皆常談，間有奇語。」元黄溍《日損齋筆記》云：「龔頤正《續釋常談》最號詳博。」惜今無緣得見完帙。

《續釋常談》今存《百川學海》重輯本、《唐宋叢書》本。二本文字訛誤皆多，如《四庫全書考證》云：「《續釋常談》『客氣』條：荀赤松奏顔延之啓云：『高自比擬，客氣虚張。』刊本『赤』訛『亦』，『奏』訛『秦』，『比』訛『北』，又『擬』上衍『合』字，並據《南史》改删。」故此次整理以《百川學海》重輯本爲底本，校以《唐宋叢書》本及相關史籍。

御前

後漢蔡邕《獨斷》：「天子所在曰御前。」

陛下

《漢高祖紀》注：「王者世有執兵陳於堦陛之側。陛下者，郡臣嚴至尊之意也。」

計較

《三國志·孫堅傳》：「堅夜馳見袁術，畫地計較。」

下官

《通典》曰：宋孝武帝多積忌，諸國史人於本國者，不得稱臣，而稱下官。事在《孝武帝紀》中也。一説者云：稱臣者通稱，爲梁武帝史改臣爲下官。

面折

漢《王陵傳》：陳平曰：「於面折庭爭，臣不如君。」《汲黯傳》：「黯爲人性倨少禮，面折，不能容人之過。」《公孫弘傳》：「每朝會議，開陳其端，使人主自擇【一】，不肯面折庭爭。」

相門有相

按《南史》：王訓召見文德殿【二】，上目送之，謂朱异曰：「可謂相門有相。」

將門有將

《王鎮惡傳》：宋武帝曰：「鎮惡，王猛孫，所謂將門有將。」

郎君

《世説》：諸葛瑾爲豫州，遣別駕詣臺，語云：「小兒恪知談【三】，卿可以語。」連往詣恪【四】，恪不與相見。後相遇，別駕喚恪「咄咄郎君」云。

【一】使人主自擇　「主」原作「之」，「擇」原作「釋」，據《唐宋叢書》本改。

【二】王訓召見文德殿　「訓」原作「詢」，據《南史》改。

【三】小兒恪知談　「談」原作「謹」，據《世説新語》改。

【四】連往詣恪　「連」上原衍「速」字，據《世説新語》删。

半子

唐《回紇傳》：咸安公主下嫁，可汗上書恭甚，其言：「昔爲兄弟，今爲半子也。」

姨夫

元氏小叔與姪大淵書云：「吾時在鳳翔，每借書於齊倉曹家【五】，徒步執卷，就陸姨夫師受【六】。」

小姑

古樂府《焦仲卿妻》詞云：「却與小姑別，泪落連珠子。」

令弟

《文選》：謝靈運從弟惠連云：「末路值令弟酬問，開顔披心。」

姑夫

《五代史》：石敬瑭入篡時，皇后云「姑夫」。

【五】每借書於齊倉曹家　「於」原作「與」，據《元氏長慶集》改。

【六】徒步執卷就陸姨夫師受　「卷就」二字原脱，據《元氏長慶集》補。

妹壻

《三輔决録》：趙岐娶馬續女宗姜爲妻，續兄子融。岐曰：「妹壻之故，屈志于融。」

弟婦

弟談數王詢祖曰：「唯覺妹夫，疏于弟婦。」

先輩

《世説》：王子敬問謝公：「林公何如庾公【七】？」謝殊不受，答曰：「先輩初無論。」又人有問太傅：「子敬可是先輩誰比？」謝曰：「阿敬近撮王、劉之標。」

火伴

古《木蘭詞》云：「出門見火伴。」

家屬

《孔毅父雜説》：《前漢·西域傳》：屯田輪臺，「募民壯健累重敢涉者詣田所」。

【七】林公何如庾公　「林公」原作「休」，據《世説新語》改。

注：「累重，謂妻子家屬也。」

丫頭

劉賓客寄贈小樊詩云：「花面丫頭十三四，春來綽約向人時。」

小家子

殷芸《小説》：李膺同縣聶季寶【八】，小家子，不敢見膺。

打草驚蛇

主簿貪賄于魯，魯乃判曰：「汝雖打草，吾已驚蛇。」

乞兒

《漢官儀》曰：張衡云：「明帝臨軒雍，歷二府，光觀壯麗，而太尉府獨卑陋。」顯宗東顧，嘆息曰：「椎牛縱酒，勿令乞兒爲宰。」

【八】殷芸小説李膺同縣聶季寶　「芸」原作「雲」，「同」原作「州」，「寶」原作「保」，據《太平廣記》卷一六六改。

檀郎

李商隱詩：「謝傅門庭舊未行【九】，今朝歌管屬檀郎。」李賀詩：「檀郎眠何處」。

妳妳

《焦仲卿妻》古詩云：「阿母曰媒人。貧賤有此女，始適還家門。」又云：「阿母謝媒人，女子先有誓。」又云：「媒人下床去，諾諾復妳妳。」

陪酒陪歌

釋仲殊《花品序》：「每歲禁煙前後，置酒饌以待來賓賞花者，不問親疏，謂之『看花局』。故俚語云：彈琴種花、陪酒陪歌。」

暖寒之會【一〇】

《開元天寶遺事》：「巨豪王元寶，每至冬月大雪之際【一一】，令僕夫自本坊巷口掃雪爲徑路，躬親至坊前之巷，揖賓客就本家，具酒炙宴樂之，爲暖寒之會。」

【九】謝傅門庭舊未行　「謝傅」原作「傅道」，據《李義山詩集》改。

【一〇】暖寒之會　「會」原作「具」，據《開元天寶遺事》改，下同。

【一一】每至冬月大雪之際　「際」原作「祭」，據《唐宋叢書》本、《開元天寶遺事》改。

書手

《報應記》：宋衎，江淮人【一二】，應明經舉。元和至河陰縣，因疾病廢業，爲鹽鐵院書手。」

阿妳

李商隱《雜纂·七不稱意》内云：「少去聲。阿妳。」

村氣

劉餗《隋唐嘉話》：薛方徹尚丹陽公主，太宗嘗謂人曰：「此乃薛附馬村氣也。」

客氣

《左傳·定公八年》：陽虎曰【一三】：「盡客氣也。」《南史》：宋尚書左丞荀赤松奏顔延之啓云【一四】：「高自比擬【一五】，客氣虛張。」

【一二】宋衎江淮人　「衎江」原作「術士」，據《太平廣記》改。

【一三】陽虎曰　「曰」原作「入」，據《春秋左傳正義》改。

【一四】宋尚書左丞荀赤松奏顔延之啓云　「赤」原作「亦」，「奏」原作「秦」，據《唐宋叢書》本、《南史》改。

【一五】高自比擬　「擬」上原衍「合」字，據《南史》删；「比」，原作「北」，據《唐宋叢書》本改。

幹事

《南史·沈文學傳》：宋明帝就褚彦回求一幹事人，爲晉平王之上佐。

後生子

鮑明遠《少年時至衰老行》篇云：「寄語後生子，作樂當及春。」今俗少年者，呼爲「後生子」，士往往笑之，不謂比乃古語，而人尚用之也。

◎佚名撰

碧湖雜記

唐玲 整理

點校説明

《碧湖雜記》，不著撰人。原書已佚，元明以後各叢書皆輯爲一卷。關於撰者有二説，商務印書館本《説郛》題爲蔡寀之，宛委山堂本《説郛》又作謝枋得。然自《宋史·藝文志》以下，諸家書目多不著録撰者名。據今人李裕民考証，此書之作應在淳熙三年後，不晚於寧宗時。

《四庫總目提要》云：「書僅八條，殆亦非完本矣。第一條辨蘇軾《老饕賦》當作『老飺』，此據《説文》『貪財曰饕，貪食曰飺』之説，似乎有理，而實膠固。《説文》所注特因《左傳》稱：『貪於飲食，冒於貨賄，天下之人謂之饕飺。』因而分屬立訓耳。考《吕氏春秋》稱：『周鼎饕飺，有首無身，食人未咽，害及其身。』則饕飺本屬獸名，獸貪食有之，獸貪財則無是事。觀字竝從食，其義可推，通用爲貪食之名，於理無害，不必執也。第二條載僧思悦及曾季貍辨五臣《文選》注陶潛但書甲子之謬，謂按其甲子，皆在宋未受禪以前，其言鑿鑿可據。此書乃云劉裕自庚子得政，淵明逆知晉必爲宋，故於二十年前先削年號以寓意，其説尤迂謬不通。餘六條亦皆勦襲舊文，罕逢新義。」館臣未覩全帙，對是書評價不高，實則宋人筆記多有互相抄襲引用之例，《碧湖雜記》除記軼事外，多有按語，時爲考證，時發議論，並非無足觀。

《碧湖雜記》今無單行本，皆收録於叢書中。今存《續百川學海》本、《古今説海》本、《學海類編》本、《説郛》本等。此次整理以《學海類編》本爲底本，以《古今説海》本、商務印書館本及宛委山堂本《説郛》爲校本。從其他文獻輯得佚文一條，附於卷末。

東坡《老饕賦》蓋文章之遊戲耳。按《左氏》：「縉雲氏有不才子，貪于飲食，冒于貨賄，侵欲崇侈，不可盈厭；聚斂積實，不知紀極，不分孤寡，不恤窮匱，天下之民以比三凶【一】，謂之饕餮。」《説文》曰：「貪財爲饕，貪食爲餮。」然則東坡之賦當作「老餮」爲是。

五臣注《文選》謂，陶淵明詩自晉義熙以後皆題甲子，後世因仍其説。獨治平中，虎邱僧思悦編淵明詩，辨其不然。其説曰：「淵明之詩題甲子者，始庚子迄丙辰，凡十七年，皆晉安帝時所作。至恭帝元熙二年庚申歲，宋始受禪，自庚子至庚申蓋二十年，豈有宋未受禪前二十年，恥事二姓而題甲子之理？」曾裘父《艇齋詩話》亦信其説。然以余考之，元興二年，桓玄篡位【二】，晉氏不斷如綫【三】，得劉裕而始平，改元義熙，自此天下大權盡歸劉裕。淵明賦《歸去來辭》實義熙元年也，至十四年劉公爲相國，恭帝卽位，改元元熙，至二年庚申禪于宋。觀恭帝之言曰：「桓玄之時，晉氏已亡，天下重爲劉公所延將二十載，今日之事，本所甘心。」詳味此言，則劉氏自庚子得政，至庚申革命，凡二十年，淵明自庚子以後題甲子者，蓋逆知末流必至於此，忠之至、義之盡也。思悦、裘父，殆不足以知之。

校勘記

【一】天下之民以比三凶　「三」，原作「二」，據《左傳》、商務印書館本《説郛》改。

【二】桓玄篡位　「玄」原避清諱作「元」，據《晉書》卷九九改。下同。

【三】晉氏不斷如綫　「斷」，商務印書館本《説郛》作「绝」。

杜詩云：「坐開桑落酒，來把菊花枝。」按：賈思勰《齊民要術》「造酒門」有桑落酒、神麴酒，其名不一。又云：「桑欲落時，造黍米酒可得永年【四】」。「造神麴酒，春秋二時造者，皆得過夏，然桑落時作者，乃勝于春。」又有造桑落酒麴法。老杜或本諸此，所謂「桑落酒」者，恐未必然。

杜牧之《華清宫》詩云：「雨露偏金穴，乾坤入酒鄉【五】。」許彦周謂：「如此，天下焉得不亂！」蓋以明皇寵幸妃族，賞賚無極，君臣終日酣宴，所以兆漁陽之變耳。余聞東都宣政間，禁中有保和殿，殿西南廡有玉眞軒，軒内有玉華閣，卽安妃妝閣也。妃姓劉氏，入宫，進位貴妃。林靈素以左道得幸，謂上爲「長生帝君」，妃爲「九華玉眞安妃」。每神降，必别置妃位，畫妃像于其中，每祀妃像。妃方寢而覺，有酒容。是時，群臣惟蔡元長最承恩遇，嘗賦詩題殿壁，曰：「瓊瑶錯落密成林，檜竹交加午有陰。恩許塵凡時縱步，不知身在五雲深。」侍宴于保和殿【六】，上令妃見京，先有詩曰：「雅興酒酣添逸興，玉眞軒内見安妃。」命京賡補成篇。京卽題曰「保和新殿麗秋暉，恩許塵凡到綺圍」云云。須臾，命京入軒，但見妃像，京又有詩云：「玉眞軒内煖如春【七】，只見丹青未見人。月裏姮娥終有恨，鑑中姑射未應眞。」已而至閣，妃出見京，勸酬至再，日暮而退。且君門九重，睡榻之側，豈容他人咳唾！至今人臣縱步，褻飲于其間，當時恩幸可從而知矣。然其他日之禍【八】，殆甚于天寶之季，此可爲萬世君臣之戒。

【四】造黍米酒可得永年　「永」，《齊民要術》作「周」。

【五】乾坤入酒鄉　「酒」，《樊川詩集》、商務印書館本《説郛》作「醉」。

【六】侍宴于保和殿　「侍」上，商務印書館本《説郛》有「常」字。

【七】玉眞軒内煖如春　「内」，商務印書館本《説郛》作「檻」。

【八】然其他日之禍　「其」，宛委山堂本《説郛》作「則」，「其」上，商務印書館本《説郛》有「極」字。

劉遺民，名程之，字仲思，遺民，其號也。彭城人，曾作柴桑令，與淵明同隱，淵明有《和劉柴桑詩》。時又有周續之者，爲撫州參軍，淵明呼爲周掾【九】，亦隱于柴桑，號「潯陽三隱」。

「大麥青青小麥枯，誰當穫者婦與姑【一〇】，丈夫何在西擊胡。吏買馬，軍具車，請爲諸君鼓嚨胡。」山谷親書此帖，乃是漢成帝時童謠也。後至元壽中，凉州羌寇反抄三輔，延及并冀，大爲民害。命將出師，每戰輒負，中國益發田卒，麥多委棄，但有婦女收穫。「吏買馬，軍具車」者，言調發重也。「請爲諸君鼓嚨胡」者，不敢公言，私相語也。

古樂府《木蘭詞》乃女子代父征戍，十年而歸，不受封爵，故杜牧之有《題木蘭廟》詩云：「彎弓征戰作男兒，夢裏曾經與畫眉。幾度思歸還把酒，拂雲堆上祝明妃。」女子作男兒，其事甚怪。五代王蜀時，有崇嘏者，本臨邛女子黃氏。蜀相周庠初在臨邛，嘏以詩上謁，庠稱之，薦攝府掾，吏事明敏，胥吏畏服。逾一載，欲妻以女，嘏以詩辭之，曰：「一辭拾翠碧江涯，貧守蓬茅但賦詩。自服藍衫居郡掾，永抛鸞鏡畫蛾眉。立身卓矣青松操【一一】，挺志堅然白璧姿。幕府若容爲坦腹，願天速變作男兒。」庠大驚，召問，具述本末，乃黃使君之女，元未從人，惟老嫗同居。此事尤怪。

今樂府有《蘭陵王》，乃北齊文襄之子長恭，一名孝瓘，爲蘭陵王。邙山之戰，長恭爲中軍，率五百騎再入周軍，遂至金墉之下，被圍甚急。城上人弗識，長恭免胄示之面，乃下

【九】淵明呼爲周掾　「掾」，原作「椽」，據各本改。

【一〇】誰當穫者婦與姑　「穫」，原作「獲」，據商務印書館本《説郛》改。下同。

【一一】立身卓矣青松操　「矣」，商務印書館本《説郛》作「爾」。

弩手救之，于是大捷。開士因歌謡之，爲《蘭陵王入陣曲》是也。

佚文

宋有一郎官，年六十餘，置媵妾數人。鬚已班白，令其妻妾互鑷之【一二】。妻忌其少，恐爲群妾所悦，乃去其黑者。妾欲其少，乃去其白者。不踰月，頤頷遂空。（清王初桐《奩史》卷二〇）

【一二】令其妻妾互鑷之　「妾」字原缺，據文意補。

◎儲　泳撰

祛疑説

趙　龍　整理

點校説明

《祛疑説》不分卷，儲泳撰。儲泳，字文卿，號華谷，華亭（今上海市）人。是書「易占説」條載「嘗於舟中以語同志，朱子美大以爲然」，據《吴郡志》卷二八《進士題名》，朱子美乃宋孝宗乾道五年（一一六九）進士，據此知泳當爲同時代人。泳因避戰亂，於周浦築書舍隱居。工吟詠，有詩集，另有《易説》、《老子注》等，均佚。

《祛疑説》共三十六條，記四十事，除「辨脈」、「墨説」條外，餘皆「以平生篤好術數，久而盡知其情僞」，因以作文而辨之。其言雖平實，卻頗具文獻、文化參考價值。

是書因宋左圭《百川學海》收入而賴以傳世，明商維濬刻《稗海》亦收，題曰《祛疑説纂》，然經删削，存者僅十之五六。清朱清榮重訂此書，釐爲四卷，收入《藝海珠塵・壬集》。另有《學津討原》本、《四庫全書》本、《説郛》本等。此次整理，以《百川學海》本爲底本，校以《稗海》本、文淵閣《四庫全書》本（簡稱四庫本）、《藝海珠塵》本（簡稱藝海本），并有關典籍。

校勘記

易占說

筮《易》以蓍，古法也。近世以錢擲爻，欲其簡便，要不能盡卜筮之道。自昔以錢之有字者爲陰，無字者爲陽，故兩背爲拆，⚋畫也；兩字爲單，⚊畫也。朱文公以爲錢之有字者爲面，無字者爲背。凡物面皆屬陽，背皆屬陰，反舊法而用之，故建安諸學者悉主其說。或謂古者鑄金爲具，曰刀、曰泉，其陰或紀國號，如鏡陰之有款識也。一以爲陰，一以爲陽，未知孰是。大抵筮必以蓍，求爲簡便，必盡其法。余嘗以木爲三彈丸，丸各六面，三面各刻三畫，三面刻二畫，呵而擲之，以盡老少陰陽之變。三丸各六面，十有八變之義也。三面爲三，乾之九也；三面爲二，坤之六也。此用九、用六之義也。三者，乾之一畫函三也；二者，坤之一畫分二也。此叄天兩地之說也。三丸擲之皆三，則成九，老陽數也；三丸皆二，則成六，老陰數也。兩二一三則成七，少陽數也；兩三一二則成八，少陰數也。所用者，乾、坤之畫，以成八卦，是乾、坤生六子之象也。丸象太極之一也，三三爲乾，二二爲坤，象兩也。三丸者，象天、地、人之三才也。每丸得數十五，《洛書》皇極數也；

合三丸之數而爲四十有五，《河圖》九宫數也。上二則下三，上三則下二，動静皆五，故五藏於用，參以四十五數，太衍之數五十也。三丸成九於上，則三丸伏六於下，此老陽變陰之體也；三丸成六於上，則三丸伏九於下，此老陰變陽之體也。二三相對，每丸各具三五，此三五以變，錯綜其數之旨也。體圓而轉，變動不居也。六位相乘，周流六虚也。三丸六擲而成卦，亦十有八變之義也。既無錢背錢面陰陽之疑，又合老少陰陽之變。嘗於舟中以語同志，朱子美大以爲然。因著其法，與好事者同其用。

辨脈

醫者可以生人，可以殺人，所係尤重，故世子拜醫，重之至也。切脈之際，沈微弦緊之小差，投藥之間，表裏汗下之小誤，則不復有再生之理，此世之所通患，然亦在所未暇論。夫所謂脈者，世皆知王叔和之《脈訣》矣。左心、小腸、肝、膽、腎；右肺、大腸、脾、胃、命，此五臟六腑一定之位也。醫者於一指之間，以前半指爲心，後半指爲小腸，他部皆然。而或者以六腑乃五臟之應，以輕取重按之間，爲五臟六腑之别。切脈之法，其説有二，彼是則此非，彼非則此是，部位未定，況望其不謬於證耶。又有大可疑者，婦人之脈，惟以尺脈之常盛常弱，與男子爲相反，而《脈訣》謂反此背看，切疑其有説也。夫男子婦人，形體絶異，陰陽殊途也。故男生而覆，女生而仰；男則左旋，女則右轉。凡陽氣則自下而上，陰氣則自上而下。男主施與，陰主翕受。而男子之至命在腎，而處五臟六腑之極下；女人之命在乳，而處五臟六腑之極上。氣形皆異，脈傳於氣形之間者也，何乃男子之與女人略不少異耶？況背看二字殆必有説。既言反此，又言背看，必不止於常弱常强之分而已也。及觀褚澄《尊生經》，而前之疑者，始以自信世未始有以女人之脈背看，如褚澄之説者。《尊生經》曰：「脈分兩手，手分三部，隔寸尺者命之曰關。去肘度尺曰尺，關前一寸爲寸。左手之寸極上，右手之尺極下。男子陽順【一】，自下生上，故極下之地；右手之尺【二】，爲受命之根本，如天地未分，元氣混沌也。既受命矣，萬物從土而出【三】，惟脾爲先，故尺上之關爲脾；脾土生金，故關上之寸爲肺；肺金生水，故右手之寸越左手之尺爲腎；腎水生木，故左手尺上之關爲肝；肝木生火，故關上之寸爲心。女子陰逆，自上生下，故極上之地；左手之寸，爲受命之根本，如天地未分，元氣混沌也【四】。既受命矣，萬物從土而出，惟脾爲先，故左手寸下之關爲脾；脾土生金，故關下之尺爲肺；肺金生水，故左手之尺越右手之寸爲腎；腎水生木，故右手寸下之關爲肝；肝木生火，故關下之尺爲心。男子右手尺脈常弱，初生微眇之氣也；女子右手尺脈常强，心火之位也。非男非女之身，感以婦人，則男脈應診，動以男子，則女脈順指。不察乎此，難與言醫。」褚澄尚主爲宋駙馬都尉，察脈如神，著書十篇，曰《尊生秘經》，此其一也。

【一】男子陽順　「陽」原闕，據《褚氏遺書》補。

【二】右手之尺　「手之」原闕，據《古今圖書集成·藝術典》卷九八《醫部》補。

【三】從土而出　「土」原作「上」，據《稗海》本、藝海本及文意改。

【四】如天地未分元氣混沌也　原闕，據《古今圖書集成·藝術典》卷九八《醫部》補。

辨針 今堪輿家於中針、正針兩用之【五】。

陰陽家之説尚矣。其間得失是否，未易輕議，要亦驗諸事，折諸理而已。地理之學，莫先於辨方，二十四山，於焉取正。以百二十位分金言之，用丙午中針，則差西南者兩位有半；用子午正針，則差東南者兩位有半。吉兇禍福，豈不大相遠哉？此而不明，他亦奚取。曩者先君卜地，日者一以丙午中針爲是，一以子午正針爲是，各自執其師傳之學。世無先覺，何所取正？而兩者之説，亦各有理。主丙午中針者曰：「《狐首》古書專明此事。所謂自子至丙，東南司陽；自午至壬，西北司陰。壬子丙午，天地之中。」繼之曰：「針雖指南，本實戀北。」其説蓋有所本矣。又曰：「十二支辰，以子午爲正。厥後以六十四卦，配爲二十四位，丙實配午，是午一位而丙共之。丙午之中，即十二支單午之中也。」其説又有理矣。主子午正針者曰：「自伏羲以八卦定八方，離坎正南北之位，丙丁輔離，壬癸輔坎。以八方析爲二十四位，南方得丙午丁，北方得壬子癸，子午實居其中。」其説有理，亦不容廢。又曰：「日之躔度，次丙位則爲丙時，次午則爲午時。」今丙時前二定之位，良亦勞止。因著其説，與好事者共之。但用丙午中針，亦多有驗，適占本位耳。

【五】今堪輿家於中針正針兩用之　原闕，據《稗海》本、《藝海》本補。

墨説

製墨之法，取煙不過欲其輕遠，而水之重輕，膠之分兩，隨時增減，大槩不甚相遠。世人往往入他藥以助其黑色，發其光焰，不知天下至黑，何以加於油煙，入藥一分，減色一分耳。惟當事治膠法，煎膠之次，恐其滯也，有藥以醒之，恐其烈也，有藥以敗之，故藥去而性存，膠成而體不雜。膠煙之外，不用一藥，此墨之所謂膠法也。夫煙之所以黑者，擣練之功也。今之製墨者，以手搜劑，緩則燥裂，一再蒸之，已失其性，況敢擣練千杵耶？得製膠之法，又能緩膠之性，則入鐵石臼中擣之一二千下，膠性如飴，惟意所適，然後作鋌。出煙之黑色，發煙之光焰，未有過於此者。區區秦皮紫草之類，適爲膠法累耳。雅意文房者不可不知此理。

行持是正心誠意之學

道家之行持，即吾儒格物之學也。蓋行持以正心誠意爲主。心不正，則不足以感物；意不誠，則不足以通神。神運於此，物應於彼，故雖萬里可驅攝於呼吸間。非至神，孰能與此？嗚呼！廣大無際者，心也；隔礙潛通者，神也。然心不存則不明，神不養則不靈。正以存之，久而自明；誠以養之，極而自靈。世之學者，不務存養於平時，而遽施行於一旦，亦猶汲甘泉於枯井，採英華於槁木，吾見其不可得矣。及其氣索神驚，取悔致敗，乃歸怨神之不靈，法之不驗。良可悲也！

符印咒訣不靈　祭將召邪

符印咒訣，行持之文具也；精神運用，行持之玄妙也。感應乃其枝葉，煉養乃其根本。不知其根本玄妙，而徒倚符印咒訣爲事，雖甚靈驗，亦徒法耳。蓋符印本不能自靈，依神通而感應，苟得感通之道，何假符印咒訣哉？彼時師不達深妙，持將祭則靈之説，以愚後人。遂使後學一意祭賽，損物傷生，召引無依求食之鬼，日至月增，結成徒黨，自謂驅攝，指揮如意【六】。不知以邪攻邪，實有損於行持者之身也。余自總角愛行持，傳授殆徧，法書數箱，印幾百顆，意謂法止於此。道心堅猛，天誘其衷，忽遇至人，授以口訣，不出數句，遂縱横於諸法中。方知將吏只在身中，神明不離方寸，符印咒訣皆符合之具也。世之志尚清高、雅意道法者，不可不知此理。

咒水自沸　移景法

正法出於自然，故感應亦廣大；邪法出於人爲，故多可喜之術。余舊見咒水者，不施藥物立使騰沸，始甚奇之，及得其説，乃以豬囊藏袖中，用手法助之耳。如移景之法，類

【六】指揮　原作「揮指」，據四庫本、藝海本乙。

多髣髴，惟一法如烈日中影，人無不見，視諸家移景之法特異。及得其説，乃隱像於鏡，設燈於旁，燈鏡交輝，傳影於紙。此術近多施之攝召，良可笑也。大抵行持正法，不過正心誠意而物格，本無心於奇怪之應，非如邪法之専於愚世駭俗，聳動見聞也。至於召雷而雷，禱雨而雨，此亦誠通物格之妙，自然而已，豈容以人僞參之哉！

叱劍斬鬼

幼時嘗聞一道士有斬鬼之法，每置劍空室中，以水潠之，叱其斬妖，對衆封閉，來日啟之，流血滿地。數年後，旅寓中得親見此道士。既久聞名，厚加禮遇而求其法。始甚珍秘，久之許傳，乃出示一草實，密以擦劍，含水大噴，經夕視之，水皆血色，一見釋然。蓋人之與鬼，陰陽一氣耳，一氣受形而爲人，一氣離形而爲鬼。血因形而生，既不受形，何從有血？天下未有無形而有血者。君子可欺以方，難罔以非其道，惟達理者不受非道之欺。

咒棗煙起　咒棗自焦

舊聞咒棗而煙起，或咒而棗焦者，心雖知其爲術，不知其所以爲術也。後因叩之道師，乃知棗之煙者，藏藥於棗，託名以咒，撚之則藥如煙起。其棗之焦者，藏鏡於頂，感召陽精，舉棗就鏡，頃之自焦。是知奇怪之事，非藥則術，不足多也。

燒香召雷神　錢入水即化

向有行雷法者，以夜遊、艾納數藥合而爲香。每燒則煙聚爐上，人身鳥翼，恍如雷神，所至敬向，不知其爲藥術也。師巫多挾術以欺世。向見一女巫，應有祈禱，必納香錢，使自投於淨盂中，隨即不見，人多神之。後得其術，乃用荸薺、水銀、雜草藥數種，埋之地中，七七藥成。每密投少許於水中，錢入即化。挾邪術、託鬼神以欺世，如此類者甚多，不欲盡紀，姑敘數端，以祛後來者之惑。

請封書仙

降筆之法甚多，封書降筆者最異，其封愈多而牢，其拆愈易而疾，惑而信者多矣。不動全封，可隨意而書寫。或以天麻子油書之，不見其跡，此實鬼拆書之術耳。然有挾此資身者，故不欲著其所以拆云。

呼鶴自至

向遇一道友，能呼鶴、雀之類，從而求之，幾月乃許傳授。其法，用活雄鳩血書符，殺命助靈，心已不喜。先授七字咒，約旦日教以作用。閱其咒語，盡從反犬，有「狐」、「貍」

等字，方知此爲嶺南妖術耳，遂不卒受其説。彼察知不悦，亦就辭去。戲已無益，况左道乎？好怪傷生，尤非仁人君子之事。

呼鼠　祛蚊

自幼愛接道友，有一人能呼鼠群聚，久之遣去。亦能祛蚊，自謂以法追禁。始亦疑之，久相與處，察其動静，悉非咒法。每欲呼鼠，必先期收市狼糞、黑犬皮之類。惟祛蚊之術不可知，一夜醉寢，取其篋中香末試燒，蚊悉遠去。但不知其用藥，然正作荷花香。來日叩之，微笑不答，想亦荷花之鬚耳。

覆射

覆射之法甚多，如復命認錢之類，無非暗號；如左右多少之類，出於算法，此不足道。惟一法用七言詩兩首，括天下字。凡有音者，皆包羅而不遺。兩詩各四十九字，分前後片，前片四十九字，内以三字分上去入聲，一字爲疊，實四十五字耳。此四十五字分喉、齒、唇、舌四音，後四十九字總括諸韻，合成反切，故天下字無不可知。人但見其或擊鑼鼓，或用片紙，反復以錢，不知其以四十九字寄倖於此也。然可求者字之音，難窮者字之體，必能通文理而後可學，否則亦徒然爾。然立法簡妙，不可得以智識推度。因著此，以廣好事者之見。

知術

欺世之術，君子之末，達者固多察之，察而知其所以爲邪，足矣。如知其邪而邪之，非上善之用心也。故余特敘其術之大概，而不言其全，正慮是也。

邪正

人惟一覺性耳。覺之一字，可以斷疑情，祛邪妄，一雜亂，返真常。人苟氣宇清明，心神虛爽，邪魅何從而入？惟其昏擾，濁亂自生，顛倒見解，故外邪客氣乘之。然外邪客氣，即我之顛倒見解而已，非外來也。由內不自正，故曰外邪；心無所主，故曰客氣。當知覺性易昏，惟誠以養之則明，定以持之則清，清明之極，道乃可成。盡敬事神，不若還以事其性天之神也。

鬼神之理

世之論鬼神者有二：持福善禍淫之説者泥於有，持萬法惟心之説者著於無。不究端倪，皆非至當。夫鬼神者，本無形迹之可見，聲臭之可求，謂之有則不可。至於寒暑之代謝，日星之運行，雷電風雨之倏變倏化，非鬼神之顯著者乎？此謂之無，則又不可。蓋天地之間，惟陰陽耳。天地者，陰陽之祖也。神者，天之陽精；鬼者，地之陰氣。陰陽者，天地之妙用；鬼神者，陰陽之變化。自天統開於子，輕清之炁，一萬八百年升而爲天。天之晶華，凝結而爲日月星辰，成象既著，功用乃行。地統開於丑，重濁之炁，一萬八百年凝而爲地。地之靈氣，融結而爲山川河嶽，成形既定，肸蠁攸召。天之一氣，列而爲清明之神，主造化，運四時；地之一氣，鍾而爲福德之鬼，鎮土宇，司五嶽。如天一生水於北，水之精化爲玄武，位鎮朔方。此天地自然之道，豈驅而爲之哉？鬼神者，陰陽顯著之名耳。二氣運行，本無形迹之可見，固不可謂之有，及其機微之積，錯揉之變，則風霆流形，妖祥示象，此天地之鬼神也。故聖人謂鬼神之德，《易》謂鬼神之情狀，又其可謂之無乎？鬼神者，陰陽之粹精也，依氣而聚散。氣者，形之始也，氣聚則顯然成象，氣散則泯然無跡。本於無而出則有，出則有而入於無。古人謂鬼隱龍匿，莫知其蹤是也。夫幽深寥闃，淪寂無聲，視之不見，聽之不聞者，推本則無也。或見光景，或聞音聲，如在其上，如在左右者，氣感而有也。惟人稟陽於天，受陰於地，生神於陽，成形於陰。鬼神造化，皆備於我，特其體有小大。故鬼神之功用，與天地有等殊耳。知此理，則知鬼神之情狀。

陽神陰靈之説

有客舉倩女離魂話，因及張紫陽與雪竇禪師入定事，謂雪竇以禪定成至陰之爽，故不能持物而還，紫陽以金丹凝至陽之神，故能持果而返。此事之有無，不必深辨，大概先輩以此别性宗與形神俱妙之功用不同耳。因語客曰：「陽神能運物，陰神不能運，固也。今山魈、物精、邪鬼而已，飛瓦走石，運致實貨，瞬息千里，謂之陽神，可乎？」客不能對。後每以此問人，莫得其説。嗚呼！知此説者，其知性命之所以不同歟。

天道不遠説

嘗觀劉向《災異五行傳》，後世或以爲牽合。天固未必以屑屑爲事，然殃咎各以類至，理不可誣。若遽以牽合少之，則箕子之五事庶證相爲影響，顧亦可得而議乎？試以一身言之：五行者，人身之五官也，氣應五臟。五氣調順，則百骸俱理，一氣不應，一病生焉。然人之受病，必有所屬。太陽爲水，厥陰爲木是也。而太陽之證，爲項强，爲腰疼，爲發熱，爲惡寒，其患雜然而並出。要其指歸，則一出於太陽之證也，猶貌不恭而爲常雨、爲狂、爲惡也。況五官之中，或貌、言之間，兩失其正，即《素問》所謂陽明厥陰之合病也。其爲病又豈一端之所能盡哉！以一身而察之，則五事庶證之應，蓋可以類推矣。劉向

《五行傳》直指某事爲某證之應，局於一端，殆未察醫書兩證合病之理也。後之人主五事，多失其正，受病蓋不止一證，宜乎災異之互見迭出也。局以一證論之，未爲得也。夫冬雷則草木華，蟄蟲奮，人多疾疫，一沴使然。景星慶雲，不生聖賢，則産祥瑞。象見於上，則應在於下。如虹蜺，妖氣也，當大夏而見，則不能損物，百物未告成也；秋見，則百穀用耗矣。或入人家而能致火，飲井則泉竭，入醬則化水。和氣致祥，妖氣致異，厥有明驗。天道感物如響斯應，人事感天，其有不然者乎？如風花出海而爲飄風，山川出雲而爲時雨。農家以霜降前一日見霜，則知清明前一日霜止；霜降後一日見霜，則知清明後一日霜止。五日十日而往，前後同占。欲出秧苗，必待霜止。每歲推驗，若合符節，天道果遠乎哉？感於此則應於彼，有此象則有此數，乃不易之理也。

神像所以靈

設土木像，敬而事之，顯應靈感，此非土木之靈，乃人心之靈耳。夫壇、場、社、廟，或興或廢，有靈有不靈者，係人心之歸與不歸，風水之聚與不聚。蓋人者具真覺之靈，受中和之氣，天地之内，莫靈於人。人心所聚，靈氣之所聚也。彼得風水之利者，氣脈停止，人心精爽，得以依之，此所以愈靈而愈興也。其失風水之宜者，和氣不聚，人心精爽，無所依棲，隨而蕩散，此所以日廢而不靈也。凡壇、場，立於風水會聚之地，而人心歸鄉，未有不靈而福德者。愚人不知此理，欲助其靈，乃取活蛇、生鴉，或縛獮猴，藏於土木偶之胸腹，此非助靈之道，實助其妖孽耳。知者不可以不戒。

陰陽家多拘忌

太史公言陰陽家多拘忌，信哉斯言。將盡從之，則彼可此否，不勝其牽制；將盡棄之，則禍福顯驗，有不可誣者。然則何爲而可？余爲之斷曰：大而緊者避之，小而緩者略之；合於理者從之，背於理者去之。如太歲一星、出《元經》，非歲建也。九梁會煞之類，此大而緊者，所當避忌。如蠶室、太陰、狼籍、流財之類，此小而緩者，可以略去。不必盡求合也。如歲位吉兇，九宮飛白，六壬之四殺没於四維，六神制於六道，遁甲之趨三避五，逼迫刑格，旨意玄微，立法深妙，皆萬世不可刊者，所當遵用。夫復何説！如四衝所通忌活曜，則取以爲吉，三方實死法五符，謂百無所忌，不通於理，烏可準憑！論陰陽者既知去取，又當以胸中活法參之。如金神，惡殺也，其權司秋，其位居兑，正秋作之，復值巳酉丑地，決不免禍。如作於夏，或值丙離，權去勢衰，未爲深害。即此而論，則活法可類推矣。故曰：安得圓機之士語九流乎！此太史公之微旨也。夫人生天地間，應變酬酢，未有不爲陰陽束縛者，烏可不知所趨避哉！惟君與相，勢位力量可以斡造化，贊陰陽，鎮靖方隅，制伏神煞，下此所不當忽也。至於窮理盡性之聖賢，得道心空之高士，離五行、超物外，天地不得違其機，鬼神不得窺其迹，豈陰陽所能籠絡哉？如此者，又不可以概論。

辨身壬法

陰陽家多拘忌，達者固不當一切求合，然吉兇影響，要不可廢。如酒醋遇弦而生涎，糟醬遇潮而作湧，雞子日中則正，日昃則偏，鵲避歲君，燕避戊己，一炁運化，萬物莫逃。人亦天地之一物，豈能獨立於陰陽之外哉！自羲和之學失其世守，而文字之傳，或多剽切，世罕精於此道。如造作一法，人所當用，大要先論。身壬之法則大不可曉，夫所謂身壬者，陰陽二命，皆起於壬也。其詩有曰：「陽遇牛門當返照，陰逢雞嶺急須回。」故十歲起亥，陽命遇丑而返，陰命遇酉而回。舉世用之，殊不察理之所在。其法，一十起亥，二十在丑，三十在子【七】，四十在亥矣。今逐年行運，三十九歲在卯，四十乃在寅。寅與亥相去四位，一兇一吉，何去何從？先賢立法，宜不如此之舛且戾也。惟朱子美家藏鼻祖秘書，得其全法，頗合於理，未嘗語人。其詩有曰：「陽遇牛門當返照，陰逢雞嶺急須回。跳過三宮雙女位，一年一位逆歸來。陰遇午申爲大利，陽逢寅子永無災。」得此全法，乃合身壬之運。其流年所至，悉與起數脗合。如四十在亥，流年四十亦至亥，並無差舛，乃知剽切之學誤天下後世多矣。此大而要切者，其踈繆且如此，況其它星煞乎？大抵吉兇星煞，不外乎數。此法自壬而起，壬水數一，故起法悉本於一，運於三而成於五，合三五一

【七】二十在丑三十在子　「三」原作「者」，據《稗海》本、四庫本、藝海本改。

之數以爲用。此所謂身壬之法也。立法而不本於理，不合乎數，吾未敢以爲智者之剏法也。陽命一十起亥，二十子，三十五，三十一越三位而在巳，順至子得四十；陰命逆行，一十起亥，二十戌，三十酉，三十一申，三十四至巳，三十五五。

赤口煞

赤口，小煞耳。人或忤之，率多鬭訟。原其起法，以四位求之，常值於巳；以十二支求之，常值辰戌。蓋魁罡乃天之惡神，巳位屬蛇，有噬人之毒也。然用之亦活法，不可以此小害，遽廢良日。如赤口值寅、巳、酉、戌，則不可用，餘皆無害。蓋四位所屬，皆能以口傷物，其煞乃行；他位值之，不必盡避。

驛馬是先天三合數

八卦未畫，數泯於理，自天出《河圖》而後有先天之八卦，先天之數由是出焉。故大撓氏作六十甲子，亦以一二三四五而定水火木金土之數【八】。聖賢立法，未有不參於理、本於數者也。今世之所謂驛馬者，先天三合數也。先天寅七午九而戌五，合數二十有一，故自子順至申，凡二十有一而爲火局之驛馬。亥卯未之數四六與八，合爲十八，故自子順至巳凡十八，而爲木局之驛馬，木火陽局也。從子一陽而順轉，金水陰局也，從午一陰而

【八】水火木金土　原作「火土木金水」，據《春秋左傳註疏》卷四一、《洪範口義》卷上、《漢上易傳》卷七改。

逆行，故申子辰之數七九與五，合爲二十有一，故自午逆至寅凡二十有一，而爲水局之驛馬。巳酉丑之數四六與八，合爲十八，故自午逆至亥凡十有八，而爲金局之驛馬。此驛馬之法所由立也。

三刑是極數

子卯，一刑也；寅巳申，二刑也；丑戌未，三刑也。自卯順至子，子逆至卯，極十數而爲無禮之刑；寅逆至巳，巳逆至申，極十數而爲無恩之刑；丑順至戌，戌順至未，極十數而爲恃勢之刑。故皇極中天，以十爲殺數，積數至十，則悉空其數。天道惡盈，滿則覆也。此三刑之法所由起也。

六壬三殺乃先天四衝數

壬式之忌，莫大於三煞，三命家謂之破碎。陰陽家之用，莫先於身壬，而身壬之忌，亦莫大於三煞。犯之則禍常不赦，世人徒用之而不知其所以然也。蓋巳、酉、丑者，五行之殺氣也，而巳、酉、丑之所以爲殺者，先天數之四衝也。夫子午之數各九，卯酉各六，總爲三十，自子順行，極三十而見巳，是爲四仲之正殺；寅申各七，巳亥各四，總二十有二，自子順行，極二十二而見酉，是爲四孟之正殺；辰戌各五，丑未各八，總二十有六，自子順行，極二十六數而見丑，是爲四季之正殺。此壬申三殺之所由起也。

貴人是十干合氣

甲戊庚牛羊，乙己鼠猴鄉。自昔相傳，以爲貴人，或者謂當以甲戊在牛羊，云云。庚辛逢馬虎爲是。兩位各主兩干，「在」字與「庚」字相類，「六」字與「庚」字相若，此乃傳寫之誤。始亦疑之，後得其法，則知當以古法爲正，此特後人妄議之耳。蓋貴人者，十干之合

氣也。其法以十干布十二支，而辰戌不居，對衝爲虚。夫辰戌乃貴人之獄，所以不居。貴人相對爲天空，故虚其衝也。日貴順布，甲在子，甲與己合，己貴在子。乙在丑，乙與庚合，庚貴在丑。丙在寅，丙與辛合，辛貴在寅。丁在卯，丁與壬合，壬貴在卯。戊在巳，戊與癸合，癸貴在巳。午爲對衝則虚之。己在未，己與甲合，甲貴在未。庚在申，庚與乙合，乙貴在申。辛在酉，辛與丙合，丙貴在酉。壬在亥，壬與丁合，丁貴在亥。癸在丑。癸與戊合，戊貴在丑。十干順布，十位已周，乃再以十干起申逆布之，以求夜貴。以甲在申，乙在未，丙在午，丁在巳，戊在卯，寅爲申之衝則虚之。己在丑，庚在子，辛在亥，壬在酉，癸在未，一逆一順，而晝夜二貴定矣。且甲之起於子申，何也？蓋貴人屬土，正位丑未，乃坤卦二五黄中之合氣也。先天卦之坤，在正北子位，《河圖》之坤，在西南申方，故晝夜二貴，所以起於子申也。布而爲圖，一見可決。

黄白之術

世以黄白之術自詭者，名爲「爇客」，又曰「爐火」。小則輕瘦金銀以爲糝制，大則結成丹母，名曰「匱頭」。持燕雀不生鳳、狐兔不乳馬之文以證，用母之説，或切其真母，易以他物，或制而爲匱，以邀重謝。凡水銀入匱，必食其母以成寶，再三爲之，母氣既竭，金銀已盡，則水銀爲煙焰之歸矣。或有用汞以取銀之體，用藥以食金之色，養火見寶，名曰「隔窻取母」。或以金銀爲鼎器，實水銀於草藥，煉而成寶，名曰「玉女翻身」。或以水銀膽凡煉於鐵鼎，食頃成就。然其體似銀，則色黄而體頑；似金，則體堅而色淡；似銅，則質潤而色鮮。蓋水銀食鐵之英華以爲體，膽凡變鐵之顔色以爲黄。自謂轉身便成真寶，未有不爲所欺者。如葉荷之有水銀，灰莧之有鉛錫，皆在七十二種龍牙草藥之數。此又爐火中之可觀者，下此皆無足道，不欲詳述。士志於道，幸勿於此加意。

燒金煉銀

道家有金丹之説，故學者多以煆煉黄白爲事。不知金丹者，人之真陽，乃向上妙道，借諭爲金，即禪宗之所謂金剛不壞身，取其不生不滅，永劫長存，具不漏之體也。丹者，乾爲大赤純陽，乾金故號爲丹，豈徒以黄白爲事？況黄白之術，神仙用以助安貧樂道之士，今志求黄白者，心已貪甚，豈肯授此以遂其貪哉！借使得之，日成萬兩，何救於生死大事！況復不易可得，遂使設欺規利之徒，投其所好，多致敗家。不思彼有是術，自能致富，惟恐人知，又何待以傳授資身也。大抵志於黄白者，已非清高之士，豈足以學道哉！

煆硃砂説

硃砂體陽而性陰，故外色丹而中含真汞也。用遠志、龍齒之類煆之，則可以養心；用枸杞、地黄之類，則可以補腎；用南星、川烏之類，則可以驅風；以胡桃、破故紙之類，則可以治腰腎；以川椒、厚樸之類，則可以實脾氣。隨其佐使而見功，無施不可。向味此理，每得一方，守以爲法。歲月浸久，所收既多，所知稍廣，因悟此理。其後隨意用藥煉之，無不適用。每恨見之不早，因以所得著之，或可爲服食之助。老於煅煉者，試以此說質之，亦必點首。

服丹藥

金石伏火丹藥，有嗜欲者率多服之，冀其補助。蓋方書述其功效，必曰「益壽延年，輕身不老」。執泥此説，服之無疑，不知其爲害也。彼方書所述，誠非妄語，惟修養之士，嗜欲既寡，腎水盈溢，水能尅火，恐陰陽偏勝，乃服丹以助心火。心爲君，腎爲臣，君臣相得，故能延年。況心不外役，火雖盛而不炎，以火留水，以水制火，水火交煉，其形乃堅。雖非向上修行，亦養形之道也。彼嗜欲者，水竭於下，火炎於上，復助以丹，火烈水枯，陰陽偏勝，精耗而不得聚，血濁而不得行。況復喜怒交攻，抱薪救火，發爲消渴，凝爲癰疽，或熱或狂，百證俱見，此丹藥之害也。人既不能絶欲，惟當助以温平之劑，使榮衛交養。有寒證，則間以丹藥投之，病去則已。或者不知此理，每恃丹石以爲補助，實戕賊其根本耳，豈善攝生之道哉！

論男女之分生殺之炁

兩儀立天地之體，一炁妙陰陽之用。一闔一闢之間，陽生陰殺，貫乎萬有，受其正氣則爲人，冗雜之氣爲異類，莫不有雌雄焉。原其受氣之初，闢炁爲男，闔氣爲女，一闔一闢，男女攸分。《道藏》所載，以龍吟虎嘯，不後不先，爲結胎之始；以精血相包，處内處外，定男女之像。是則是矣，殊不知所以使之然者。蓋有自然而然者矣，使之然者，其動静闔闢之機乎。人之生也以此，及其死也亦然。某日而死，則受某日之殺氣，此理蓋行乎其中，而不可見者也。陰陽家所載，有雌煞，有雄煞，有出，有不出焉。其説似不可信。然雌煞不出，則死者之右足鉗而向左；雄煞不出，則死者之左足鉗而向右；雌雄煞皆不出，則左右足皆鉗而相向；皆出，則左右足皆向外而不鉗。豈非生殺之炁，貫乎萬有，而著見於外之象乎！一炁之至著而可見者，莫八風若也。是故春而南風則雨，夏而北風亦然。八節之日，風來正位，則百穀成熟，失位則否。生殺之炁，行乎其中，風其發見者也。嘗觀圃人當春之接花木，一值南風，十有九死，雖老圃莫知其所以然者，當盛陽而陰氣應也。嗚呼！人受天地之正氣以生，蓋亦謹闔闢之機，以全是炁之正乎。不然，則中立於兩間，何所恃而生乎？格物之士，試深思之。

龜卜説

龜卜之法，自古有之。《周官》立龜人之職，《洪範》叙稽疑之疇，太史著龜策之傳，理不可廢。自官失其守，世莫有精其術者。《洪範》所載，曰雨、曰霽、曰蒙、曰驛、曰克，而食墨不食墨之説未聞焉。太史公分四時而定吉凶，以橫正安節觀其身，以肸開俛大觀其首足，而雨蒙之説不及焉。今之龜人，又不過定五鄉、動靜、首足、肸直而已。小得大遺，莫諳其奥。然其説亦復有三焉。一兆固有五鄉，首甲乙而足壬癸。此舉世之所通用。或以日辰爲祖，而定五鄉之變，如丙丁日則首起丙丁而次戊己，庚辛居戊己之中位，甲乙乃居足焉，十干皆然。而甲乙之日，乃居甲乙之正位，謂古人以甲乙日爲起例，而後人遂以爲定例也。或又以本位爲祖，而變五鄉之用。如腰金之兆，金位也，則以甲乙爲財爻，金克木也；以丙丁爲官鬼，火克金也。木兆，則以戊己鄉爲財爻，庚辛鄉爲官鬼。其説尤爲合理。而又有一法，則以五鄉之動者，察其爲金木水火土之象，隨本鄉而定吉凶。如甲乙之鄉動，而有金之象，則爲官鬼；有水之象，則爲父母。戰則不祥，相生則吉。所謂動者驛也，戰者克也，霽者食墨也，蒙者不食墨也。太史公以四時定吉凶，其亦日辰變五鄉之義乎？世無造妙之學，其孰從而質之。

刻漏説

自古刻漏，必曰壺大幾何，受水幾何；又有水重、水輕之别。渴烏之觜，吐水如髮，惟恐不細。向製此器，以備火候之用。出水入水，爲製不同。大抵一塵入水，渴烏旋塞，未嘗有三日不間斷者。中夜以思，忽得其説，但使渴烏之水，大如中針，則小小塵垢隨水而下，不復可塞，不過倍受水之壺而已。製器一成，不復間斷。深思其故，始得其説，因著之，以傳好事者。

大五行説

近世謝黄牛作《大五行歌》，附會不經，曲爲之説，不足取。

向爲先子卜地，徧叩日者，就參地理之學。雖各守其師説，深淺固未易知。但二十四位之五行，亦有兩説，莫之適從。自古所用大五行，雖郭璞《元經》，亦守其説，謂之山家五行。然先輩皆謂莫曉其立法之因。既無可考之理，古今豈肯通用而不疑者哉？近世蔣文舉只用正五行以配二十四位，壬癸亥子爲水，丙丁巳午爲火，一如三命六壬之説，自謂得楊松筠之學。又有蜀中一家，謂是希夷先生之傳，亦以子亥爲水，巳午爲火，與蔣説同，而獨以壬位爲火。其書則闔闢八卦，消息律吕，其行山定穴，一以卦象律吕爲本，上生下生，如黄鍾用林鍾之類是也。年月日時，則用卦氣生旺，如辟乾候大有之類是也。其學行於東川，爲書十篇，卦爻律吕之用，有陰有陽，有消有破，有生有合。其立法雖與蔣氏不同，而五行之説甚不相遠。然則大五行之説，果可廢乎？可得而廢，則古人何以更相傳襲而用之？於是深思其理，求之太乙統紀之數而不可得，求之皇極先天中天之數而不可得，求之後天化合五運六氣之説而不可得，反而求之卦畫，於是得其説焉。分列於后，庶幾易見。

乾卦納壬甲，乾爲天，天一生水。

水

戌。壬戌水。子。坎正卦。寅。甲寅水。甲。甲屬寅，乾卦納申。

辰。壬辰水。巽。壬辰水，巽屬辰。申。甲申水。辛。乙酉水，辛屬酉。

戌屬乾，自戌順一周匝，至辛而極，乾陽極而變坤，故辛納乙。

坤納乙癸，坤爲君火。

火

午。離正卦。丙。乙巳火，丙屬巳。

乙。坤卦納甲。壬。乙亥火，壬屬亥。

坤用乙而不及癸者，六癸皆不化火也，癸卻自化木。

木

卯。震正卦。艮。癸丑木，艮屬丑。

未。癸未木。己。己巳木。

金

酉。兑正卦。乾。庚戌金，乾屬戌。

亥。辛亥金。丁。兑卦納甲。

土

坤。本宫正卦。丑。辛丑土。

癸。庚子土，癸屬子。庚。戊申土，庚屬申。

木受坤化，終於巳之陰土。

土受乾化，終於戌之陽土。

乾用壬申而生水，坤乙生火而癸生木，各主八位。乾坤用足，繼以長男長女，庚辛運化，金土攸定，五氣迭布，造化之功備矣。本以卦畫象數，參之六十甲子，始得窺其立法之端倪，不悖經旨，允合象數。後有明者，不易吾言矣。

大五行出於乾坤者十二位，出於六子者亦十二位，合六子足以當乾坤之數。蓋乾坤之策三百六十，合六子之策亦三百六十，足以當乾坤之策也。但郭景純所載未本屬木，而金土木各得四位。故《山家五行篇》曰：「癸丑坤庚名稼穡，艮震巳未曲直痕。」今皆以未屬土，殆必有所據，其理亦通。木三、金四、土五是也。然一爲數之元，總攝八位可也。火何以不二不七而四耶？二説未知孰是。將以質諸專門之學造理之士云。《山家五行》，郭景純既以名篇，又於《葬元》一篇，論坎坤水土之山，則曰崇土益申長生位也。及論艮山，則曰崇土益亥非木之長生乎。論巽山，則曰崇土益申水長生也。此又景純筆之書而用大五行之明證也。

醫書有左癱右瘓之證，人身一氣脈也。一息往來，骨節毛竅何往不達，及其感疾，左癱者病不及右，右瘓者病不及左。五臟六腑，一而已矣，豈有限界使左之病不得右，而右之病不得左耶？夫五臟皆一，而腎獨有二，左爲腎而藏精，右爲命而藏氣，神依氣立，故曰神門，配壬子之水。是以人之精敗者必左癱，氣敗者必右瘓。兩腎各有所主，故其病亦各有所歸。壬子一位也。子屬水而壬屬火，左腎配子，右腎配壬，子水爲精，壬火爲神。五臟猶五行也，六腑猶六神也。甲乙配青龍，丙丁配朱雀，庚辛配白虎，壬癸配玄武，戊乃配勾陳，己乃配螣蛇。蓋坎水納戊，離火納己，故五行而有六神，猶五臟而有六腑。壬火子水之説，近取諸身，理尤明甚。

辨歲本説

胡汝嘉《歲本論》謂：「今夜之子時，即是來日，則今年之子月當爲來年。」立論詳而易明，引證的而易信，故近世多以十一月爲來年。向因先子葬用子月，悉主汝嘉之説。或謂春夏秋冬，一歲之敘也，豈有冬而後春之理？帝堯之曆象授時，亦首春而次夏。夫子謂行夏之時，以其得天道之正也。兩説交戰於中，深思其故，久之乃得其説，然後決以吾夫子之言爲正。夫每日之有十二時者，太陽隨天之運，而周行於方隅之十二位也。故日到子方，則爲子時，到午方，則爲午時。每年之有十二月者，太陽麗天，而歷於天輪之十二星次也。是以日次子位，當虛宿之躔度而立春，虛乃子位之正，天中之一陽也。天道左旋，日次子而爲春之正月，次亥爲二月，次戌爲三月，左旋而歷十二位以定十二月也。地道右旋，故每日之太陽在子位爲子時，順子丑寅卯歷十二位而定十二時也。蓋太陽每一日順行十二方隅而爲十二時，太陽每一歲逆躔十二星次而爲十二月。胡汝嘉不曉曆法，故爲此論。知天道更新於子，而不知太陽次天輪之子爲更新也。是説也，惟深於星曆者知之。

正月建寅，太陽次虛，太陰次危，日月皆在天輪之子位，此天道之一陽更新也。

◎釋惠彬撰

叢林公論

夏廣興 整理

點校説明

《叢林公論》一卷，釋惠彬撰。釋惠彬，生平行履不詳。宗惠序中稱其「爲人厚性體仁，寬中毓物，平居閑澹，恂恂然似不能言者。逮説法則詆訶佛祖，談論則刻轢古今」。《叢林公論》于宋淳熙十六年（一一八九）刊定，宗惠作序。收于卍續藏第一一三册。内容多爲評論古今禪林之文事，兼雜論及有關先儒之文詞，計有七十餘條，一萬餘言。有關其書，史上褒貶不一。如釋道忠於跋中贊其「論之公而書亦公者，公之極也」。明代釋無愠於其《山庵雜録》卷下亦贊辭有加：「余讀者庵所述《叢林公論》，足知者庵識見高明，研究精密，他人未易及也。」然亦舉其不足：「其間所論亦有過當者，或非其所當論而論之。」後舉數例證之。「余以爲先儒文辭之得失，於吾門固無所涉，而置之《叢林公論》之間，殊乖，所謂非其所當論而論之者，此其是也。」釋無愠於洪武年間編《山庵雜録》二卷，其中内容亦有采自《叢林公論》。

本次整理以《續藏經》爲底本，少數訛誤的文字，據有關史籍酌予訂正。

校勘記

叢林公論敘

鐘鼓非樂之本，而器不可去；論議非道之本，而言不可亡。苟存器而忘本，樂之所以遁也；立言而忘本，道之所以喪也。然而去器無以聞九韶之樂，亡言無以顯一貫之道，唯調器以中和，樂之成也；話言以大公，道之明矣。南蕩者菴老人，予之端友也，拜教聲前，踰越二紀，蹟其爲人厚性體仁，寬中毓物，平居閑澹，恂恂然似不能言者。逮説法則詆訶佛祖，談論則刻轢古今。公論一萬餘言，槩其緒餘，非特起而作之也。予酌其理詣，騫闕一無抑，又所以究其黜訐，盪滅是非，區區覈其橾槮金根之謬，深虞後學沿惑其説，誕妄相糾，舍正路而不由。及推其至公至當，優入聖域，明與日月俱，大與天地竝，深與江海埒，峻與山嶽侔。宏曠穹崇，有本者如是。於戲，和氣薰郁，惠風捭慆，未有不坼之枝，學者毋以自楬。淳熙己酉季春芋魁巖主宗惠敘。

《僧寶傳》齊禪師贊曰：昔有僧問趙州：「如何是祖師西來意？」答曰：「庭前柏樹子。」又隨而誡之曰：「汝若肯我與麼道，我則辜負汝；汝若不肯我與麼道，我則不辜負汝。」而昧者剿之，使古人之意不全，爲害甚矣，故併録之。公論曰：覺範何從得此語故併録之？又曰：昧者剿之，使古人之意不全，爲害甚矣，爲復害於性乎命耶？害於道乎德耶？害於人事乎風化耶？冀明以告我，使後世不惑於斯矣。如僧問趙州：「如何是祖師西來意」，答曰：「庭前柏樹子。」古人之意，如何不全爲害甚耶？只如法眼問揚州光孝覺禪師云：近離甚處，曰趙州。眼云：「承聞趙州有柏樹子話是否？」覺云：「無。」眼云：「叢林盛傳何得言無？」覺云：「先師實無此語，和尚莫謗先師好。」光孝與麼對答。莫也使古人之意大不全乎？寂音皮下無血則已，有則聞此得不愧恧乎？使趙州當時實有辜負不辜負之語，昧者剿之則又如何其意不全耶？使無之而臆加之，是爲虵畫足也。噫！駟不及舌矣。

梁肅作《天台法門議》，其略曰：「今之人正信者鮮。遊禪關者或以無佛無法、何罪何善之化，化中人已下。」馳騁愛欲之徒，出入衣冠之類，以爲斯言至矣，且不逆耳，故從其門者若飛蛾之赴明燭，破塊之落空谷。殊不知坐致焦爛而莫能自出，雖欲益之而實損之，與夫衆魔外道爲害一揆。噫！肅何不思之甚，而輕發其言乎？肅謂正信者，只知正信之名，而不知正信之實，入正信之實即無佛無法，何罪何善之謂也。」肅又引經曰：「開方便門，示真實相，喻之以衆流入海，標之以不二於門。」肅徒知引經之語，而不知經之所詣。若明悟真實相與不二法門，即無佛無法，何罪何善之時也。故經云：「若此觀者名爲正觀，若他觀者名爲邪觀。」若肅之見，不俟赴燭坐致焦爛爾。

東山拾遺云：圓鑒謂祖曰：「投子青長老在此山，會聖嵒參老僧有入處，遂以大陽宗旨付之。」一日禮白：「大陽宗旨已蒙和尚付受，臨際宗旨可得聞乎？」圓鑒曰：「吾以遺命，付與洞山血脈，如臨際宗旨，汝未曾夢見也，祖爲了亨言此事。」投子傳曰：「圓鑒遠禪師退席居，會聖嵒。遠夢得俊鷹畜之。既覺，而青適至。遠以爲吉徵，加意延禮之。」止三年，遠問曰：「外道問佛，『不問有言不問無言時如何？』世尊默然，汝如何會？」青擬進語，遠驀以手掩其口，於是青明悟，拜起。遠曰：「汝妙悟玄機耶。」對曰：「設有妙悟也須吐却。」時有資侍者在旁曰：「青華嚴今日如病得汗。」青回顧曰：「合取狗口，汝更忉忉，我即便嘔。」拾遺謂：「臨際宗旨汝未曾夢見，祖爲了亨言此事。」指定事實意，投子實未曾夢見臨際宗旨也。投子當年明悟及有入處，是入臨際宗耶？入洞山宗耶？明悟洞山宗耶？明悟臨際宗耶？不悟不入則已【一】，既悟既入，復何議哉？夫

【一】不悟不入則已　「已」原作「己」，據文意改。

古今無二道，聖人無兩心，既悟既入，何臨際、洞山之間耶？ 今之言五家宗者，門庭也，其道豈以異乎？ 苟有其異，則異端爾，豈吾祖宗達磨之道耶？ 且如投子既悟之。」後與浮山酬對，浮山曰：「汝妙悟玄機耶。」投子便能道，設有玅悟也須吐却。 資侍者曰：「青華嚴今日如病得汗。」投子回顧曰：「合取狗口，汝更忉忉，我即便嘔。」是時投子是用洞上宗旨耶？ 用臨際宗旨耶？ 拾遺便作世諦流布以爲實語云：「祖爲了亭言此事，於戲，古所謂没量大人，被語脈裏轉却。」又曰：「癡人面前不得說夢。」蒙又審之，等此一節，非拾遺之筆蹟，恐後生以血氣相勝而加祖爲了亭言此事。

歐陽《本論》云：「佛法爲中國患千餘歲，世之卓然不惑而有力者莫不欲去之。 已嘗去矣而復大集，攻之暫破而愈堅，撲之未滅而愈熾，遂至於無可奈何。」公論曰：「嗚呼！ 壽世間者不容於僞，果其僞不敗於今，即敗於後日。 佛法之於中國非一日矣，既攻之暫破而愈堅，撲之未滅而愈熾，知其無可奈何，豈不反思之必僞而然也邪？」蒙又思之，凡觀言論，當達其意，無以事求。 孟子曰：「以意逆志是爲得之矣。」歐陽所論非排佛者也，欲壯其儒道也，曰：「禮義者，勝佛之本也。」韓退之曰：「且愈不助釋氏而排之者，其亦有說。」此亦傷儒道浸衰之意也。 退之，大儒也；永叔，亦大儒也。 排之、破之，實激揚吾釋氏之道，豈曰小補哉【二】？

永嘉禪師偈曰：「若以知知寂，此非無緣知。 如手執如意，非無如意手。 若以自知

【二】豈曰小補哉 「哉」原作「或」，據文意改。

知，亦非無緣知。如手自捉拳，非是不拳手。亦不知知寂，亦不自知知。不可爲無知，以性了然故。不同於木石，如手不執物。亦不自作拳，不可爲無手。以手安然故，不同於兔角。」覺範云：「永嘉止説悟後之病。」公論曰：「不悟則已，既悟復何病耶？此正指學者之悟門，非説悟後之病也。」覺範又曰：「天下之理，豈可以一言盡耶？」公論曰：「天下之理，不待一言而盡矣。」

衆生佛性猶如虚空，非内非外一切處有。又云：「一切世間無非虚空，對於虚空以瓦石等爲所對，故云對於虚空。」洪覺範作《法昌遇禪師贊》，略云：「所居荒村破院，方其以一力撾鼓爲十八泥像説禪，雖不及真單徒之有衆，亦差勝生法師之聚石。噫！泥，像也，石亦像也，像之與像，猶虚空對於虚空，烏可以妄見分别名相較於優劣而謬後學？」

死心新禪師之黄龍，謁寶覺禪師，談辯無所抵捂。寶覺曰：「若之技止此耶，新窘無以進。」遂被詆訶趍出，默坐下版。會知事捶打行者，聞杖聲忽大悟。舟峯菴慶老贊曰：「余閲死心悟門政所謂渴驥奔泉怒猊抉石者也。」然死心聞杖聲大悟之時，物我兩忘能所俱泯。縱以虚空而形容之而莫可得，唯佛與佛乃能究盡，老以渴驥怒猊況之，猶瞽者摸象，不亦遼乎。

伊川先生云：「釋氏理障之説，謂既明是理而又執持，是故謂爲障也。」此錯看了理字也。天下只有一箇理字，既明此理，夫復何障？若以理爲障，則是已與理爲二。公論曰：「理本見成，興一念而明之即以爲障，況執持者乎？孔子曰：『賢者過之，不肖者不及。』此正理事二障也。其或自矜自伐，我是彼非，何翅已與理爲二也乎？」

《冷齋夜話》云：「舒王居鍾山時，與金華俞秀老過故人家飲。飲罷步至水亭，顧水際沙間有饌器黄白物數件，意吏卒竊之，故使人問其司之者，乃小兒適聚於此食棗栗，食盡棄之而去。王謂秀老曰：『士欲任大事、閲富貴，當如此群兒作息乃可耳。』又曰：『吾止以雪峯一句語作宰相。』朱世英曰：『願聞雪峯之語。』王曰：『這老子嘗謂衆曰：「是什麽？」』」噫！仁者見之謂之仁，智者見之謂之智。舒王聞之，視世間珍貨如電露陽焰空花，以至舍宅爲寺，盡得自此語耳。寂音引事聯類，大書布于方策，以是知寂音曾不悟宗門之旨，同舒王作警世之語，會之灼然可知也。《易》曰：「眇能視，跛能履。」寂音之謂乎？

士農工商各職其分，苟或悖戾雜糅，則圓木方竇，動謬世法，釋氏尤宜不預焉。落髪方服爲物外人，食取接命衣則説長戒法，不許參預世事，通致使命，結好貴人。今有濫其徒屬，稱檀越爲恩府，佞誠尤甚。然人有日受千金之賜者，有自卵而翼者，圖子子孫孫善後之計之所宜稱脱或稱者，是僭越其分也。間有成其梵相，營其佛廬，四事給之，蓋篤信晞法外護宗教，可稱大檀越及功德主耳。

湖州何山粹禪師，閩人也，嚴毅有法則，學者謁見少闕禮，即詬而教之，其禮人亦厚。

一日，陪數宰官陟道場山，見壁間所畫三界輪回圖，問師：「此何義也？」師曰：「不獨佛經言之，而孔子言之亦已詳矣。」曰：「何謂也？」師曰：「孔子云：『性相近也，習相遠也。』」其宰官各合爪首肯之。

周子《通書》曰：「誠者，聖人之本。『大哉乾元，萬物資始』，誠之源也。『乾道變化，各正性命』，誠斯立焉。純粹至善者也，故曰：『一陰一陽之謂道，繼之者善也，成之者性也。』元、亨，誠之通也；利、貞，誠之復也。大哉易也，性命之源乎！」公論曰：「太極動三才備矣，然誠與易與性一體而異號，不待次第而有也。一陰一陽之謂道，不可得而見，而見者用也，如雲焉不轉矚而普遍，若待次第而有，不亦偏且勞乎？曰源與立皆非。」

《通書》曰：「聖希天，賢希聖，士希賢。」公論曰：「孔子學周公者也，行住、食息、夢寐皆見周公之在前也。既至周公矣，孔即周，周即孔，故曰：『吾不復夢見周公。』聖即天，天即聖，既聖矣，又何希耶？天體也，聖用也，曰『聖希天』，則吾謂不然也。」

熙寧間，有横渠先生張氏，名載，著書十卷，曰《正蒙》，其論性云：「有無虛實通爲一物者，性也，不能爲一，非盡性者。」苾蒭可俊曰：「吁哉！如是論性，乃性之名字影響也，絶不言有自得之理，此吾宗指爲死語，輪扁謂之糟粕，焉能盡性乎？孟子曰：『君子深造之以道，欲其自得之也。』苟不以自得爲驗，天下異學邪正不分，何以別乎？」伊川先生曰：「横渠立言，誠有過者，乃在《正蒙》。」公論曰：「唤作一物則不中。」

榮辱失得，喜怒哀樂隨之，至榮莫過君沛命，至辱莫過法刑戮。苟有遇之，則瞀其心，失其常，唯得道與有器識者恬如也，然吾之徒遇之，當如何焉？

英宗皇帝手詔，賜大覺璉禪師天下寺院任性住持，禪師不利也。及東坡制《宸奎閣記》，移書審之，云：「《宸奎閣碑》謹已撰成，衰朽廢學，不知堪上石否。見參寥説禪師出京日，英廟賜手詔，其略云『任性住持』者，不知果是否，切請録示全文，欲入此一節。」覺答云：「無之。」覺没，果得於書笥中。大觀元年，上賜芙蓉楷和尚紫伽梨，號「定照禪師」，楷辭免不受利名，再付開封尹李孝壽船往諭朝廷旌善之意，楷確然不回。尹具以聞。上怒，收付有司。吏曰：「長老枯瘁有疾。」即於法免刑配。楷曰：「昔有疾，今愈矣。」於是著逢掖，編管淄州。嗚呼！二大老非唯得道之深，實得比丘之大體，是可主其法也。今之主法者，徼幸於萬一則喜溢眉面，有不勝之態；苟失之則摇尾乞憐。嗚呼！大覺、芙蓉今未之見，其無有耶？主法者誰歟？

《禪林僧寶傳》迺光昭先德之大道輝曜，既没之，盛致所以繼傳燈、廣燈、續燈之作也。此書流行猶燧火，户户有之。然傳多浮誇，贊多臆説，謬浹後學，同時諸大老道出古今，明揭日月，而無一言可否，何耶？善者不辨，辨者不善乎？是非其書不足可否乎？抑君子亦有黨乎？蓋嘗可否矣，而蒙未之睹乎？

臧居士，名宏，四明人，每見衲子必勘之。一日，坐酒肆，有僧自外入丐，佇立久之，忽厲聲曰：「好！好！」臧闖箵云：「好在甚麼處？」僧指酒帘曰：「路上有花兼有酒，一程分作兩程行。不是？」臧云：「甚處得者消息？」僧云：「準前買得來。」臧云：「恁麼則拖泥帶水也。」僧作倒勢云：「扶取老僧歸去。」

伊川云：「《中庸》言道，只消『無聲無臭』四字，總括了多少釋氏言，非黄非白、非鹹非苦，多少言語？」公論曰：「道不在言語多少，如言滿天下無口過，行滿天下無怨惡，何哉？」僧問雲門大師：「如何是正法眼？」雲門云：「普。」而又何哉？言乎言乎，邈爾遠乎？

四明天童朴禪師，閩人，富有記問。紹興間，始主慈溪之蘆山，深嫉叢林主席者預營壽藏，每曰：「有限山林，無窮骸骨，積累歲月，殆將無所容焉。」乃創三塔之廬，闕地爲窌，既深且廣，覆以堅琰，樹窣堵波於其上，龕佛中聳，下穴小竇，暗通於窌，凡住持人入滅，闍維之後，拾其骨與舍利，自小竇轉入于窌，二亦如之。一以爲衆苾蒭除饉男之設，一以容檀越，願者無問貴賤聽之，榜曰「三塔」，聞見莫不善之，意將有激云耳。及尸天童，未幾鉛跡寺之南隅菜圃之右，架屋百餘楹，中闢壽塔，護以欄楯，飾以藻碧，軒沼映帶，曰「藏雲」、曰「占月」，又嘗鄙其川麓之不雄，遷反者三，過者曰：「今之朴是昔蘆山之朴歟？非耶！何昔賢今否乎？切聞貧則守約，富則矜奢，貧富不能移者爲得焉。蘆約天富，安能移得者夫！

惠蕁湖曰：「大凡制述及爲議論，苟欲公明，須是無氣介。」蒙聞其言，拜手曰：「至哉言乎！」徐謂蕁湖曰：「有氣者不能爲無氣之言，無氣者不能爲有氣之語。」蕁湖曰：「唯。」雖然，蒙於啟處應對、莅事設施，是氣之所使耶，私自揣之，蒙亦無氣久矣。孟子曰：「我善養吾浩然之氣，塞乎天地之間。」蒙之無氣瞽乎天地日月而無少虧。明日以是而語蕁湖，蕁湖掉首曰：「吾不知也。」

普依，字無依，閩人也。道明識高，處衆有法度，陸沈叢林，少有知其所蘊，不幸早逝。與蒙相友善而多有頌語，散失不復得，唯記其愚叟，贊云：「這箇阿師全無巴鼻，老南之頭，老聃之耳。咦！以此爲愚叟則增金以黃，以此非愚叟則棄波求水，是不是兮我焉知爾？飛來峯下再相逢，一掌攔腮且饒你。」

之琰侍者，蒙里閈人也。丁未秋，自育王出訪江湄，清談款密，琰舉蒙菴岳禪師始應淨衆辟命。道過鼓山，竹菴珪禪師請爲衆說法。竹菴引座云：「鼓山三十棒要打新淨衆大衆，莫是未入門合喫此棒麼？咄！莫是已入門合喫此棒麼？咄！莫是鼓山，盲枷瞎棒，胡打亂打麼？咄！咄！若是我臨際兒孫，便請單刀直入。」岳遂登座云：「鼓山三十棒要打新淨衆，大似話驢得驢，話馬得馬，淨衆今日到來，要騎便騎，要下便下，而今突出人前，未免弄真像假。」以手取拄杖云：「今朝暫借鼓山拄杖與大衆拔本去也。」復放云：「休！休！將謂胡鬚赤，更有赤鬚胡。」遂下座。蒙徐謂琰曰：「語録所不載，何從得之？」琰曰：「拙菴和尚。」蒙遂横首，琰曰：「實柏堂每以此舉似。」蒙曰：「竹菴合喫者菴棒。」

先儒所論，氣爲車，識爲馬，學術御之。車以載重，馬以適遠，學探天人之賾，術應臨時之變，氣識學術備者，事多成功而聲名遠大，信不誣矣。初，温之龍翔廼兩小寺，東西角立，大江中分。紹興初，真歇了禪師董莅之初，睥睨談笑，實以土石合爲大刹，竹菴珪公名翼未翥。一日，分衛説法，城闉民未晞信，師侍立其旁，欲頂其足，堅遜久之，趨請款密，遂端趺受師展拜，四衆錯愕，謂天壤間復有斯人。明日，郛人如霧突水湧而輸金帛焉。師董福之，雪峯衆僅一萬七千指，妙喜杲禪師一夕説法其中，語多玩之，師恬如也。又嘗行丐浙右，施者如萬派奔匯。師謂諸檀曰：「布施以破慳心，不必多，我後有光佛子來，汝當施之。」光因得佛子之名，於戲，師道聲藉甚，幾半天下，山陲海壖之人謂生佛于世，雖没久矣，其道聲益著者，是非其氣識學術而致之乎？或曰：「以師爲氣識學術，其道安在？」蒙曰：「有二事耶，氣識學術正，則乃道之形容也，今之稱禪師者，例以儒墨相勝，哀哉！」

紹興己卯間，永嘉康公侍郎權紀年八十有餘，而與醭脣先師過從。一日，謂先師曰：「某雖耄矣，於先聖典籍未嘗輟卷，每至夜分，撚紙漬油燭，書竟十枚方就寢。」先師曰：

「學問既明，苟臻乎道，群書可捐，侍郎所得如何耶？」曰：「權所嗜者唯孔子曰：『二三子以我爲隱乎？吾無隱乎爾。吾無行不與二三子者，是丘也。』又曰：『一日克己復禮，天下歸仁焉。爲仁由己，而由人乎哉？』又曰：『吾道一以貫之。』顔淵曰：『仰之彌高，鑽之彌堅，瞻之在前，忽焉在後。』又曰：『夫子循循然善誘人，博我以文，約我以禮，欲罷不能，既竭吾才，如有所立卓爾。雖欲從之，末由也已。』曾點曰：『暮春者，春服既成，冠者五六人，童子六七人，浴乎沂，風乎舞雩，詠而歸。』夫子喟然嘆曰：『吾與點也。』此乃孔門之妙道也。」先師曰：「此指學者入道之由耳。」康厲聲曰：「孔子之道何在？」先師曰：「在《鄉黨》一篇。」康沈吟久之，乃諭。

孟子曰：「吾之不遇魯侯，天也。臧氏之子焉能使予不遇哉？」或曰：「孟子不遇魯侯而不尤人，可謂君子也。得非怨天也乎？」公論曰：「孟子所謂天者，本也，理也，自然也，非謂上帝之所命也。」或者謝之。

垂天之翼，然後致九萬里之遠，萬頃之量，然後有吞雲夢之志，若其知小而謀大，力小而任重，鮮不及矣。仙居龍學吴公，廼簡堂禪師故人也，淳熙庚子春，簡堂自姑熟來歸天台國清，未幾，吴公劃然哀帥里閈及鄉寺，無問貧富，積百萬錢以命簡堂陞座説法，意者準若錢分爲二，其一以周國清之急，其一以葺景星嵒，乃簡堂退居，擬二老晚年往來作物外游。簡堂微知之，投袂而起，左右莫敢誰何。初，寒民荒寺質釜襦暨鐃磬而輸焉，逮吴公反其錢，即以歸其質，咸忻忻以德簡堂。嗚呼！錢如蜜，一滴也甜，卷而懷之，孰原其自？然簡堂非素惡其財，以其無道也。後世聞其風，貪夫廉，是大有助於名教也。

別峰印禪師始莅京口金山，名翼振飛，奔走衲子，逮晚年道聲沈墊。淳熙戊申夏六月甲寅，蒙嘗登徑山，從款談論凡七夕。適届東山諱日，其拈香云：「自從咬破鐵酸㦒，四坐道場工白戰。谷谷呱作鵓鳩啼，者川藞苴肉猶暖。孫枝枝上苦葫蘆，茗椀爐香通一線。」嗚呼！觀其話言，不減疇昔金山一別峯耳！何趨舍不侔？是非道有昏明，名有顯晦，齒有壯耄，時有通塞耶？凡欲有爲，無先抗志，志苟誠矣，無所不達。

塗毒和尚始參大圓智禪師，親緻久之。圓嘗謂毒：「他時萃廣衆，闡大法。」居一日訊問，俛眉不答復，自稱曰：「和尚今日瞖悶。」毒曰：「何也？」曰：「適有日者商略予命，異日出世衆不滿二十，以故起吾之憂也。」毒曰：「凡出世人第恐無本，苟得本，獨對聖僧喫飯亦無愧焉。」圓大悦，曰：「子之論非常人所能及也。」迨塗毒晚年被旨主盟徑山，果有衆荷法。公論曰：「本之一字可謂格言，患所以立者是也。」

窮理盡性以至於命，説約云：「理不可窮，可窮非理也；性不可盡，可盡非性也；命不可至，可至非命也。須知窮者、盡者、至者，便是理、是性，是命也。」公論曰：「窮者、盡者、至者，謂是理、是性、是命，斯乃以心推窮尋究，即能推者，此是前塵虚妄想相，殊不知窮與盡與至，乃指學者入理性命堂奥蹊徑爾。」

或問：「孟子與告子論性一篇，其至矣乎？」公論曰：「《易》云：『中心疑者其詞枝。』孟子、告子，皆枝言也。牛羊人，形也；玉羽雪，質也。性非形質，堅輕消也。」曰：「然則，何謂性也？」公論曰：「伐柯、伐柯，其則不遠。」

或問曰：「韓退之《送李愿歸盤谷序》何如？」蒙曰：「文章則無以上之，而其意多譏訕怊悵，文過飾非，非純良達者之言也。」或者未諭。蒙曰：「熟味則知之矣。」

或問曰：「陶淵明《歸去來辭》古今莫有間言，非器識才學竝高而何？」蒙曰：「然淵明作彭澤令，在官八十餘日，賦此詞而歸，其閑淡優逸，辭高理詣，莫能過矣。獨『消憂』二字，抑有説焉。」

謫居者曰：「輕紗一幅巾，短簟六赤牀。無客盡日靜，有風終夜凉。」或曰：「何謂也？」曰：「思而思得。」

或問曰：「王元之《小竹樓記》何如？」蒙曰：「如公退之暇，披鶴氅衣，戴華陽巾，手執《周易》一卷，焚香默坐，幸自可憐生。」而繼之云：「消遣世慮，猶玉之玷耳。」「道之不明，我知之矣，賢者過之，不肖不及。」不肖者以微昧闇弱而不自得，賢者以聰明黠惠而自障，既曰：「過猶不及，誠哉是言也。」

己公以「古月」自號，以月必不異古今也，且今月不往古，古月不至今，今古嶽立，兩不相到。假言以今準古，古亦今也；以古望今，今猶古也。古今昭然，義亦明矣。或曰："今之所言古月者，非古今之謂也。夫乾坤之內，六合之中，萬有叢然，人事紛爾，非古即今，復何逃其今古二字耶？既非古今之謂，決有旨哉！若賢與不肖特未得其眹矣。"既命者菴業識翁爲銘，翁雖有父母所生之喙，亦何及耶？辭不獲免，强而銘曰："堂堂己公，古月曰兮；就之也昧，徒矻矻兮；即之也明，匪圓闕兮；徹去余論，見古月兮。"

伊川云："釋氏説道只務直上去，不見四旁，故皆不能處事，惟務上達無下學。"又云："佛氏不識陰陽晝夜，死生古今，安得謂形而上者與聖人同乎？佛者言前後際斷，純亦不已是也。彼豈知此哉？"公論曰："治生産業，皆與實相不相違背，謂無下學可乎？天地與我同根，萬物與我一體，高低嶽瀆共轉根本法輪，鱗甲羽毛普現色身三昧，謂不識陰陽等可乎？學到顔子處，方得純亦不已。若未到顔子而云純亦不已，是亦業識也。前後際斷即坐忘時也，彼豈知此哉？"

葉公曰："吾黨有直躬者，其父攘羊而子證之。"孔子曰："吾黨之直異於是也，父爲子隱，子爲父隱，直在其中矣。"或曰："既隱曰直，可乎？"蒙曰："子之證父，弟之訴兄，先有證父訴兄之曲，不必問所證、所訴何事、何由也。當其未證、未訴之時，其理固直；既啟證父訴兄之口，則以陷於滔天之惡矣。尚安得有所謂直哉？"

薦紳雅士與數客過南蕩之湄，曰："伊川云：『禪者高談性命之際，至於世事往往直有都不曉者。』」蒙曰：「不耘者有之，揠苗者有之。度地之肥磽，亮土之所宜，善去艸焉。芟夷、蘊崇之，絶其本根，善者信矣。此老農老圃之事，備嘗之矣。」一曰：「如李義山《贈稷山驛吏王金》詩云：『過客不須詢歲代，唯書一亥與時人。』何謂也？」蒙曰：「亥爲十二支神之一，屬水，位居乾方，配地之静，火絶木生水旺金病之鄉，匹爲幼子三十六禽三之位也。歲之所在曰『大淵獻』。戰國時，有亥唐，亦秦二世名也。義則荄也、依也，事則魯襄公三十年二月癸未，晉悼夫人食輿人之城杞者，絳縣人或年長矣，無子而往，與於食，有與疑年，使之年，曰：『臣小人也，不知紀年，臣生之歲，正月甲子朔，四百有四十五甲子矣，其季於今三之一也。』吏走問諸朝，師曠曰：『魯叔仲惠伯會郤成子于承匡之歲也。是歲也，狄伐魯，叔孫莊叔於是乎敗狄于鹹，獲長狄僑如及虺也、豹也，而皆以名其子。七十三年矣。』史趙曰：『亥有二首六身，下二如身，是其日數也。』士文伯曰：『然則二萬六千六百有六旬也。』今本作二萬二千六百有六旬，失其讎校也。」於是薦紳相顧，頷之而去。

明道牕前有茂艸覆砌，或勸之芟。明道曰：「不可。欲常見造物生意。」又置盆池蓄小魚數尾，時時觀之。或問之故，曰：「欲觀萬物自得意。」横浦先生云：「艸之與魚，人所共見，惟明道見艸則知生意，見魚則知自得意，豈流俗之見可同日而語？」公論曰：「儀封人一見孔子，遽以爲木鐸者，以其見所未見，故驚而爲之語也。」

道非虚無也，日用而已矣。以虚無爲道，足以亡國；以日用爲道，則堯舜三代之勳業也。横浦先生可謂至論。

邵堯夫詩云：「廓然心境大無倫，盡此規模有幾人？我性即天天即性，莫於微處起經綸。」讀堯夫此詩，宜其詔不起也，確乎其不可拔，自守其道矣。又不若張拙秀才云：「光明寂照徧河沙，凡聖含靈共我家。一念不生全體現，六根纔動被雲遮。斷除煩惱重增病，趣向真如揔是邪。隨順衆緣無罣礙，涅槃生死是空花。」

横浦先生云：「韓退之生平木强人，而爲寒餓所迫，累數千言求官於宰相，亦可怪也。至第二書，乃復自比爲盜賊管庫，且云大其聲而疾呼矣，略不知耻，何哉？豈作文者其文當如是，其心未必照乎？當與有道君子議之。」公論曰：「《繫辭》云：『失其守者其辭屈。』」

讀墳典誥，身心當肅然，如對能仁諸祖、周公、孔子，我是迦葉、阿難，及諸弟子，我是顔回、曾參，七十子之儔，儼然在前，琅琅玉音，諄諄之誨在耳，一聞千悟，身心廓然，孰云去聖踰遠？不然，徒費日月膏燭耳。如曰「不立文字，見性成佛」，道貴自得，左右逢原，豈在循紙墨，點鬼簿，味糟粕耶！蒙則曰：「大哉言乎，第非垂棘之璧耳！」

寂然不動，感而遂通，微知其寂則動矣，略有感意則不通，如鐘焉、谷焉，呼之則應，扣之則鳴，未呼未扣之前，庸有知與意乎？故曰：「非天下之至神，其孰能與於此？」

「唯女子與小人爲難養也，近之則不遜，遠之則怨。」小人女子根性昧劣，固不足論。君子温良恭儉讓，聖如孔子而欲使小人女子有禮不懟，言於己亦猶其難，欲全德而爲君子又其難。

君子所居而安者，易之序也。此安非平安之安，安樂之安，乃時安之安，不見是而安，乃易之序也。

「書不盡言，言不盡意」，繼之云：「然則聖人之意，其不可見乎？」公論曰：「者箇香爐能盡聖人之意。」

「易簡而天下之理得矣。」非艱難中取易略之易，非繁劇中取簡省之簡，言易則難矣，言簡則不少也。易簡在一念未萌已前，晝明夜暗，春生夏長，則知乾坤之易簡也，故曰：「易簡之善配至德。」

「常無欲以觀其妙。」常，不改之義，有絲毫繫念則墮於人欲。人欲既無，天下之理得矣。「觀」之一字，不得已而言也。微有觀意則不妙，以有欲觀，形名度數徼爾，知其歸趣正而不惑，故曰：「此兩者同出而異名。同謂之玄。」有欲即無欲也。又曰：「和其光，同其塵」，即內不失正，外不殊俗，或以老子溺於虛無，其可忽哉！

「自誠明謂之性」，非世間專著之誠，乃寂然不動，不因一緣廓爾明悟，無得而稱焉，强名曰性。「自明誠謂之教」，雖有誠之蘊，而不見誠之體，因聖人典教洞然明發，不依倚一物者乃誠之體，亦無得而名，且曰「自明誠謂之教」。故曰：「明則誠矣，誠則明矣。」大矣哉！誠明之道，配天地，腤萬物。

「致知在格物，物格而后知至。」不行而到，不勉而中，曰「致」。「知」之一字，衆妙之門，非情識聞見妄覺之知，此知自戒慎不睹，恐懼不聞，莫見乎隱，莫顯乎微而得之，盡己之性則盡物之性，物我兩忘，是謂致知格物。

言顧行，行顧言，此正吾釋行解相應如説修行也。華嚴十林菩薩各説一行之法，共成十行，明密行如林，功德之地，無一物不由地之所生，無一佛不由行之所成，但取言説，不行其行，是名邪魔外道。

在上位不陵下，在下位不援上，果如是，不見有上下之位，既無驕與倍，豈常人所能到哉？與夫自高標置徼幸欲居人之上者，不可同日而語。

儒者貴其天理，誠可貴也。父子之間天理也，父慈、母愛、子孝，天理自彰，不待學而後有。廣而論之，凡有血氣者皆有天理也。小人初在襁褓中天理全，及其長大，貪欲一萌於心，蔽於天理，致於不孝不弟者有之。吾徒割所愛從釋，是絶天理也乎？曰：「不然。」聽父母之命而後從之，故曰舍子出家者是也。天理無所不在，世人徒見色服之異，謂絶天理。今之孝弟，乃天理之麤淺耳。能學道以明天理之高深，無乎不報者，斯得天理之大全，泰萃可夷也，江海可涸也，飲食可無也，孝不可忘也。蒙嘗曰：「大孝同天地，竝日月而健行不息。」大戒曰：「孝順父母師僧，孝順至道之法，孝可忘乎？」吾徒祝髮壞衣墮三寶數者，無問貧富，唯相尚以道，不以通塞貴賤爲恥勝，間有父母無親屬共億者，佛許減衣鉢一分以奉之，微有好勝惡貧之念萌于中，而不躬父母之養者，非吾釋之子也。

太王始居於豳，戎狄攻之，欲得財物，予之。已復攻，欲得地與民。民怒，欲戰。太王曰：「有民立君，將以利之。今戎狄所爲攻戰，以吾地與民。民之在我，與其在彼何異【三】？民欲以我故戰，殺人父子而君之，予不忍爲。」乃與私屬遂去豳，渡漆、沮，踰梁山，止於岐下。太王長子曰「太伯」，次曰「虞仲」。太姜生少子季歷，歷子昌。太王曰：「我世當有興者，其在昌乎？」太伯、虞仲知父欲立季歷以傳昌，遂文身斷髮，亡如荆蠻，示無用於天下，爲賢哉德乎？有是父而有是子，文王勃然興於周者，蓋在此矣。漢高祖既有天下，對群臣謂父曰：「大人常以臣無賴，不能治産業，不如仲力，今某之業所就孰與仲多？」公論曰：「高祖對群臣面折其父，使太公血氣尚熾，則父子不順矣。及讀《楚元王世家》，封其兄子信爲羹頡侯，以其母嘗櫟釜故，儻信識孝義之本，願爲黔黎可也。嗚呼！高祖懷愠既久，逢時呈露無餘藴矣。其於孝弟何有哉？驗於親親臣子可知矣，素號『寬厚長者』者，皆術數也。」

黄龍菴主《徽教》一百四章，《辨通》一十五章。讀其《徽教》，如壯士前行，百夫莫

【三】與其在彼 「其」原脱，據中華書局標點本《史記·周本紀第四》補。

遏，能殺人亦能活人，可謂有力者也。讀其《辨通》，如蓬萊弱水，浩浩湯湯，然懦而不能載一羽，望其涯已解體矣，涉之則没溺，學者當觀其徼，無閔其通。

言而足，則終日言而盡道；言而不足，則終日言而盡物。道物之極，言默不足以載，非言非默，議有所極。公論曰：「南華老人可謂入理深談，使有衲僧之作略，儘可爲人。」

《化書》云：「蛇化爲龜，雀化爲蛤，彼忽然忘蜿蜒之狀，而得蹣跚之質，此倏然失飛鳴之態，而得介甲之體，斲削不能加其功，繩赤不能定其象，何化之速也！」公論曰：「子嵩知彼化之速，而不知子嵩自化尤速於彼，雖未形蹣跚介甲之軀，一念之間則千變萬化矣。苟在吾妙觀察智中，則無所不利。」

周恭叔曰：「余所取友，不取其知識朝徹才學過人，唯取其孝義賢善爲最。」公論曰：「孝配天地，義礙天地，賢象天地，善體天地。孝義賢善，不亦大乎？其孰爲吾友耶？」

君子所至之處，不介視玩好之物，苟介視之，則它人以爲己欲之，畏其羞之，是以君子不久視之也。若其對萬物不動其心，於蒙豈敢？曰：「能則願學焉，蒙之徒必能之，豈用久視之戒？」

子思曰：「無入而不自得。」孟子曰：「順受其正。」此二者指學者入道之捷徑可也。若云得則失矣，云受則不正，須知得而非得，受而非受，廓然大通，不可得而形，言有諸内必形諸外，言貌可以觀小人、賢人、聖人之氣象。觀晏子與晏子之馭者，則知爲晏子，爲其馭也；觀子路、顔回、孔子，則知爲子路、顔回、孔子也：人焉廋哉！」

孟子曰：「放其心而不知求。」又曰：「求其放心而已矣。」苟求之，則是放心，一念不生，心則復矣，何用求焉？此姑就孟子求心而言，若夫喜怒哀樂、世念紛紜，則是見量受用，孰云是心，孰云非心，何放何求哉？

寂音尊者《智證傳》曰：「昔黄檗嘗遣臨濟馳書至溈山。既去溈山，問仰山曰：『寂子，此道人他日如何？』對曰：『黄檗法道賴此人。』他日，大行吴越之間，然遇風則止。溈曰：『莫有續之者否？』對曰：『有，但年代深遠，不欲舉似和尚。』溈山曰：『子何惜爲我一舉似耶？』於是，仰山默然良久，曰：『將此身心奉塵刹，是即名爲報佛恩。』風穴莫年常憂仰山之讖，已躬當之，乃有念公知爲仰山再來也。」又曰：「《華嚴經》『毗目仙人執善財手，即時善財自見其身住十佛刹微塵數世界中』云云，彼仙人放善財手，善財童子即自見身還在本處，方其執手即入觀門，及其放手即是出定。」又曰：「長沙偈曰：『學道之人不識真，只爲從前認識神。無始劫來生死本，癡人唤作本來身。』今時邪禪乃相傳授，以揚眉瞬目、竪拂拈槌爲極則，佛法幾何不平沈哉？《圓覺經》曰：『衆生妄見流轉，厭流轉者妄見涅槃。由此不能入清淨覺，非覺違拒諸能入者，有諸能入非覺入，故謂脱有能入覺道者但成小乘，非能入覺，故曰非覺入故。』」又曰：「三祖粲禪師既以大法付四祖信禪師，乃祝曰：『謹勿言自我處得法來。』粲公于時念達磨、可祖弘法之艱難，皆爲邪師憎害，痛自謹耳！」又曰：「唐萬回和尚偈曰：『明暗兩忘開佛眼，不繫一法出蓮叢。真空不壞靈智性，妙用恒常無作功。聖智本來成佛道，寂光非照自圓通。』故首山臨終偈曰：『白銀世界金色身，情與無情共一真。明暗盡時俱不照，日輪午後示全身。』果午後泊然而化，黑白兩忘之効也。」又曰：「曹山本寂禪師偈曰：『從緣薦得相應疾，就體消停得力遲。瞥起本來無處所，吾師暫説不思議。』如竹林善會禪師爲道吾發之，以見船子，言下有省悟，既出而回顧。船子笑曰：『這漢疑我別有也。』於是覆其舟，蓋信力尚微，未大通透故耳。」又曰：「永嘉尊者曰：『取不得，舍不得，不可得中只麽得。』可以取則法身有剩，可以舍則虚空可逃，離取舍之心則如絮毬，百衲置之閑處，天寒歲晚有時而得用也。」又曰：「黄龍寶覺禪師作老黄龍生日偈曰：『昔人去時是今日，今日依前人不來。今既不來昔不往，白雲流水空悠哉。誰云秤尺平？直中還有曲。誰云物理齊？種麻還得粟。可憐馳逐天下人，六六元來三十六。』夫窮子追之即躃地，常不輕直告之即被捶罵，是二者不知直中有曲，種麻得粟者也。」又曰：「翠巖真點胸好問僧：『文殊是七佛之師，因甚麽出女子定？不得罔明從下方來，因甚出得女子定？』莫有對者，獨英邵武方其問時，以手掐其膝而去。真笑曰：『賣匙箸客未在，余以謂英邵武可謂一念不生前後際斷者耶。』」公論曰：「《智證傳》僅三萬言，動謬佛祖之意，略舉此數端，學者宜審之。嗚呼！蠡生於禾，害禾者蠡也。寂音尊者似之。」

乾道間，伊菴權和尚董天台平田，有士人陳德夫訪之曰：「大悲神呪舊本作『阿遊孕』，新改爲『阿逝孕』，謂神人現而正之如何？」菴曰：「呪乃如來祕密之言，十師未嘗譯也，字或可改，呪已譯矣。」子韶張公注《般若心經》，呪曰：「揭諦揭諦」，注云「逼曝逼曝」；「波羅揭諦，波羅僧揭諦」，注云「逼逼曝曝」，遂呈似大惠禪師。惠恚曰：「子韶即得，不然，使後人例爲闡提爾。」遂損之。蒙時在側，不覺首肯之，者庵肯之，是肯伊菴，肯大惠，肯子韶。

汾陽禪師作《洞山五位偈》曰：「五位參尋切要知，纖毫纔動即差違。金剛透匣誰能曉，唯有那吒第一機。舉目便令三界淨，振鈴還使九天歸。正中妙協通回互，擬議鋒鋩失却威。」其非者注者，觀汾陽之言得無愧乎？

宏智禪師，隰川人，主法句章天童日，衆逾一萬指，來之者猶源源不已。知事獻議曰：「衆既夥頤，奈窶空何？敢請遏焉，它日庾廩充，内之未晚也。」師徐謂之曰：「然，且夫人以道爲本，道假人以顯，是衆也務道而彙集，非可以術致，贏糧奮隙槩可貸諸，是衆也不可不立，苟食滋而衆削，是人之不存，其過窶空之憂，不翅百矣。子安之，無預是怛。」公論曰：「桃李不言，下自成蹊。」

雪峯九到洞山，三上投子，遂嗣德山；臨際得法於大愚，終承黄檗；雲嵒蒙道吾訓誘，乃爲藥山之子；丹霞承馬祖印可，而作石頭之裔。佛祖之意，欲人人自證自悟，脱生離死，本無一法，第相傳受而爲師弟子。醭脣先師云：「道須自得，得而非得，妙契本空，具無師智自然智，直饒道天上天下，唯吾獨尊。猶是傳語底人，大丈夫爲先天之師，具全機之用，故曰：『我爲法王，於法自在，何拘師承之有？』今云師承者，必先覺而覺後覺，不得已遂有師弟子之稱。噫！末法浸衰，與古夐别，今之爲師者不問可否，例以撫養收恤，鑽腋出羽，意謂我宗盛大。多有法嗣弟子，曰：『某入衆有年，見師之後，如卸重擔，如脱穢裘，慶快生平，盡得師道。』意在提援冒名，苟利而已矣。嗚呼哀哉！前脩既往，如是之爲，佛法幾何不陸沈也耶？」

《訂頑》云：「乾稱父，坤稱母，予兹藐焉。乃混然中處，故天地之塞吾其體，天地之帥吾其性，民吾同胞，物吾與也。」公論曰：「『塞』之一字，似挾太山超北海，用力多，見功寡。肇法師云：『天地與我同根，萬物與我一體。』『我』字早費脚手。」

《遺書》：或問：「格物須物物格之，還只格一物而萬理皆知？」曰：「怎得便會貫通？若只格一物便通衆理，雖顔子亦不敢如此道。須是今日格一件，明日又格一件，積習既多，然後脱然自有貫通。」公論曰：「於戲，程氏之學今日見矣！乃知其從前所論性理，皆是和會積習，的無自得，非得之道。」

才勝德，小人也；德勝才，君子也。才德俱勝，故名聖人；才德俱無，故名愚人。

與其爲小人，不若爲愚人。至哉言乎！可謂天下公論。

公生明，偏生暗，苟私一毫則不明，安得公乎？蒙之所論，自朋友講議，晚生請問，耳目所實，質於己，證於道，非以愛惡之私去取，亦非角技能、售虛名於人間世，以授諸弟子，庶幾爲善人，爲君子，爲得道焉。語未竟有客曰：「真正得道人，不見世間過。《叢林公論》多眂人之非，何哉？」蒙曰：「有是言也。《語》云：『惡訐以爲直。』及孔子作《春秋》而亂臣賊子懼，是亦訐乎？今之所論無他，邪者正之，正者明之，昧者使知之，庶各循其本，客以爲訐，不復論也。」

◎朱　輔撰

溪蠻叢笑

唐　玲　整理

點校説明

《溪蠻叢笑》一卷，朱輔撰。朱輔字季公，桐鄉人。據書前葉錢序，知其爲灊山先生朱翌之季子。風流博雅。於慶元元年（一一九五）通判辰州。又據《淳熙嚴陵圖經》卷一「正倅題名」：「朱輔，慶元四年十一月二十一日以朝奉郎到，六年十二月初八日替。」則知朱輔還擔任過嚴州通判。

此書當作於辰州任上。《四庫全書總目》云：「溪蠻者，即《後漢書》所謂五溪蠻。章懷太子注稱武陵有雄溪、樠溪、西溪、潕溪、辰溪，悉是蠻夷所居，故謂五溪蠻，今在辰州界者是也。輔蓋嘗服官其地，故據所見聞作爲是書。所記諸蠻風土、物産頗備。」辰州界大致相當於今湖南懷化及貴州黔東南一帶，書中所記溪蠻風俗，實是研究西南少數民族歷史文化的寶貴資料。

《溪蠻叢笑》現存版本甚多，此次整理以《古今説海》本爲底本，校以《夷門廣牘》本、《學海類編》本、國家圖書館藏清抄本、《古今説部叢書》本等。

木契：刻木爲符契，長短大小不等，穴其傍，多至十數，各志其事，持以出驗，名木契。

犵黨：出入坐卧，必以刀自隨，小者尤銛利，名犵黨。

鈎藤酒：酒以火成，不醡不芻，兩缶東西，以藤吸取，名鈎藤酒。

金鷄：羽族似雉者，金項火背，斑尾揚翹，志意揭驕，籠之不能馴。

茅花被：犵狫無綿，揉茅花絮布被，一被數幅，聯貫以成。山猺皆卧板，夜然以火。犵狫視猺，則爲富矣。

辰砂：辰錦砂最良。麻陽即古錦州，舊隸辰郡。砂自折二至折十，皆顆塊，佳者爲箭鏃結，不實者爲肺砂，碎則有趖趄，末則有藥砂。砂出萬山之崖爲最，犵狫以火攻取。

犵狫裙：裙幅兩頭縫斷，自足而入，闌斑厚重，下一段純以紅。范史所謂獨力衣，恐是也。蓋裸袒以裙代袴，雖盛服不去。去則犯鬼【一】。

金繫帶：硯石出黎溪，今大溪、深溪、竹寨溪、木林岡石，皆可亂真。紫石勝揭石，熟猺亦能礪砥，黎溪爲最。蓋於淘金井中取之，近亦艱得。有紫緑二色，圍黄綫者名金

校勘記

【一】去則犯鬼　此句，《古今説部叢書》本排作正文。

繫帶。

粉紅水銀：水銀出於朱砂，因火而就，或謂砂腹生水銀，非也。名粉紅水銀。

砂牀：石之不碎而砂附著其上者，名砂牀。

水秀鐵：鐵之精英，在水數十年者，名水秀。

順水班：蠶事少桑多柘，繭薄小不可繅，可緝爲紬。或以五色間染布爲僞，名順水班。

葫蘆笙：潘安仁《笙賦》「曲沃懸匏」、「汶陽匏篠【二】」，皆笙之材。蠻所吹葫蘆笙，亦匏瓠餘意，但列管六，與《說文》「十三簧」不同耳，名葫蘆笙。

燕子花：紫花，全類燕子，生於藤，一枝數葩。

不闌帶：蠻女以織帶束髮，狀如經帶。「不闌」者，斑也，蓋反切語。俚俗謂團爲「突欒」，孔爲「窟籠」，亦此意也。

野鷄斑：枋、板，皆杉也。木身爲枋，枝梢爲板【三】。又分等，則曰出等甲頭，曰長行，曰刀斧，皆枋也。曰水路，曰笏削，曰中杠，皆板也。

腦子香【四】：以文如雉者爲最佳，名野鷄斑。

娘子布：漢傳載「闌干」。闌干，獠言紵。今有績織細白苧麻【五】，以旬月而成，名「娘子布」。

【二】汶陽匏篠　「匏」，《文選·潘岳·笙賦》作「孤」。

【三】枝梢爲板　「爲板」原作「板爲」，據清抄本、《古今說部叢書》乙正。

【四】腦子香　按：此條，各本均誤入「野雞斑」條末。

【五】今有績織細白苧麻　此句，《古今說部叢書》本作「以細白苧麻織布」。

點蠟慢：溪洞愛銅鼓甚於金玉。模取鼓文，以蠟刻板印布，入靛缸漬染，名點蠟慢。

絲金：沙中揀金，又出於石，碎石而取者，色視沙金爲勝。金有苗路，夫匠識之，名絲金。

馬王菜：葉似蔓菁，味苦多刺，即諸葛菜也。

三脊茅：麻陽苞茅山，茅生三脊。孟康曰「零茅」，揚雄曰「璚茅」，皆三脊也。齊桓責楚苞茅不入者，即此。

鴉銜草：紫草，《爾雅》謂之藐，《廣雅》謂之茈莀。《本草》云：「生楚地，三月采根陰乾。」猺人以社前者爲佳，名鴉銜草。

雞骨香：降真本出南海，今溪洞山僻處亦有。似是而非，勁瘦不甚香，名雞骨香。

出山銀：西溪接靖州境出鉛，鉛中有銀，銀體差黑，未經坯銷，名出山銀。

雞末子：古有細蟲曰焦螟，集於蚊睫。蠻地有蟲極細，拭目難覩，黑點著身，抓搔不可耐，名雞末子。

九肋鼈：沙鼈似馬蹄者佳。九肋出沅江。

銅鼓：蠻地多古銅，有銅柱，馬希範所立。麻陽有銅鼓，蓋江水中掘得，如大鐘，長篙三十六乳，重百餘斤，今入天慶觀，并有銅像二，相傳唐明皇像，餘散他處。鼓尤多，其文環以甲士，中空無底，名銅鼓。

不乃羹：牛羊腸臟略擺洗，羹以饗客，臭不可近。食之既則大喜。《嶺表録異》曰：「交趾重不乃羹。」先鼻引其汁。「不乃」者，反切「擺」也。

圈布：桑味苦，葉小，分三叉，蠶所不食。犵狫取皮績布，繫之於腰，以代機紅緯，回環通不過丈餘，名圈布。

竪眼犵狫：犵狫蠻之尤怪者，兩目直生，惡青衣人，遇之則有禍。去麻陽百餘里，不常見。

獨木船：蠻地多楠，有極大者，刳以爲舟。

芷：香草，見《離騷》。有一穗數花，與蕙茝不同，開亦先後，皆蘭類也。

黄猫頭：蠻類，不巾，髮卷曲，照日金色，故名。

光面蠟：蠟出山，不經僞者名光面。作僞者雜以粟【六】。

飛紽：土俗：歲節數日，野外男女分兩朋，各以五色綵囊豆粟往來拋接，名飛紽。

客鼓：鼓之節不一，有暗箭鼓、集人鼓、犒設鼓。饗客亦以此，遠近聽以爲準，酒酣少有參商，則鼓聲隨變。終席無他者，名客鼓。

固項：牛漆牛皮以護頭頸，名固項。

銀鵪鳩：犵狫之富者，多以白金象鳥獸形爲酒藤【七】，或爲牛角、鵪鳩之狀尤多。每聚飲，盛列以誇客。

【六】作僞者雜以粟　此句，《古今説部叢書》本排作正文。

【七】多以白金象鳥獸形爲酒藤　「藤」，《學海類編》本作「器」。

筒環：犵狫妻女，年十五六敲去右邊上一齒。以竹圍五寸、長三寸，裹錫穿之兩耳，名筒環。

門款：彼此歃血誓約，緩急相援，名門款。

大設：富洞以九月燕，及三年一犒，爲大設。

入地：犵狫自别洞奔來此地居止，名入地。

鸕鷀號：戰鬭出入，群聚發喊，以張聲勢也。

羊棲：犵狫以鬼禁，所居不著地，雖酋長之富，屋宇之多，亦皆去地數尺，以巨木排比，如省民羊栅，杉葉覆屋，名羊棲。

左右押衙：犵狫比猺貓則妄自尊大【八】，歲時旦望【九】，或客至，皆排衙。主盟其事者，爲隊公，又其次，名左右押衙。

坐草：山猺潛出省地茅葦中，射弩奪物，機不虚發，名坐草。

客語：能省民之言者，名客語。

準把：互市踰約，價償未足，則刦去。省民或甲以乙代，名準把。

踏歌：習俗。死亡群聚歌舞，輙聯手蹋地爲節，喪家椎牛多釀以待，名踏歌。

讐殺：夷性好殺【一〇】，一語不合，便刺以刃，百十年必報乃已，名曰讐殺。

專事：溪洞文移，他人不能，特選往來之熟者，名專事。

【八】犵狫比猺貓則妄自尊大　「貓」，《學海類編》本作「苗」。

【九】歲時旦望　「旦」，《古今説部叢書》本作「朔」。

【一〇】夷性好殺　「夷」，《古今説部叢書》本作「蠻」。

骨債：或爲傭而亡，或以煙而死，約牛牲若干償還，名骨債。

走鬼：初夏徙居數日，以舍祖居，否則有禍，名走鬼。

鼻飲：犵狫飲不以口而以鼻，名曰鼻飲。

喫鄉：秋冬之交，聚飲以樂，名喫鄉。

虜魚：山猺無魚具，上下斷其水，揉蓼葉困魚，魚以辣出，名虜魚。

賣首：犵狫之受犒者，如熟户之猺，既納款聽命，縱其出入省地，州縣差人管轄，或許自推首，名賣首。

打寮：山猺穴居野處，雖有屋以庇風雨，不過剪茅叉木而已，名打寮。

生界：去州縣堡寨遠，不屬王化者，名生界。

呈生：祭祀必先以生物呈獻，神許則殺，以血和酒，名呈生。

拕親：山猺婚娶，聘物以銅與鹽，至端午，約於山上，相攜而歸，名拕親。

骨浪：猺獠睡不以床，冬不覆被，用三叉木支閣板，旁燃火炙背，板焦則易，蓋以板之易得也。以展轉之意，名骨浪。

隊小：犵狫之隨從者，如軍中行伍，名隊小。

舞杴：醉後以長柄木杴跳舞，亦有音節也。

平坦：巢穴外雖峙嶮，中極寬廣，且以一處言之，犵狫有「鳥落平」，言鳥飛不能盡也，周數十里，皆腴田。凡平地曰平坦。

例牛：牛客多行桃源路。洞中占軍事勝負，及疾病祈禳，皆以牛用，名例牛。

跳雞模：藝精者擲刀，空中接之，名跳雞模【一一】。

洗面：借人助相讐殺，以牛酒往謝，名洗面。

奴狗：狑猪之爲傭者【一二】，名奴狗。

背籠：負物不以肩，用木爲半枷之狀，箝其項，以布帶或皮繫之額上，名背籠。

葬堂：死者諸子照水内，一人背屍，以箭射地，箭落處定穴，穴中藉以木。貧則已，富者不問歲月，釀酒屠牛，呼團洞發骨而出，易以小函，或架崖屋，或掛大木，風霜剥落，皆置不問，名葬堂。

爬船：蠻鄉最重重午，不論生熟界，出觀競渡，三日而歸。既望，復出，謂之大十五。船分五色，皂船之神尤惡，去來必有風雨。一月前，衆船下水，飲食男女不敢共處。弔屈原，正楚俗也，名爬船。

隘口：凡衆山環鎖，盤紆峁鬱，絶頂貫大木數十百，穴一門來去。此古人因谷爲寨、因山爲嶂之意，名隘口。

十莊院：數十年前，猺獠侵占蝦蟆行寨省地，土人申請招致靖州犵猪防託，借田買屋以居，名十莊院。

【一一】名跳雞模　「跳」字原闕，據《夷門廣牘》本、《古今説部叢書》本補。

【一二】狑猪之爲傭者　「狑」，《學海類編》本作「犵」。

漚椰：牛椰木多漿，貓猺歲饑鬬食【一三】，則先以火窖地，握根置窖中，壓以石，又用火漚熟，漚，漬盦也。搗作餠餌，名漚椰。

椎結：胎髮不薙除，長大而無櫛篦，不裹巾，蓬垢髼鬡【一四】，自古以然，莫可化也，名椎結。

富貴坊：競渡預以四月八日下船，俗聚飲江岸，舟子各招他客，盛列飲饌，以相誇大。或獨酌，食前方丈，群蠻環觀如雲【一五】。一年盛事，名富貴坊。

對刀：甲與乙有隙，兩相鬬敵，背牌護身，遠以標鎗，鎗盡挺刃而前，名對刀。

出面：拕親之後年生子，引妻攜酒，歸見婦家，名出面。

【一三】貓猺歲饑鬬食　「貓」，《學海類編》本作「苗」。

【一四】蓬垢髼鬡　「髼鬡」原作「狰獰」，據清抄本、《夷門廣牘》本、《學海叢書》本改。

【一五】群蠻環觀如雲　「群」，《古今説部叢書》本作「諸」。

⊙周必大撰

泛舟遊山録

黄寶華　整理

點校説明

《泛舟遊山録》三卷，周必大撰。周必大（一一二六—一二〇四），字子充，又字弘道，自號平園老叟，又號省齋居士，吉州廬陵（今江西吉安）人。紹興二十一年（一一五一）進士，官至樞密使，拜右丞相，進左丞相，封益國公，卒謚文忠。《宋史》卷三九一有傳。

必大工文詞，著書多達八十一種，身後由其子綸與門客編成《大全集》二百卷，刊刻於寧宗開禧間。宋槧今存殘帙，元明兩朝未嘗重刊。《四庫全書總目》著録浙江鮑士恭家藏本，但《四庫全書》實際抄録者乃江蘇採進本等本子，脱漏較多。道光二十八年（一八四八）廬陵人歐陽棨（自稱爲歐陽修後人），感念周必大曾編刊歐陽修文集之功，乃編刊《廬陵周益國文忠公全集》一百六十二卷，咸豐元年（一八五一），又續刊其餘部分。歐陽氏刊本較爲完善，遂成周集之通行本，實有功於周氏。

《泛舟遊山録》乃記載周必大於乾道三年（一一六七）由江西前往宜興省視病重之岳父並爲其送終來往途中之見聞遊蹤，起自三月，止於十二月。記事始於過隆興府（南昌），然後敘其過鄱陽湖，循江而行，歷池州、蕪湖、太平州，經溧水、溧陽而至宜興外家，八月返程，遊金陵，最後經臨江軍而返吉州廬陵。全文按日記録，凡山川風物、遊程見聞、人事交往等均收筆底，尤注重山水景觀、名勝古跡之録載，去程中對宜興、常州、平江府（蘇州），歸程中對金陵、茅山、齊山、九華山、廬山、西山之敘載尤詳，且廣徵博引，考辨景物之源流沿革，足資參考。

本書明焦竑《國史經籍志》卷四著録爲三卷，然無單行本傳世，《文忠集》卷一百六十七至一百六十九有收載。元末陶宗儀所輯《説郛》節録了其中的部分文字。宛委山堂本《説郛》弓六十四收有《吴郡諸山録》（其前半部分録自本書卷一）、《廬山録》（録自本書卷一）、《廬山後録》（録自本書卷三）、《九華山録》（録自本書卷二），又《説郛》弓六十五收有《泛舟録》（録自本書卷一及卷二）。今以歐陽棨本爲底本，校以文淵閣《四庫全書》本及宛委山堂本《説郛》的相關文字。歐陽本正文中夾有若干小字注，大部分當爲編者所加，也有小部分爲作者所注，整理時保留了部分夾注，以便參考。今人顧宏義、李文編成《宋代日記叢編》一書，其中也收有此書，對其校點成果整理時有所參考，特此志謝。

卷一 起乾道丁亥三月，止是年六月。

乾道丁亥三月丙申朔，招陳允中爲成媪診脉。

丁酉，初報謁。

戊戌，佚。

己亥，佚。

庚子，佚。

辛丑，佚。

壬寅，佚。

癸卯，佚。

甲辰，佚。

乙巳，晴，北風微作。申時過隆興府，遣人致問帥、漕，有餽皆却之。晚泊鱖魚潭夾中。

丙午，無風，以從者有潛入隆興城中者，候至巳時方行。晚泊吴城山廟下，登望湖亭，春水未生，涯渚歷歷。松門巡檢詹億之，保義巡捕某至此來謁。億之，嚴州人，頃在贛識諸父。

丁未，舟人賽廟畢，解去，自此入湖，掠珠溪、神岡、左里廟，皆不泊。癸酉歲避風左里廟數日。湖中多沙山，望之如雲。廬阜青蒼，真欲招隱耶？未後，次南康軍，簽判趙無悔相訪，別適周歲矣。借虞兵陳宣前導出西門，諸峰橫陳，瀑布中瀉，寒食節遊人布路。約十餘里至開先寺，長老不在，同西堂元湛上漱玉亭，觀石柱間東坡辛巳四月題名。開先舊屋，惟有此亭，其上即石橋，又其上瀑水落焉。瀦爲龍潭，旱歲祈禱頗應。回觀僧堂，即南唐元宗少年書堂也。古碑一空，魯直院記偶存耳。寺之東山別有小瀑，號馬尾泉。其餘境物之勝，僧徒皆不能言，要當按陳令舉之記，以浹旬搜訪，或可得其四五耳。飯罷，日已落，急命車南訪歸宗寺。由簡寂觀路口，以迂僻不果入。行官道約十里，將至寺，先渡鸞溪橋，酌一滴泉。躡支徑，過水碓，循溪源，有大池縱廣十丈，甃護皆以石。又其上則石鏡溪，聞刻魯直三大字，曛黑不能視，獨題歲月於王龜齡待制詩碑後。谿上直紫霄峰鐵塔在焉，村民以二三月一往採茶，約十里云。自此即架石渠導水，長至二百丈，最爲奇特。此外舊物稀矣。秉燭入寺，寺在金輪峰、上霄峰之下。上霄者，秦始皇、漢武帝所登也。長老名樅，閩人，同謁王右軍塑像，觀墨池，又有鵝池，恐僞。南山至此已十八九里，尚有康王觀、谷簾泉在一二十里間。遂轉山北，入江州界矣。隔路別峰號黃龍，是爲湯泉，有寺幾廢云。樅作果供，二鼓就寢。今日之遊雖匆匆，而籃輿中遍觀山面，所得爲多，恨不能詩以識之。

戊申，聞五更鐘即蓐食，以火炬夾車而行。初甚雨，無從假蓋，已而稍止。至萬杉院天始明【一】，頃經焚蕩，尤貧乏。同長老上散珠亭，即舊滴翠亭也，觀仁宗飛白「清淨和尚」等字及勑劄數通，錢易、王隨、王欽若、王曙、章得象諸朝士送僧太超詩。太超乃天聖中開山者，内侍羅崇勳主之。太守史奉直俣致問。雨復作，亟過棲賢，路稍崎嶇，然不妨觀山也。約十餘里至三峽橋，蘇黄門所記殆非夸詞，恨不遇積雨怒漲時耳。下視橋柱，余靖、元絳皆刻姓名，自此行石衢至玉淵亭，澗水披石陡落，匯爲龍湫，雪濺雷吼，不減三峽。又數十步乃至寺，山林陰翳，棟宇零落，如蹈無人之境。升其堂，長老妙徽方出，嘉州人也。同至五老亭，古碑多燼於火，而祖無擇《愛堂銘》獨存。堂在今菜圃後，僅存階梯。按記文，唐寶曆初李渤捨宅爲寺云。聞數里間有楞伽【二】、折桂諸小院，乃舊屋。楞伽即李常公擇山房，有其妹墨竹，迫歸不能往。出棲賢，行十里得官道，入羅漢院，雖免火厄，而主者非其人，坐觀摧敗，畧不支補。惟藏殿尚如舊，内外皆石柱，刻龍繞之，承平時民財既富，濟以國力，固應如此。又十里入北門，謁太守而歸。星子令鄧從政思問相候，并致谷簾泉酒。無悔送《廬山前後集》、《江行圖》。欲登落星寺，而衆客在岸，應酬移時，日已過未，遂解去。癸酉冬嘗遊此寺，今以其咫尺反忽之，不無遺恨。晚泊女兒港，是日清明，以巵酒勞從者。

己酉，早昏霧，辰後方解，而北風作。過大孤，泊黄泥洑，登岸，沿港入飯籮山民居。

【一】萬杉院　「杉」四庫本作「彩」。下同。

【二】聞數里間　「間」原無，據宛委山堂本《説郛》㢧六十四所録《廬山録》補。

風不止，退泊樟汊港口。林江州栗遣人致問。頃之，風稍息，行數里，浪勢未平，家人輩驚怖，復掛帆回樟汊。昨日若遇此天氣，則少留落星，再遊廬山矣。

庚戌，風浪不可行，坐巖石間，觀劉賢與舟人弈。

辛亥，雨作，風稍緩。行至湖口縣，江湖合流，浪勢甚大。縣在上下鍾石之間，不暇爲蘇仙之遊也。過里許，攔頭一葉舟�白浪襲税【三】，方與從者鬨，而江州使者再至，乃去。進至交石夾上口，有人煙。登岸望桑落洲，步上夾石。監廟邵迪功端、程部信綱相訪故户部侍郎與可大受之子。戊戌年家也，以南康谷簾泉酒遺之。未後風止，舟人云西江浪未平，不果行。有欲烹河魨者，買而縱之。夜月極佳。

壬子，鷄鳴解纜，風復作。巳時過彭澤縣，縣在南岸，亂山連延不斷，而北岸惟小孤山突起。雖有水，非江中央也。馬當遠望如馬，亦在南岸。上元水府廟樓閣華焕，不能謁欸。未後入望江夾，望江，舒州縣也。舟人云前無住口岸，遂止。

癸丑，未時次雁汊鎮。隸池州。風色既退【四】，檢税者又不至，遂宿焉。携兒遊東山禪院，長老惠日。

甲寅，風益高，入長風夾，遇淺，回旋久之。未後過羅刹石，浪轉高，掛帆回泊李王河口。李王謂元宗也。登洲上閑步，有民居及巡檢司。

乙卯，早昏霧，辰後方行，未時次池口，去州數里。舟師以幹乞留。風忽轉南，得未曾

【三】一葉舟　「一」原作「以」，據四庫本改。

【四】風色既退　「退」原作「逆」，據四庫本改。

有，張帆行僅二十里，雨作，復轉北風。乙夜，疊棹入梅根港，百家之聚也，大風。

丙辰，大風雨，登岸謁昭明太子行宫。步至市尾，有梁逵，字通卿，教村童，携酒與之飲，頗能道九華勝概。漁舟數百，出没大浪中，皆捕河魨者。

丁巳，霧散而晴，掠銅陵縣，入丁家夾，以風逆，命挽而進。晚，未出夾數里止，官軍數十輩駐泊岸上。金陵軍。有老黥謝鎬，字子京，亦聚教村童，携酒飲之。

戊午，早掠繁昌縣，以風静不入夾，中流而下，未過蕪湖縣，望磕磯在江心，雇小舟登寧淵觀【五】，寂無一人，屋皆朽敗。《圖經》作磕磯，政和中觀額，癸酉冬予欲遊不果。前對三山，左即邑屋，青墩夾出焉。觀張安國舍人題字而回。過西采石，數舟簸旗鳴鼓而至，皆和州截税者，郡守胡昉聚財甚急。久之方去。晚過西梁山，泊大信口，二百餘户。夜扣萬壽廨院。己未，早行夾中，欲入太平州，以水澀，復出江。巳初過采石鎮。己卯秋，嘗登牛渚磯，今不暇。晚乃泊鵝項【六】。

庚申，早，以夾中水澀，轉江而入。未後泊新河口。此行日日北風，今日泝流趨新河，便值南風，所向背馳如此【七】。折簡韓無咎運使，雇舟載行李入鎮江閘。

辛酉，南風益熟。方帥滋務德、葉總領衡夢錫、韓無咎及莊德全、権貨蘇常山玭訓值並相訪，辭以徑過，不果報謁，有餽皆却之。常山，仁仲之子，務德甥也。行李易舟，挈家遶城過天禧寺，治陸行計。漕司急足持先牌與召客趙倅善仁紛爭甚久，趙故人也，以醉之

【五】雇小舟　四庫本作「泊舟」。

【六】晚乃泊　「乃」原無，據四庫本補。

【七】背馳如此　「如」原作「類」，據四庫本改。

故。新太平州推官趙儒林不没、長老智勤並相訪。都統劉侯源致餽【八】，亦却之。

壬戌，早發天禧，行十里，田間有南唐追封慶王李宏茂字子松神道碑，韓熙載奉勅撰。飯隨車鄉之上店。午飯後至秣陵鎮，謁嶽廟，有道士主之。晚宿方墟，訪陳特立秀才。

癸亥，早飯畢，至溧水縣，知縣王彦平及主簿張修職思、新主簿王迪功尚之、尉張迪功南仲相候於門。入泊中山驛。紹興戊午李朝政修，魯訔爲之記。趙倅分路赴闕，殊愧前失，而僕未嘗過之也。晚赴王彦平飲，後圃有池，周美成作邑時長短句云「新緑小池塘」，謂此。園無花而多古木，有連理者。

甲子，女兄小祥，就驛設祭而行。飯官塘，晡時至黄連步，登秦氏小舫，是日天氣頗蒸鬱，晚雨作，中夜大雷，遇客舟横港，衝破籃輿，紛競不已，遂泊。

乙丑，大雨，午後止。昨日道中苦旱，得雨良幸。過溧陽，縣宰陳朋元通直蒼舒、尉時迪功作乂相訪。乘便風度湖瀎達宜興，婦家來迎，方知外舅以二月十九日不禄。魯子師之子相訪。

丙寅，晴，遣賴昌如臨安問兩兄動静。

丁卯，新浙東安撫司機宜汪端中恪、新鎮江分差糧料院强中憺【九】、新監左藏西庫剛中懔、將仕郎張仲益並相訪。三汪皆彦章子。將仕君，寺丞元覽觀復子，侍郎湍之孫。

四月戊辰朔，雨，聞日當蝕。至吴墟，謁周敦義參政，已拜泉州。

【八】劉侯源　四庫本作「劉源」。

【九】强中憺　「憺」字原空缺，據《宋代日記叢編》補。

庚午，宜興丞葉宣義節、新監通州鹽場俞秉義仁仲相訪。宣義，少藴之孫，永州太守桯之子【一〇】。秉義君，莊氏甥也。

辛未，謁同年莊伯威知録及其父德成玘監廟。新主管臨安城北右廂邵宣教韜華甫相訪。

癸酉，賴昌持兩兄書歸，再遣行。程君曅及地理僧真鑒大師淨如來。

甲戌，顯親長老全顯招飯，辭之。再至吴墟。

乙亥，邑中迎社頗盛，云周孝侯生日也。聞孫仲益尚書艤舟北郭，謁之，年八十七矣，精明如六七十人，詩文不減少作，談舊事纚纚不倦，可謂異稟。

丙子，外舅終七。

丁丑，客云汪彦章與王甫太學同舍，甫貌美中空，彦章戲之爲花木瓜。及彦章罷符寶郎，甫正當國，以宣倅處之，宣州産花木瓜故也。

戊寅，復至吴墟，别泉州。

己卯，新國子監主簿沈德文相訪。

庚辰，早詣臺莊祭奠外祖墳，守者已改用毛百一，稍禁樵蘇。通判舅氏墳在其西二三十步間，植兩石楠以爲識。禮畢，與仲賢、淨如會於莊子平資福庵，遂拜其墓，相去半里有蘇子修秀才墳庵，又一里有孫觀復庵，極潔雅。回視莊德邁及蔣氏所出陰地，道過莊德固

【一〇】桯　四庫本作「程」。

墳庵。德固癸未歲死。自此問歸路，去縣數里有余公度、邵知縣、胡省幹三庵相望。又落路觀慕容彦逢尚書家諸墳，稍已廢圮，有尼庵主之。敲其門不應，從者頗聞虎嘯。回趨孫端朝汝翼安撫墳庵，少休，其規模如小寺。歸憩宋氏店，黄昏到家，雨作。

辛巳，莊支使璵相訪。飯罷，因謁郭宅心寺丞，遂遊通真觀。比癸未歲益不振，向餘一柏，又復不存。庭下有虞察院詩刻，云：「此樹已三百年，而數歲間俱失之，庸道士之罪也！」聞是日乃吕洞賓生日。

癸未，早，仲寧、仲賢過善權，設水陸齋，約同登舟，風水俱逆，其行甚緩。晡時掠桐渚，晚望楊氏墳庵，頗壯麗，由小港登焉。方墳闕角，僭侈非度。自此至寺纔數里，乃肩輿以行，過離墨山最高，或謂與善權通號離墨云。稍前即董山，囿碑在焉，欲上而日已落，徑入善權，勅額曰「廣教」。初，龍圖閣待制傅楫，興化人，嘗爲徽宗端邸宫僚。既死，援王陶例，未至執政，特賜功德院而不改廣教之額。楫墓在寺側，其羣從亦有依寺而居者。按舊碑，寺本齊武帝贖祝英臺莊所置。山東北有石壇，號九斗壇，世傳梁武帝禱雨於此。會昌廢寺，田産歸鍾離氏。咸通八年，鳳翔節度使李蠙奏云：「臣太和中嘗肄業此寺，由巖洞有白龍之異【一一】，願以己俸贖田復舊。」詔可之。其碑并蠙詩尚存，仍畫像以祀。南唐時嘗爲道觀，後主復爲寺。宣政間，傅氏子徇時又請爲崇道觀，建炎間復舊。單氏《圖經》云：「殿屋乃廬州刺史張崇造，寺多唐人題名，今獨乾符以來塑匠役人姓名班班可

【一一】由巖洞有白龍之異　「由」原無，據四庫本補。

見。殿柱上有雷部鬼書，曰『駱審火』者一，『謝鈞火』者二，字皆倒書。」予往視之，不見所謂唐匠姓名及「駱審火」字，其「謝鈞火」入木寸餘，又有「詩米」等字皆遒勁可愛。客館巖石奇秀，瀦水爲池，頗立亭宇於其上。壁間有元豐甲子秋九月彭城劉彝執中《夜宿寺中，追懷陳襄述古》詩云：「精識世所稀，及道古難有。伊人雖云亡，遺德不可朽。嘗厭石渠遊，是邦爰出守。浚河納湖波，股派活畎畝。學宫起城隅，塗人或薪樵。既富而教之，薄俗適忠厚。矧予平生時，昏弱賴磨揉。共探姬孔微【一二】，肯出皐稷後？醇源浩罔涯，實行靡容苟。猶期老巖阿，寂寞待同扣。天乎奪大成，旅葬宜興阜。我來薙荆榛，雨淚滴杯酒。慟哭起秋風，落葉紛林藪。永懷三益恩，語報乏瓊玖。願子生人間，世世爲親友。」古人於交遊情誼蓋如此。述古墓去寺十餘里，州博士歲遣生員祭奠。

甲申，晴，宜興人謂堯時夏雨甲申而致九年之水，故甚畏之。早同仲賢、仲寧及地理僧淨如過丁墅卜地【一三】，去寺約二十里，飯於吴寺丞庵。回至懷相塢，入吴秀才庵少休。天氣驟熱，將至善權，由傅公神道繞寺後訪二洞，約行里餘，度小嶺乃至焉。乾洞在上，有大石當户，其四周彷彿類疊牆，寶蓋下垂，鵝管懸綴，有鹽堆、米堆惟肖，視張公洞差小，然亦可容千人。水洞在乾洞之下，水自山出，未至洞口，披石斗瀉匯而爲湫，細流入洞，洞中石田皆成疆畔，每丘纔盈尺，高高下下，水滿其中，石文蹙成花草，如雕鐫者。陳述古詩云：「陰陽融結此山川，便有鹽堆與石田。風俗每來占水旱，却疑乾洞有神仙。」注謂乾

【一二】共探姬孔微　「探」原作「賾」，據四庫本改。

【一三】早同仲賢仲寧　「仲賢」原無，據宛委山堂本《説郛》弓六十五所録《泛舟遊山録》補。

洞中有鹽堆、米堆【一四】，石田數丘，鄉人歲時祈禱，以占水旱。若田中有水，即爲豐年之兆。又詩云：「水洞深無百尺泉，白龍騰蟄已多年。誰知此物能雲雨，常濟山南萬頃田。」注謂《圖經》云：「水洞中有泉，大旱不竭，常有雲氣升騰，太和中白龍出於洞中。」予觀石田在水洞，而述古乃言於乾洞，不知何故。白龍即李蠙所見者。水既入洞，即伏流達寺中，昨日所遊巖石亭宇正臨其上【一五】。時有四足鮎魚出遊，村夫或擊而食之，今日童僕輩亦有見之者。水由寺而出，灌溉之利遠矣。遊洞畢，回視傅公冢乃歸【一六】。是日，茶毗長老正祥，其死方數日，病後端坐書偈而逝云。寺在宜興西南，陸行四十里，舟行六七十里。張舜民《南遷録》：「過黄州，聞東坡云，近獲一魚，似鮎而有四足，能履地而行，或曰鯢魚也。」

乙酉，早，肩輿二三里至董山。按《三國志》、《金陵實録》，孫皓因國山有石自立，遣司空董朝、太常周處封禪刻石，埋銀龍銅馬於其下，其石如囤，故俗呼「囤碑」。山高數十丈，與徐宗策杖同登。碑字三面可辨，惟東向剥裂模糊，蓋無屋以庇之也。俗呼董山，謂董朝也。碑詞載所遺官姓名而無周處，史氏誤矣。長老法濟參齋罷，登舟歸邑。初行十里，四望塵沙漲天，既入湖滂，西北風大作，浪湧舟駛，逼暮方到家【一七】，賴昌等報七兄銓試中第二。

丙戌，開啓天申節。

【一四】鹽堆米堆　原作「鹽米堆」，據四庫本改補。

【一五】所遊巖石亭宇　「遊」原作「謂」，據《説郛》弓六十五改。

【一六】傅公冢　「冢」原作「家」，據《説郛》弓六十五改。

【一七】逼暮方到家　「方」原無，據四庫本補。

丁亥，宜興尉趙修職希仁、新鎮江簽判胡通直誩審言相訪。再遣賴昌、傅勝如臨安。

連日雨，寒。

戊子，赴莊德邁飯。

己丑，報謁數客皆不值，獨遊會真庵而歸。

庚寅，大風而晴，早同仲寧、仲賢、如師再出南門卜地，一里許曰畫店，二三里曰山門，蓋自此入山地。南來諸山聚於陽羨，界太湖而止。對縣治號銅棺山，一曰君山。尤雄拔，故此邑多富貴之家。是日，飯莊氏資福庵，晚飯莊子權雨華庵。其間歷陽埰邵氏之淨觀庵、莊子和霜露庵、蔣子禮祖母沈夫人靜照庵、言村王朝奉庵，惟霜露庵草草，餘皆雅潔閎敞。

辛卯，王德華藻自崑山過溧水，經由相見。新丹陽丞沈從政宗契、王仁傑秀才相訪。

壬辰，早，約莊德邁飯，訖，泛舟數里至言村，訪胡茂老松年樞密舊居，有堂榜曰「萬幅平遠」【一八】，邑人第呼横山堂，堂去湖滨纔百餘步，湖外峰巒横陳，又其外遠山如屏。方茂老卜築時，陸藝花木，水植荷蓮，死纔二十一年，皆堙廢不治而第宅浸壞。予甲戌歲嘗與外舅具舟欲來，大風而止。今日亦遇風雨。

癸巳，新烏程丞祝宣教溥相訪。飯罷，入縣學，學逼南門，對湖山。按碑記，真廟朝縣宰李若谷立廟，仁宗朝鄭民彝修學，紹興十六年又修。今浸敝，無一青衿，其傍即社壇。

【一八】有堂榜曰　「有」原無，據《説郛》弓六十五補。

韓無咎寄麗元英《文昌雜録》。

甲午，早，同仲寧、仲賢、淨如出南門，過横澗，入袁氏庵觀地，投宿洞靈觀，知觀邵惟道字集虚，極有幹才，支傾補敝，觀遂復興。登張公洞，中路回望太湖，宜築小亭焉。山非甚大，而洞極廣，蓋一山皆空耳。其間肖像不一，而數柱若擎之者。

乙未，早過湖洑鎮，跨溪有橋，號侍郎橋，或曰謂陸希聲，而圖志頗疑其稱呼不相應也。飯於金沙寺，登頤山，訪講易臺，酌潛虬泉，皆希聲遺跡也。寺有岳飛己酉歲留題刻石，詞甚壯。遊李福墳庵，即李顯忠斬之者。入鎮中觀潛虬泉。仲寧兄弟同淨如過山中觀地，予乃與道士王見志字全隱者遊惠氏南園，久之，過北園。仲寧兄弟至，遂買舟泛湖洑而歸。兩岸多朱藤，故號罨畫溪。歷唐貢山，淨如云唐貢茶之舍也。又過冢山、蠡湖，甲夜抵邑中。

五月戊戌朔，姚媪忌日，過顯親設供。仲寧招胡審言素飯，寄孫暫從慕容邦瑞學。

己亥，赴汪强中會於莊氏萬頃樓。

庚子，新靜江倅鮑夢符、新宜春丞王從政涣、新廣德司法趙修職公鑒、新會稽主簿趙修職公植並相訪。趙氏兄弟，充之之子。是日借汪氏舟如平江，省從母，而東南風大作，不可過溪橋，宿於岸，步出小蓮。

辛丑，早行，風不止，微雨。過沙子，爲前舟阻滯踰兩時，横柂而進，晚宿塘楊坊。

壬寅，端午節。早雨，午後次常州，泊州橋。過章茂之知録廳，留連至夜，同坐乃其宗人興祖字慶善。明脉州碑徐鉉書，甚奇。

癸卯，早移舟過東門，登嶽廟，入薦福禪院，陳瑩中作記，偶免兵火，觀音堂極高爽，或云東坡賦紅梅閣即此也。邂逅白沙蕭岳英，在此權攝，同觀錢俶開寶九年五月金書《法華經》，當時共捨二十通，今僅存五卷，光明如新。鄉貢進士蕭鴻、武進丞李德明紹來謁。蕭生，犇牛人，與岳英同寓寺中。又同岳英過天慶觀，修廊頗嚴整，殿背有李某畫雙龍，歲月浸久，勢欲騰拏，蓋名筆也。道正房植虞美人花，狀類雙魚，色如金鳳，其葉與牡丹無異。又過太平寺之彌陀院，觀徐陟水壁，波濤隱起，毗陵所工之藝也。老僧守稠云，東坡元祐六年三月二十八日過寺，賦詩云：「醉中眼纈自斕斑，天雨曼陁照玉槃。一朵官黄微拂掠，鞓紅魏紫不須看。」右淨土院牡丹。「六花薝蔔林間佛，九節菖蒲石上仙。何似東坡鐵杜杖，一時驚散野狐禪。」右華藏院薝蔔。其碑近爲何提幹者取去。晚赴茂之飯，遂宿其廳。復移舟泊州橋。

甲辰，早撐舟至大喜橋，肩輿入勝業寺，三門有唐碑，叙寺本陳果仁宅，西廊已壞，東廊僅存。又東入觀音講院，僧云陳祠甚邇，遂同往。門列三碑：其一唐天寶中記文，元和間立；其一刻大業十一年果仁告身，并其妻捨宅疏；其一近世太常博士夏之文，爲太守周杞修新廟作記【一九】，廟廊數十間，周杞毀貢院而爲之。按果仁字世威，本州人，隋朝

【一九】周杞　四庫本作「周祀」。

屢平劇盜，唐武德三年爲降將所毒，妻軫氏以宅爲寺，而廟食自唐已盛，屢加封爵，南唐保大間册爲武烈帝，俗傳五月十八日生。新廟之後有真武殿，又其後乃神之舊殿，像爲方面，不甚大，或曰真身也。殿前檜樹殆數百年之物。歸舟少休，復度橋，訪胡武平功德院，院乃武平創造【二〇】，治平元年七月請額曰「感慈報恩」，遺令不許子孫祔享，止祀其三代，故羣從不得擾之。堂有二板壁，東坡草書倅杭和陳述古二詩，其一《自有美堂乘月夜歸》，所謂「娟娟雲月稍侵軒」者；其一《過周長官夜飲》，所謂「二更鐃鼓動諸隣」者。經崇、觀磨洗，今粗可辨。初在門廡，近徙置堂上，蔣燦題其後。對壁又刻元豐八年五月二十七日東平孟震遊寺留題，復刻頌云：「碧玉碗盛紅瑪瑙，井花水養石菖蒲。批風抹月晨齋罷，試問禪師得飽無？」其上別刻二頌：一與上同而改後一聯云「也知法供無窮盡，只問禪師得飽無」；一同集本，只改「請師」爲「憑師」。觀前輩於小詩猶潤色不一，愈改愈勝，故私記於此。長老名無礙，而集中不書。堂上及僧堂皆畫水，活勢不減彌陀院者。頃之，出廣化門里許，觀武平墓庵，中有歐陽公所撰神道碑，宣和間諸孫集褚書而成之，其額則集顔書。完夫右丞父瑩相去不遠【二一】。初，武平聞其弟死，自京師貽書族長云：「某處地葬後出兩府，吾弟有子可當之。」謂完夫也。其後果驗。此帖今藏胡氏。武平於天文地理無所不通，而其父子及完夫父子冢兆相望，皆葬平地。凡俗所謂來山去水皆不可攷，而武平復先視其子貴賤而後與地。諺有「山頭堂上」之説，信不誣也。今胡氏

【二〇】院乃武平創造　「院」原缺，據四庫本補。

【二一】完夫　四庫本作「宇夫」，下同。

子孫禄仕數十人，中間世將、交修又亞政塗，與蔣穎叔家並爲此邦甲族，何其盛哉！午間赴葛家之會，其居鄰志完諸子之居，近買之。晡後出門，中夜抵無錫縣。

乙巳，午後至許市【一二二】，登法華庵，望陽山在數里間，其下有澄照寺，今爲朱諤右丞功德院，其旁龍母廟，頗靈異，頃歲嘗至焉。晚抵平江，入閶門，泊北寺，尋徙承天能仁寺，觀銅佛。《圖經》云梁陸僧瓚捨宅爲寺，中有聖姑廟。蓋陸氏女，今號惠感夫人，郡人祈子頗驗。頃之，章濟之運幹來，同過從母宅，戊寅之别今十年矣！章氏甥楊昉明叔同宿【一二三】。

丙午，唐致遠判院来，友婿也。

丁未，赴范至能吏部會。李全自廬陵來，永和諸位，武義、臨安諸兄，皆有書。

己酉，早同濟之，明叔、致遠遊虎丘。《圖經》云：「山在長洲縣西北九里，一名海湧山，上有雲巖寺、真娘墓、劍池。」飯罷，謁陳省華、王禹偁、葉參、蔣堂畫像，歷東西庵，歸過半塘寺。朱長文《續圖經》云：「虎丘寺即晉東亭獻穆公王珣及其弟珉之宅。寺前有高僧竺道講堂，生公立片石以作聽徒，折松枝而爲談柄。其虎跑泉、陸羽井見存。」

庚戌，王仲謨、仲告、仲顯自崑山来，至普門禪院謁之。景德中，日本僧寂照嘗居此，舊刻朝宰諸公送行詩，今亡。長老師璨約唐致遠及仲謨昆仲過萬壽禪院素飯，并招范至能。長老藴衷，癸未歲住徑山，識之。諸君欲與劉賡談命，私使來，蓋孟浪人也。萬壽本

【一二二】許市　《説郛》弓六十四所引《吴郡諸山録》作「滸市」。

【一二三】楊昉明叔　「明叔」原作「叔明」，據《説郛》弓六十四改，下同。

丁晉公祖守節造，今號報恩光孝寺，平江望刹也。

辛亥，林修之藥局拯相訪。

壬子，仲謨兄弟歸崑山。謁張漢卿推官、顔休之省幹。獨遊北禪院，主者惠深，住數十年，一力新之，十六觀甚嚴潔。《圖經》：「本戴顒宅。」

甲寅，赴張漢卿會，約爲天池之遊。

乙卯，早別從母，登舟，同濟之至崇真宫，相別於閶門，范至能、顔休文相別於門外。致遠聯舟繞城，望姑蘇舘而過，八里至横塘，入般若寺。又數里至黄山，入法雲寺，陳國長公主及石駙馬葬堂上。寺之軒窗皆可眺望，登塔一級，以窄峻而止，諸峰高下相連如筆格，俗號筆格山。又數里過木瀆鎮，舊至蔣氏園極佳，今稍廢。遂至靈巖廨院【二四】。村民磔蝦蟆可閔，以錢二千市千二百，縱之。呼筍輿上山，山半有憩亭，由支徑訪西施洞，今爲石龕，塑佛像。回視已見太湖。按吴越僧智賢乾德三年所作《智積記》云：「圖志言闔閭城西硯石山高三百六十丈，在吴縣西三十里。闔閭置宫院【二五】、琴臺、響屧廊、舘娃宫，復有硯池、玩花池、明月池，山前十里採香徑。梁天監二年置寺，十五年有僧自畫梵相於佛殿壁間。後有西天僧見之云，此智積菩薩也。」餘文不録。舊號靈巖秀峰院，今韓世忠請爲功德院。長老善卿來迓，同自響屧廊，過草堂，上琴臺，下視川原華麗，太湖數百里在眼中。致遠置酒勝集堂，旁有圓照禪師塔。小説所謂浙本嘗乘遞馬赴闕者。塔臨石池，即硯池也，

【二四】遂至　「遂」原無，據四庫本及《説郛》補。

【二五】闔閭置宫院　「置」原無，據《説郛》弓六十四補。

故此山號硯石山。近地別有礦村，其石可作硯及器用。堂上望湖邊兩山相對，東曰胥山，西曰香山，其中曰胥口。故老言香山産香，堂下平田之中有徑直達山頭，西施自此採香，故一名採香徑，今《圖經》採香與此地里不同。亦云箭徑，言其直也。或曰由此投伍員尸，故有胥山、胥口之名。香山西北連穹窿山。湖中山之大者，有東西二山，皆號洞庭山，餘多島嶼云。夜，待月望湖光，然後就枕。頃年嘗同章茂之兄弟劇飲於草堂，濯足偃松間，中夜方寢。今日之樂又過昔游，所惜偃松一枝已瘁。至能走价送熏香【二六】、松黄、新茶，其簡云：「来日登天平，須攀援至遠公亭及諸石屏處。白雲泉名在水品，其色凝白，蓋乳泉也。張又新以虎丘石井在第三，松江在第六，而此泉未知如何，試一別之。向壽老欲作亭泉上【二七】，及別築遠公亭而范氏媪居寺中，擾之，遂止【二八】。寺右上山路傍有石龜，極形似，向亦有名，近無知者。忠烈廟具有文正公以下畫像，宜挂壁謁之。」

丙辰，早以香茶供智積殿，周行寺宇，惟倦於登塔，塔乃吴越平江節度使孫承祐爲光國妃所造【二九】，成於太平興國二年丁丑歲，猶未納土，今一百九十一年矣。卿老具飯，人力輩能鼓笛，用徑山例呼而奏之。登諸天閣，烹至能雪液。步至後門，觀大井，其徑丈餘。正東望崑山縣，百里皆平田，惟一山突起，蓋縣郭之馬鞍山，山寺在焉。東北連山甚長，常熟縣之虞山也。自此升小車，過天平，下嶺甚峻。約數里至白雲寺。《圖經》云：「唐寶曆二年置，在縣西南二十五里，本遠公道場【三〇】，今爲范文正公功德院，義倉在其中。」文

【二六】走价　原作「走介」，據《説郛》改。
【二七】欲作亭　「欲」原無，據四庫本及《説郛》補。
【二八】遂止　原作「遂退」，據四庫本改。
【二九】孫承祐　「孫」原無，據四庫本及《説郛》補。
【三〇】遠公道場　《説郛》作「遠録公道場」。

正父祖葬山下，故范氏多寓旁近，或居寺廊，不振。寺有白樂天、蘇子美、王君玉、蔣希魯詩刻，久闕主僧，庶事不治。欲同致遠登山，而脚力頓疲，頗難之，然思至能簡中語，恐遺恨他年，遂奮衣右轉而上。酌白雲泉，甚白而甘。躡石磴至卓筆峰，峰高數丈，截然立雙石之上，附着甚軏𡏖，疑其將墜。餘如屏如矗，或插或倚，備極奇怪。行十之七，石愈衆而力愈憊，乃循左徑訪石屋。三面壁立，覆以二大石，少休其中。下至小石屋，一石覆之。又下至飛来峰，高二丈，上鋭下侈【三一】，微附磐石，前臨崖谷，兹其異也。又東下遠公庵，一名望湖臺，正直寺後【三二】，今廢。又下至五丈石，亦名閣石。上至次頭陁巖，有蓋斜蔽之。次至龜石，脊勢隱起，名不虛得。此山大抵皆石也，環形詭狀，可喜可愕。今日適疲倦，又當暑，不能窮其巔，然郡人能至予之所至者寡矣，況遊客乎！歸寺【三三】，欲拜文正公及四子像，坐待魚鑰，移時乃至。明日蓋文正忌辰云。寺右有明因塔院，詰曲隨山，殊迫窄。初，僧智華與蔡京善，政和間爲乞此額，且立碑焉。茶罷即行，過晨臺山，大石特立，進至羊腸嶺，道旁有曾旼彦和父墓碑，未百年已荒敗。又度賀家嶺，大石如横案，上立兩石，俗云嶺北有新婦石，此其箱篋也。午飯王份知縣墳庵。份，吴江耀庵主人也。未時，至張漢卿天池庵，漢卿相待久矣。按《圖經》，吴縣西六十里曰華山，由絶頂而上有大池。晉太康中嘗産十葉蓮花【三四】。今池在山半，未知是否。漢卿於此營墓就隱，負崖爲屋，鑿徑穿洞，疏水四達，其間種梅藝菊以待遊人，費蓋不貲。然山石粗礦，殊乏秀潤。晚

【三一】上鋭下侈　四庫本作「上鋭削」。

【三二】正直寺後　「直」原作「值」，據《説郛》改。

【三三】歸寺　四庫本作「寺僧呼歸寺」。

【三四】十葉蓮花　四庫本及《説郛》作「千葉蓮花」。

置酒更好亭，亭在池上。酒闌，肩輿過燕窠山，觀魏氏山地，入魏奉議志庵。右過北峰禪院，其實魏侍郎憲之庵，規模倣寺，而爲移廢額於此。入門久之，一僧方出，侍郎公死纔三十年，其後浸衰矣。歸宿天池。

丁巳，早飯罷，同漢卿、致遠行三里，至張唐卿排岸庵，庵後大石間有輓雲亭，皆人力也。自此度廟嶺並華山，凡數里至朱右丞諤永慕庵，塋域頗侈，蓋蔡京當國與諤善，勑葬故也。又數里至陽山下，望田間一辟邪甚古，不知何人墳。耕夫云：「近之輒有峰盤人。」陽山，吴郡之主山也。有元居實者，紹興間掌市骨董於榷場，坐致高貲，今爲平江總管，陽山既橫鶩，乃大興土工【三五】，築支壠爲生墳，其旁起冢舍，雖溷軒亦極甃砌之工【三六】，門外栽花木數千株，屈折以勢，不知靡金錢幾萬緡矣！又二三里，度老鼠嶺，入張齊賢承節庵，與漢卿小飲而別。同致遠扣魏迪功庵，過黄峴嶺，遂至白馬澗，舟人已來，與致遠酌一杯，各解維去。以陸務觀所送車渠環遺漢卿。吴郡惟城西多山，起黄山，盡陽山，兩日幾遍歷。夜宿望亭。

戊午，天申節。食時回次無錫縣，登崇安寺。古碑云東晉安帝時立。近歲經兵火，方造三門、佛殿、羅漢殿。有僧義深善醫，多貲，造五輪藏甚華，太守髮之矣。又過南禪寺，泗州大聖嘗留錫杖，有碑記其事。比創五百羅漢閣，謂之泛海羅漢，蓋閩人爲之，航海而來也。張婺州元亮相訪。

【三五】乃大興土工　「土」原無，據四庫本及《説郛》補。

【三六】之工　「工」原作「功」，據四庫本及《説郛》改。

己未，早訪劉醫，即義深也。元亮約飯，目疾大作，不能赴，遂同過慧山，具蒲饌。慧山乃寺之主山，而錫山在寺前不甚高。摹陸鴻漸碑，汲泉烹茶。佛殿下古松可愛。太上辛巳冬過此，勅匠院本作「近侍」。寫真，尋即枯瘁。晚去縣四十餘里宿。

庚申，早遇常州蕭岳英，立談而別，目痛益甚，正坐從母宅劇飲過量，且冒暑遊山故也。晚宿沙子口。

辛酉，食後抵宜興，目痛不能出，客至亦不能見。

丙寅，平江守姚令則直閣憲遣使致洞庭春、冷泉酒【三七】，書籍十餘種。是月六日，國史院進呈《哲宗寶訓》一百門，六十卷，并目録二卷。有旨經修而在外者減二年磨勘，而予預焉。

六月，丁卯朔，外舅卒，哭祭。

己卯，莊德邁送溪鱗。此日目赤稍退，而脾胃怯弱，百物皆忌，偃卧榻上，無聊可知。

興國梅山福盛長老大悦至自無錫【三八】，仲寧招之卜地也。舶趠風大作。

戊子，邵至卿運使相訪，自閩改湖南而歸也。目赤雖去，而翳暈生。

己丑，新吴江宰邵宣教覥及其弟新秀州司理輴相訪，皆至卿之子。

庚寅，初伏便覺酷暑。聞吴璘以四月十七日上遺表，有旨：汪應辰升寶文閣學士，權節制兵馬；興州制置司分興元、利州，作兩路，以吴勝、任天錫總其軍；晁公武除待制、

【三七】冷泉酒　「冷」原作「泠」，據四庫本改。

【三八】興國梅山福盛長老　四庫本「興」字上有「前」字。

知興元府。應辰疾速前去，以漕臣權成都，已而除虞允文大資政充宣撫使，未幾允文依舊知樞密院，再押治事，仍爲宣撫使。二十日出門。

卷二 起乾道丁亥七月，止是年九月。

乾道丁亥七月己亥，早赴縣廳，爲大行皇后姓夏氏，袁州人。六月二十五日上仙，行在進奏院坐省劄牒諸路，云：「禮部太常寺參照顯恭皇后故事，皇帝成服七日而除，百官三日而除，諸道州軍計詔到日長吏率文武官舉哀成服，三日而除。又禮例：諸路監司、州軍縣長吏以下合服四脚【一】、係幞頭，頭冠亦布。直領襴衫、上領不盤。腰絰。以麻。又士庶各於本家素服，三日而除。婚嫁除服後不禁。行在自成服日爲始，諸州軍候指揮到日爲始。又邊州縣軍鎮並不舉哀。又諸路州軍并所屬縣鎮候指揮到日下管内寺觀修建道場三晝夜，并禁樂三日及禁屠宰一日。」又小貼子：「士庶素服，依禮例係去顔色【二】，止服淺淡，裹青皂頭巾。」又省劄：「檢準懿節皇后典禮，參酌討論。外路駐劄諸軍去處，依禮例合就所屯軍處候服報到。自副將而上成服，其餘部隊管隊使臣并散隊使臣升朝官以上，及將副指揮使以上，並常服，哭於本營廳事，三日而止。今欲依上件禮例施行，内沿邊州軍駐劄去處，依例更不舉哀。」六月二十六日奉聖旨施行。闕【三】。

辛丑，晚臨訖，釋服而歸。邂逅新太府寺丞蘇峴叔子【四】，東坡曾孫而過之孫，居潁昌【五】，陷虜，尚書符奉侍時絜以歸，今爲駕部迨之後。昔東坡買田陽羨，凡九百斛，三子

校勘記

【一】四脚　四庫本作「四角」。

【二】去顔色　原作「去色顔」，據四庫本改。

【三】奉聖旨施行闕　「施行」原作「依」，據四庫本改。「闕」作小字注，原無，據四庫本補。

【四】太府寺丞　「太」原作「大」，據四庫本改。

【五】潁昌　原作「穎昌」，據四庫本改。

之裔共享之，故峴居此。嘗與武義兄弟同班改官，以錢端禮薦除太常簿，今代太府。闕。

連日大雨。

壬寅，五更大雨，黎明晴。欲追凉顯親，而新司農簿張朝奉觀頤、新廣德尉虞迪功松、新上元宰吴景先及數客踵至。觀頤，侍郎澿之子。松，尚書策之孫。吴宰，給事中栻之孫。報謁皆不值。至周孝侯廟，遂過顯親，顯老相飯，招莊德邁、汪端中共坐，彊中送瓜。術人朱曉偶至，二公欲問命，因試之。逼晚歸，以酒飲從者，作七夕。

甲辰，婦家爲老妻開葷。

丙午，新豐城李令愿及其堂弟新武寧丞恕、新奉新丞愈、將仕郎哲並相訪。

丁未，大赦到邑，其詞畧曰：「陰雨作難，允賴元良之本；陽淫熱疾，適罹無妄之災。」尾詞云：「康樂安平，受祉莫先於長子；淵泉溥博，推恩豈限於彝章？」初，皇太子因赴長秋臨而中暑，醫誤投補藥，疾遂亟，尋聞初九日夜薨。

庚戌，早過棲真尼庵，設考妣以次神位，行中元薦享之禮。新監錢清鹽場吴迪功守相訪，湖州人。

辛亥，雨中訪莊德邁，弈棋，烹鰒粥，調煎笋【六】。

壬子，洞靈邵道士送山藥薦新。新善權長老道林相訪。夜，大風雨達旦。

癸丑，旬日來東南風大作，未嘗間斷，或以爲異。

【六】調煎笋　「煎」原作「剪」，據四庫本改。

甲寅，雨稍止，過顯親，邂逅鮑夢符通判，薦相僧正顯。

乙卯，武義專人來書，中云江西一月之間再有水患。

丁巳，復熱。

庚申，新大廬山禪林禪院長老慧畸相訪。

癸亥，早約莊德邁、德政點心罷，同登舟爲保安之遊。保安，寺名，在縣北二十五里，今爲周敦義參政功德院。午後到寺，殊不稱所聞。長老祖廓晚置酒待二客，遂宿。

甲子，點心罷，肩輿里餘，入胡發運白雲庵，大觀中造。有蓮池，花面盈丈【七】。又半里，入胡參議老壽庵，猫兒竹甚大，且成林，有江湖氣象，浙中不易得也。此方大抵皆諸胡之產，地多紫薇花，閩如楊柳、芙蕖，可插而成。又數里，至李山，遊禪寂禪院，未有主者，尤荒凉不振。按《至和中寺記》云，創於梁朝，今佛殿造於祥符間，邑人以爲唐殿，非也。門外乃常州官道，自李山南行四里，得周氏衍度庵，甚閎麗。又里餘，至虞山福聖寺，寺有彌勒殿，南唐保大中造【八】，甃磚皆隱起毬路，越二百年堅緻如新。唐人龍朔中作才法師碑尚存。地理僧净如居寺之瑞像院，飯於其房。東西二周氏富蓋此鄉。東周有園，今不治，惟環秀亭在池心，環以荷花。坐賞移時，登舟而歸。過溪值順風【九】，晡後至邑場。致遠樞密之孫、主簿君邦彦遣使通問，其居號小墟，去金壇八里。

乙丑，吴迪功淵相訪，其父寺丞君不主岳飛獄者。得平江書，洶洶傳時巡，蓋虜遣兵

【七】花面盈丈　「丈」原作「尺」，據四庫本改。

【八】保大　原作「保太」，據四庫本改。

【九】值順風　「值」原無，據四庫本補。

部尚書烏論三合駐泗州，取索歸正人甚衆，且聚兵積糧，故蘇、秀頗繕葺公宇耳。

閏七月丙寅朔，宜興宰王奉議際、法藏寺首坐祖印大師道堅相訪。

丁卯，莊文太子以是日勑葬寶林寺。

戊辰，安術者孫晉臣論予命有透關之語，竊取之。

庚午，大雷雨，連日秋雨，暑不可當，今日稍涼。

癸酉，安恭后攢修吉寺。

乙亥，新青陽主簿陳朝立紀相訪。其兄朝舉，同年也，已死。

丙子，邵氏淨觀庵僧契彬相訪。

丁丑，仲寧、仲賢定用香山地，是日斬草。

己卯，携棋具過莊德邁。晚，月色清甚，同德政泛舟出溪口。

庚辰，新監雜賣場門范從事華相訪，淳夫曾孫，元長之孫，趙元鎮外孫。留汪强中午飲【一〇】。强中謂酒有五品：苦、淡、酸、臭、甜，其貶甜乃在臭之下，今日特以醇厚極甘之酒沃之，甚有難色，聊爲一笑。湯朝美邦彦及其堂弟士美國彦自金壇相訪。夜月愈佳，常年之中秋也，已治具，約德政過邵園，因爲泛舟之役。臨出而其主人辭以家集，獨與德政乘小舟入湖漘，風露浩然，亦樂也。

辛巳，早就顯親，具蒲饌待二湯。新句容宰田奉議偉相訪。是日再欲過邵園，會風雨

【一〇】午飲　四庫本作「午飯」。

不果，移具過莊德政宅，招德邁，而莊德器支使璵適至，遂同集飲。韓无咎所送金陵經武堂酒，客愛其醇美，乃以遺之。夜御夾衾。

壬午，留二湯飯。

癸未，再留二湯飯。邵軫方遠相訪，德政之妹夫。

甲申，二湯訪别，具飯待之，仍和其二詩。

乙酉，早同莊德邁泛舟至其曾祖通議公墳，有庵曰揚名，山勢如城而葬其中，蓋程惟象所卜。惟象見趙清獻公彈陳恭公文，其術甚精。通議公本維揚人，占籍宜興，既葬而子微登第，官至待制，今子孫甚衆，禄仕不絶，亦多富者。其側乃蔣穎叔墳庵【一一】，曰慶裕，規模不爲近世之侈。王介甫贈三靈山人程惟象詩，見集中。

丙戌，食後泛舟度長橋，至邵園，邀方遠小酌天遠堂，荷花盛開，其旁即吴師尹宫教之園。初，任昉釣臺在水涯，師尹夷之，别築臺於旁。師尹近死，園已荒，而古跡湮爲茇葑矣。

丁亥，拂旦同仲寧、邵方遠過香山，觀外舅塋地。歸飯厚山莊氏永思庵，主僧覺了。回縣雨作，長道賴寬恩向寧都來事全釋【一二】，追念女兒，悒悒以没，痛心而已。遣李全歸報。

庚寅，湯朝美兄弟遣使送金壇許知觀院道士周汝昭眼藥，云此觀累世傳此藥矣。

【一一】蔣穎叔　「穎」原作「隸」，徑改。案：穎叔爲蔣之奇字，常州宜興人。

【一二】向寧都來　原作「向來寧都」，據四庫本改。

辛卯，新監文思院上界門余迪功汶相訪，狀元中之曾孫。狀元仕至朝奉郎知兗州云【一三】。食後同莊德邁步至通真觀，知觀李守寧留飯。又步過周孝侯廟，觀父子勑告，廟後有大墩，古木森然，號周墓墩，相傳孝侯塋也。穿墩過田氏廢園，今屬莊氏。連日陰雨，御夾衣，今日晴，復揮扇。

壬辰，至棲真庵燒香，爲道者坐化也。道者乃張惟濟提舉之妻，與其女皆爲比丘尼，操行堅固，生而體出舍利，臨死書偈，有僧家所難者。其子解官持服。

癸巳，夜，吴景先知縣家遭刼，凡二十餘人持弓矢刀戟而入其所居，在婦家東百餘步。

甲午，拂旦同邵方遠出南門，過王進修道人家【一四】，獻石棋子一副【一五】，張公洞泥所造也。至香山與仲賢、大悦飯茭舍，遂過湖洑，西行三里至孫仲益墳庵，修竹流水，門徑幽深，似其胸次丘壑也【一六】。龜潭形如龜，潤不盈丈，有亭曰酌潦，而庵名千息。對祠堂創一龕，華甚，設四几案，爲其二室一妾，且留自待也。又西南行二里，訪玉女潭，雖有茅亭，而路皆榛翳，賴扶欄表之【一七】。潭在四山中，三面皆石崖，有竇上達，水浮墨色可畏，投以物則盤旋而下。單氏《風土志》云：「深逾百尺。」經云：「在張公洞西南三里，面闊十丈。」朱冠卿《續圖經》：「女在此成道，今潭上深潤皆逾百尺。相傳玉女竇穴，若穿透然。」唐權德輿、李幼卿、獨孤及皆有詩。自此東行里餘，呼蕘兒導至佛窟巖。巖高一丈五尺，潤數倍，水出其左，或云自玉女潭來，流而爲潤。石佛數身，皆斷軀幹，或云像出巖中，土人神之，多求嗣焉，其毁之必以不驗

【一三】仕至朝奉郎　「至」原作「止」，據四庫本改。

【一四】王進修　《説郛》弖六十五引《泛舟録》作「王廷修」。

【一五】石棋子　「子」原無，據《説郛》補。

【一六】似其胸次　「似」原作「自」，據四庫本改。

【一七】賴扶欄表之　「表」原作「夾」，據《説郛》改。

也。又西南二三里，由王直中知軍家墓道出支徑，訪龍潭，單氏《風土志》：「山頂有龍潭，縣東南五里。」非此也。伐篠荆棘，望石崖而進。有蔣天成者得其地，樊以竹木，路不可行，惟樵叟乃能至【一八】。石壁四插，其高十丈，潭在其中，長六丈，濶五之一，真龍湫也，窺觀毛髮森竦，回顧蔣庵不遠。會日仄，歸飯千息庵，投宿洞靈，知觀邵惟道置酒，秉燭過聖堂，觀元豐間劉宜夫誼及元祐辛未五月僧仲殊留題，然後寢。

八月乙未朔，早至前知觀應若谷房，賞秋香，又訪道士李繼彭，問眼藥。觀中有仁廟時賜《度人經》一藏，今漸散失。歸至香山少休，遂入莊僖簡公神道，長松夾路，殆五六里。由徑過單時中主簿墳庵，訪白鶴洞，水自中出，令從者側入以望，云相去二三丈復有洞口，濶数尺，聞過此則平廣，道人輩採石脂於中云。復出舊路，行里餘，乃至僖簡追遠庵，主僧淨照來迎，飯罷，留題而出。亭午至横澗，折而東二里許，抵川步，訪所謂洞山者，高二十餘丈【一九】，周圍三里，形如張弓，其上皆叢條，無他異。洞口流水清澈，覓輕舠匍匐其中，夾以炬火，棹而入。巖石色正白，中爲裂罅，謂之石脊、石岸，如削玉，如砥平，如刓刻，詭異不一。鵝管鍾乳，往往可取。石燕遇火，驚飛撲人。行數十丈，頂稍高，而洞寬。俄值深潭，邵生懼甚，趣歸。或云自此而進，可陸行半里，有石橋、石磬之屬，唐人刻姓名在焉。此洞惟冬涸可窮覽，若積雨則水與洞平，不可入。今日僅能入也。晡時過長峴嶺，入莊刑曹報慈庵，賞木犀，遂歸。是役也，巖洞在邑南鄙者十得五六，道士輩且不知

【一八】惟樵叟乃能至　「惟」原作「易」，據四庫本改。

【一九】高二十餘丈　「高」字上原有「則」，據四庫本删。

所在，况遊客乎！尚有大成君陽洞，期異日訪之。

丙申，郡守錢立道監丞送磨勘文字來，并致書籍及凝露、惠泉酒。

丁酉，早訪客不遇，謁果利廟。土人謂之西廟。廟神乃後漢袁令玘，今封嘉應字人侯，廟碑殊可觀。正祠本在邑南銅棺山，初曰荆南山。謂荆谿之南。相傳袁令將死，天下銅棺，如王喬玉棺然，故曰銅棺，又名君山，亦謂袁君也【二〇】。有林養素者，以失音，自號不語先生。有問災福，但使咒筆書姓氏甲子，即一再嗅之，信筆書偈頌。今日相訪，其語頗文而主於修養，至於災福則未必驗也。

戊戌，社日【二一】，微雨連日，蒸渠故也。夜，西鄰莊氏遭暴客。

己亥，早，有懷子中，以《周易》筮之，遇《无妄》之《益》，林養素傳咒云：「靈寶藏經，載汝之名，有五鬼名曰攝精。吾知汝的，速離吾身，太上律令，汝化爲塵。急急如太上帝君律令！」勑臨睡時面北叩齒，念七遍就寢，乃無失。王仲謨至自崑山。

庚子，早過香山，以酒饌犒匠人及役夫。飯罷，同仲謨自横澗西行四五里，訪静樂寺。荆溪尊者湛然，此地人，後傳天台教，建中三年没。唐翰林學士梁肅撰碑。是日，冒雨行小徑，意寺可宿，而破落不堪其憂，留題而去。常日在邑中，望銅棺山甚遠，今寺後一峯正倚山脚，非好事不能至也。里餘，至莊子上知府庵，欲循舊路復出横澗，會日向晚，問土人得捷徑，號使嶺，既登，峻甚，仲謨窘於躋攀，從者又畏斑寅，予不恤也。一上約二三里，乃得平

【二〇】亦謂袁君也　「君」原無，據四庫本補。

【二一】社日　「日」原無，據四庫本補。

頂，俯視縣郭，僅成聚落，隔湖及衆滰一一可指，眼界廓然。雨後下嶺尤險，幾不能容足。過西石亭，梅樹滿林，邑人遊賞處也。至山門始出大路，暮夜抵郭内。

辛丑，唐致遠、百二姨自平江來。

壬寅，命通真道士爲外舅作緣事。

癸卯，王仲告及其姪榮仲樞邦美季子。自崑山來。

甲辰，晴，便覺微暑。郁舜舉、王仲顯、李良佐皆至。新海陵簿尉蔣迪功方慶相訪，舜容提刑之子。未後，約致遠過莊德政同度周橋，訪後漢許太尉馘墓道【二二】，中有石翁仲【二三】、龜趺，披荆莽至其下，大墩相連，漸爲邑人斸掘，有碑側立，字多磨滅，惟其前十餘字粗可讀【二四】，大略云：「夫人會稽山陰人，姓劉氏。」蓋太尉之婦也。談馬礪畢玉田數七之碑【二五】，十年前猶在，今爲邵氏取去，邑人張駒考證頗詳。是日，仲寧兄弟會予，客三盃後出雙縑，謂之表坐，浙俗也。

乙巳，婦家會親姻，謂之宿集，表坐如初。

丙午，鼓外舅之柩案：鼓字上疑有脱文。後有護外舅之柩之語，或此鼓字亦護字之訛。登舟，未時至川步登陸。雨驟作，申後至塋所。

丁未，大雨。大悦開穴，深丈有五尺，積雨泉涓涓。茇舍上漏下泥，不可居。同范至能、魯子師、李良佐投宿洞靈觀，簷溜通夕如灘聲。

【二二】許太尉馘墓道　「馘」《説郛》作「夫人」。

【二三】中有石翁仲　「石」原無，據《説郛》補。四庫本此字作「古」。

【二四】惟其前十餘字　「十餘字」《説郛》作「數百字」。

【二五】畢玉田　「玉」原作「王」，據四庫本改。

戊申，昧爽至香山，送葬者畢集，而地已不用矣。雨晝夜不止。

己酉，仲謨從諸人議，徙柩暫寓洞靈，既至而晴，遂爲佳中秋。至能過溧陽。

庚戌，婦女歸邑。觀側百餘步，一峯壁立，狀若鐫刻。紹聖四年有入遁形而入，故號會仙巖，巖下流水可浮盃，今有小亭。午後同致遠西南行里餘，訪白馬洞，将至，澗水淙淙有聲，其源出洞中。入洞頂如砥平，鞠躬而進，觀沈遼刻字。歸訪道士朱有中，生於元祐辛未，年七十七矣。夜月蝕。觀係何名，坐落何所，當考之【二六】。

辛亥，早同致遠、道正、應德愚若谷肩輿西南行，過黄家橋，此可登舟入邑。入湖洑，度侍郎橋，再遊惠園。其眷眷以此者，以古澗碧流也。又行十餘里，登王總管墳，纔二十年，已復荒蕪。進遊大城洞。俗號蒿猪。單氏《風土志》謂：「洞門狹隘，止容一人行，内頗寛曠，有鹽米堆，白石高峙如雪山狀，洞中有四際水流。」今殊不然，入洞纔十步，爲村民以土窒之。前日遣人闢治，僅高一二尺，以草爲茵，魚跳而進。又行十餘步，大石相倚，中有深谷，寸步滑磴，且視且恐。已而稍寛廣，石乳如寳蓋垂於其上。旁又有一谷，然不若前谷之險。稍前即大坑穽，乃近歲崩陷者，所謂鹽米堆、雪山不可至矣。炬火欲盡，遂出憩，村民吴氏以茶果交相遺。歸入饒州太守蔣天佑垂裕庵，半里至君陽洞，陸希聲云在君山之陽，故以爲名。洞去龍潭甚邇，水自洞出，行兩崖間，甚清駛可愛。天日下照，不必秉燭，視他洞爲勝，惜乎天祐之兄營墳其上，不復爲遊觀之地矣。歸過金沙，致遠獨遊，停車以

【二六】觀係何名……當考之　原無，據四庫本補，作小字注。

待，同飯洞靈，抵暮還邑。凡宜興南鄙巖洞搜索殆遍，惟《圖志》中載武陵洞在龍山，去湖洑渚南十里，中若張公洞，石乳凝結，有幢幡羽蓋之狀，又有瀑布逆流，但榛蔓蒙密，人跡罕至，不能一往，而南嶽山稠錫禪師道場古跡頗多，且鄒志完所樂，去縣二十里而近，反未至焉。既迫南歸，須俟他年矣。夜雨復作。

壬子，范至能自溧陽來。

癸丑，以巵酒餞至能，送之北門。

甲寅，裝船。

乙卯，仲賢護外舅之柩歸崑山卜葬【二七】，仲謨、仲告、榮仲偕去，同安人送至溪口。

丙辰，陳尉愉相訪，即永和故監鎮之子。

丁巳，數日晝夜雨，滰田已十分熟，今遂敗之。婦家置酒相餞。

戊午，早發宜興，纔數十步，大風雨不可開，轉溪復回。唐致遠小舟先去。

己未，風雨不已，泝湖滰，甚遲滯。入夜僅行六十餘里，泊楊家舍。

庚申，雨止，早至溧陽縣，泊金淵亭。事見《吴越春秋》。宰陳朋元、丞趙宣義師旦、簿錢迪功聞詩、尉時迪功作人【二八】、新辰倅秦奉議焴㷫用相訪。秦惠長書及文編，楚材大資政之子也。劉季高侍郎至此方數日，年八十一，近卧病而精明如故。謁閻德夫、郎彥昭，留致遠飯。

【二七】仲賢　原作「仲夏」，據四庫本改。

【二八】時迪功作人　「人」原無，據四庫本補。

辛酉，晴，彭慶携磨勘朝奉郎告身來。至縣治，登緑淨亭，可望湖山，視田疇。劉季高三子：右通直郎瀹、右脩職郎治、司屬官泌相訪。求季高作罔極庵額。季高云：「靖康間，錢蓋以雜學士爲陝西五路制置使【二九】，調兵勤王，而置司長安。既次陝府，太守不以節制待之。蓋詰責，則云五路自謂涇原、環慶、秦鳳、熙河、鄜延，初不與永興軍路也。蓋乃具奏，詔改鑄陝西五路及永興軍路制置使印。其迂如此。時范致虚左丞守長安，初亦尊王人，用申狀，而蓋用劄子如他路。致虚大怒，奏乞本路自勤王，不隸蓋。後卒無功。」或謂舊有從官使河北，徐處仁亦以前執政尹大名，用申狀，使者戒吏云：「大名府回牒，餘則劄子。」二人以爲兩知體焉。顧綱獻筆，季高甚賞其藝，數爲作詩帖。綱求跋，與之。以思堂春飲羣用、致遠。

壬戌，早，諸公相别即行，致遠送數里，羣用追路，送集字《周易碑》。去縣四十里有貞義女廟【三〇】，女姓史。李太白作記，題云：「瀨水上古貞義女碑銘并序，前翰林院内供奉學士隴西李白述。」其末有跋。「瀨北四十里。太白斯文，遺集闕載，故世以石李爲異。昔置縣，縣之明府夏侯戩以俸金刊石【三一】，移置子胥投金之涘，卑庳翳薈，訪閲攸艱。進士董行敘。」旁刻「劉誼、毛果、李璵、元宮之右淳化甲午十一月」。當淳化時，白集未備，故有「闕載」之語，今已見集中。紹興元豐八年立春後十日覲年溧陽令周淙重立廟於此，而徙碑還舊。此蓋故縣也。故陸龜蒙《書李賀小傳》云：「東野以貞元中爲溧陽尉，溧陽昔爲平陵，在句容縣南五里有投金瀨，瀨南八里許，道有故平陵城，周千餘步。」謂此。晚抵黄連步，遣江陰坐船歸。

【二九】錢蓋　「蓋」原作「益」，據四庫本改，下同。

【三〇】去縣四十里　「去」原無，據四庫本補。

【三一】縣之明府　「縣」原無，據《宋代日記叢編》補。

癸亥，蓐食，治裝凡九轎、五車、十擔，巳初方能行。前日在溧陽以輜重寄魏聰之舟者猶不與焉。行十五里，飯分界潘氏。午飯官塘，薄暮次溧水，彦平與邑丞朱文林致知、尉郭迪功永華相候。尉廳有後漢校官碑，尚完，李野夫公擇兄弟嘗讀書於此，有亭今廢。投宿中山驛，赴彦平會，夜分歸，始飲酒。

甲子，雨。昨日若爾，狼狽甚矣！陳德新教授及常熟丞秦焞耀元相訪。焞，棣之子。晚赴彦平會，甚倦。

九月，乙丑朔，陰，早招陳德新教授飯，晚赴秦耀元會，飲木犀酒。庭下有雁來紅，即藿也，丹紅可愛。夜雨。

丙寅，早雨止。挈家遊茅山，出東門二十里，飯張野坊。又二十里，少休天王院，微見日色。又二十餘里至茅山鎮，又里許入崇禧觀。句容尉郭彦和、官告院吏出身。都道正知觀事兼管轄本山諸宫觀謝元真、山門道正同知觀事吴守卿、山門副道正簽書觀事卜誠全相候。嘉祐中，知句容縣陳倩校修《句曲山記》云：「觀對華姥山，記云吴大帝孫女升仙於此，故以名山。本陶弘景華陽之下館【三二】，唐貞觀九年立觀，本朝改今名。」兵火焚蕩，秦會之家復修之【三三】。晚置酒三行山中宫觀，所入豐厚，遊人至，例接待云。按記言，大茅山在崇壽觀北獨高處，今崇禧甚近。中茅在積金峯北獨高處，小茅在中茅山北。大茅君諱盈，即《史記》所載。中茅君諱固，小茅君諱衷。是日行道中，望岡阜西南來，勢若連環，既赴三茅，而尾

【三二】陶弘景　「弘」原作「宏」，據四庫本改。下同。

【三三】秦會之家　四庫本作「檜」。

北擲。馬上口占云：「千峯溧陽來，勢若西南犇。遥拱三茅峯，不敢迫至尊。近三茅無山。三茅如軒縣，次序儼弟昆。正西闢夷塗，羣仙之所門。至今下泊宫，往往弭旗旛。」此山之大概也，須遍游。

丁卯，夜聞雨聲，平明遽止。挈家遊山北，五里入新創白雲崇福觀，紹興壬午太上賜額，道士王景温主之。山勢環抱，右倚白雲峯，自此登中峯。左帶龍山及石培峯，山多石得名。前對赤山，望之如以巾冪覆冠冕，其内即湖也。又二三里至三茅祠宇宫。按記云，在中茅峯西側，天寶七載立精舍，今之觀宇甚平常，頗有宣、政士大夫如李彌大輩題字。知宫黄見正，濮州人。次上昇元觀，本在山頂，建炎間移此，望大茅峯在東南。次上昇元頂，謁白鶴廟。按記云，漢永平二年立，殿下有壇，即三茅君飛昇處，壇松已半枯，右廡有小軒，望川原甚廣。自廟下嶺，至大羅源。按記云，在中茅峯之西，若自正路來，則稍迂二三里。此處有清真觀，每歲觀會【三四】，必設御齋，上登極罷之。諸觀皆有茅君像，而此觀獨異，棟宇亦湫陋，惟新創玄武殿甚偉【三五】。酌丹砂泉。記有玉祠宇宫砂泉，在中茅後，疑即此。出門踏叢篠，訪卧龍松，根盤如龍，枝如覆屋，嘗有道人結庵其下【三六】，時覩巨蛇出没，遂去之。又入山一二里，入張椿齡凝神庵，庵坐中峯，殿亦對赤山，而湖稍偏【三七】。其左即白雲峯，隔峯即崇福觀。白雲峯與中峯相連。其右即小茅峯也。椿齡字達道，太上數召見，賜御書、衣服；白羽扇，天鵞翎爲羽，沉香柄；茶磨，色正紫而底青，漆其外如椰子，刻御製銘云：

【三四】每歲觀會　「觀」原作「鶴」，據四庫本改。

【三五】玄武殿　「玄」原作「元」，據四庫本改。

【三六】結庵其下　「結」原無，據四庫本補。

【三七】而湖稍偏　「而湖」原作「湖而」，據四庫本改。

「截漢玉，琢蒼筠。鉛運頂，汞成塵。」後有「損齋」二字。今上亦賜御詩扇面。樓閣華焕，酒味清佳。時椿齡傷足不能行，戲作小詩云：「仙師足厭踏京洛，亦復懶控茅峯鶴。遺形聊示德充符，閉目定從陳鐵脚。」事見山記朱自英傳。次入黑虎谷，訪劉簑衣庵，坐小峯，對中峯。簑衣，恩州人，與語，正而不夸，太上嘗召對，賜賚皆不受，冠履質樸，異乎張君。自此復出官道，歸飯崇禧。日已過午，往復約二十里。飯罷，東行過西楚王澗，又有東楚王澗。記云楚王立寨得名。入五雲觀。記云在華陽洞西門，本王欽若置道館，欽若死，其妻請立觀，景祐元年賜額，晏殊撰記。便道至玉柱洞，洞深数丈，中有石柱，篝火一遊而出。数十步間即華陽洞，道書華陽第八洞天。張方平諸名人刻石洞門，其穴縈紆，側身膝行乃可進，纔二十步，水自中來，伏流出外爲澗。遣從者踏水行百餘步，得受籙人所投竹簡而回，其源未易窮也。由小路上元符宫，宫依積金峯，記引《真誥》論立名之由。對大茅峯稍偏，而以五雲峯爲案。記云茅君乘五色雲現此峯。昔王畧、劉混康相繼居此，落成於崇寧，凡数百間，地勢極高，未至四十里已望見其室宇。兵火無孑遺，楊存中妻趙氏復葺之【三八】。視山後堦城殆未及其半，然壯麗已甲宫觀矣。都轄徐知宫賀從道置酒，不暇留，相導西過天聖觀，觀在積金峯之上，正對大茅峯。記云：「梁天監初，陶弘景遷龍子於此豢養，本朝祥符三年迎入内，尋歸之池，在殿下，深数尺，其水湛然，旱歲輒請禱。予己卯春任教官時，張子公迎致祈雨【三九】，甚驗，今有一二在盆中以示遊人云。復回元符宫，下華陽橋，觀陶隱居丹井，

【三八】楊存中　「存」原作「在」，據四庫本改。
【三九】迎致祈雨　「致」原作「至」，據四庫本改。

政和初得之。其下泉流觱沸，是爲楚王東澗。記云：東西澗二水合流直澗，並華陽至崇禧觀前。度橋陟華陽宮【四〇】，亦對大茅峯，記云在積金峯南，華陽洞西【四一】，本陶弘景之上館，天寶七載立。知觀李友文，澗之西岡人，出自唐景皇帝，其族頗盛，譜牒不絶，收唐告尚多。往時搜訪江南李氏之後，而州縣屢以友文族人應詔，久之不報，豈以知誥妄引李氏譜耶？次入棲真觀，記名玉霄庵，弘景華陽之中館，徽廟賜今名，湫陋之甚。日已晚，由小徑歷酇都山，山骨皆石，或云舊聞治獄聲，因創太乙救苦天尊殿，有博州人王若寧守之。又數十步至余都正庵，死十餘年，亭館摧毁，廢沼殘花而已，此崇禧之便門也【四二】。自五雲觀至棲真，相去甚邇，日短道險，故匆匆耳。夜大風竟夕【四三】。山以西北爲面。

戊辰，拂旦乘筍輿登大茅峯，凡十八盤，乃至其巔。北望中峯，西北望句容，西南望溧水，正東望金壇，惟正西皆平原，予詩所謂「羣仙之所門」也。上有太玄殿【四四】，以丫頭山爲外案，方山爲内案。非金陵之方山。殿前有小池，殿後有石壇，嘉祐以來張環諸名士皆刻姓名。雲飛氣欲雨，匆匆下山，入太玄庵【四五】，登八仙殿，殿下池可四尺，號喜客泉，觱沸殊甚，水流爲澗，入崇禧，給烹煑灌溉矣。歸崇禧，方辰巳間，乃挈家再過山北約十里許，路旁有磚堠刻云「崇玄翊教真人陶隱居瘞劍之地【四六】」。宣和封號如此，乙巳重立。其後十餘丈田間有石獸二【四七】，即隱居墓，在雷平山西南，熙寧中盗發之，紅光燭天，磚文隱起，銘云云。稍前即玉晨觀，本許長史舊館，梁爲朱陽館，唐太宗改爲華陽，宅中起辰觀，玄宗再造紫陽觀，本

【四〇】度橋陟華陽宮　「橋陟」原無，據四庫本補。

【四一】華陽洞西　原作「華陽洞西門」，據四庫本删「門」。

【四二】此崇禧之便門　「此」原無，據四庫本補。

【四三】大風　四庫本作「大雨」。

【四四】太玄殿　「玄」原作「元」，據四庫本改。

【四五】太玄庵　「玄」原作「元」，據四庫本改。

【四六】崇玄　「玄」原作「元」，據四庫本改。

【四七】十餘丈　「丈」四庫本作「步」。

朝改今名。東對雷平山，《真誥》云因雷氏得名。前有大池，《真誥》云郭四朝所造，今俗謂之郭真人養龍池，中有馳龍，長三四尺而四足，或見之云。及許長史丹井。徐鉉銘并書。入門有二壇，其左即長史壇，刻云「貞白先生立」，其右云是隱居埋劍壇也。東廊長史手植檜，其圍丈餘；西廊左紐檜，圍八尺。三清殿後沐髮老君像甚古，觀後有鳳門泉。《華陽頌》云「井列鳳門泉」。舊記謂觀前丹井正與長安丹鳳門水同味，今别號此泉爲鳳門，恐誤。近歲士人曾恂重述山記，比陳倩所校舊記頗詳。觀有其板並古碑十餘，最佳者隱居所帖《長史舊壇館碑》，隱居撰並自書數十字。又《玄靜先生碑》【四八】，柳識文、張從申書，李陽冰篆額，號爲三絶。又顔魯公書。又唐大和七年十月四日禁山勅，署勅使相七人：一曰太傅兼侍中，一曰太保平章事，一曰司徒兼侍中，並不著姓；餘四人劉、段、牛、李也。秉政者三人：右僕射、平章事，不著姓，赴太清宮；中書侍郎、平章事李德裕；門下侍郎、平章事路隋，並書名而不押字。謾記舊制，其無姓名者，唐表可考也。呼匠摹一二碑及三茅君像，償以千錢。自觀西過靈寶院【四九】，陶隱居所居，或云即昭真臺。有瑞像老君殿，興於開元。殿前有周真人養龍池。道士王宜言字子誼【五〇】，號王自在，年七十，汴人，徽宗屢授道官，不就。壁間掛歐公小草《秋聲賦》、《歸雁亭詩》，知予居吉，欣然見畀，以茶答之。其徒陳姓者饋眼藥。飯罷，東南行二三里，入燕洞宮。記云梁普通中，晉陵女子錢妙得道於此，至今女冠居之。洞在宮南半里，大石錯立，一石横壓洞口，窺其兩旁，蓋深穽也，或云道人有縋而入者。又稍南即錢真人誦經巖，巖在平地，三

【四八】玄靜先生碑　「玄」原作「元」，據四庫本補。

【四九】過靈寶院　「過」原無，據四庫本補。

【五〇】王宜言　「宜」原作「宣」，據四庫本改。

面如圍屏，西南其嚮，真人誦《黄庭經》於此，石文略類所倚之迹云。知宫吴至道言茅山多盜，親嘗被刼，道人輩有遭屠剥者。尚有抱元觀、隱居帖所謂抑沂水陽谷川也【五一】。乾元觀、《真誥》定録言大横山而升元洲，隱居創鬱岡齋室，下有泉水，李明合丹即此地。其西又有方隅山洞。丹沙泓，今有田先生庵，洗出山石甚佳。遠者四五里，近纔一二里，而雨大作，從者咨怨，遂回崇禧。獨登華姥山，謁孫仙姑廟。記謂仙姑名寒華，孫權孫女。按政和戊戌歲王汝民記云：「權之從姪孫也，村民祈祀多驗。」歸閲《真誥》，仙姑祖名賁，汝民蓋據此。是行也，山之東周覽無餘，山之北再至而遇雨，山之南，自崇禧五里至分陰泉、大茅君洞，二里至八卦臺，陳待制捕菴在焉。又二里至慶雲洞，又二里至潑墨池，復回，四里至金牛洞，次一里至南華陽洞及崇壽觀，有撫掌泉、九錫碑。次出大路，至南華陽觀，道士所言如此，既未暇往，不復考證。夜，道正吴守卿置酒雨中，爇黄連香命卜，處中鼓琴。黄連香，青精飯，山中詩材也【五二】。

己巳，挈家冒雨發崇禧，飯天王院。晡時復至溧水，别邑官登舟，而天氣稍晴。溧水發源東廬峯【五三】，約去縣十餘里。迂曲淺狹，冬涸不可行舟。凡八十四盤，至烏拆橋乃深濶【五四】，入金陵城，是爲秦淮。

庚午，晴，周旋方山者幾百里，晚距府城二三里止。夜雨。

辛未，陰，入上水門，泊天津橋。時方務德被召去，史志道未上。謁韓無咎運判、葉夢錫總領、周仲應通判【五五】。拜三十姨，襁褓中相别於九江，四十餘年矣！留飯而歸，移

【五一】抑沂水　《宋代日記叢編》作「柳沂水」。

【五二】詩材　四庫本作「絶品」。

【五三】發源　原作「發原」，據四庫本改。

【五四】烏拆橋　四庫本作「烏折橋」。

【五五】周仲應　原作「周仲應福」，據四庫本删「福」。

舟折柳亭下，徙寓大舫中。

壬申，雨霽。御前諸軍副都統制武功張大夫榮、府倅嚴承義煥文子、袁奉義惟一、教授何承議作哲、簽判魯通直璆、察推丘文林宻、左司理孫迪功革、右司理林修職宗文、上元宰魏宣教楫、江寧宰陳宣教昷、主簿錢迪功永存、威武軍承宣使張淵、軍器監丞翁子功、新南城主簿陳大明【五六】、府學正夏融、學諭蔡瑀、士人張光祖、朱符、鍾大聲經緯、古安世讜說相候【五七】。同家人赴周姨夫飯，飯罷報謁衆客。過戒壇院，上盧舍那閣，其高九丈五尺，中山僧初政所造。次至保寧，上覽輝亭，觀諸軍呈馬。晚赴府會。

癸酉，方懋秀才來求捕鹽牒於倅廳【五八】，廬陵人也。早府會，登高於雨華臺。癸未歲陳阜卿新之，榜曰「總秀」。韓、葉、張侯與予凡四十客。酒闌月出，臨臺奏軍中樂，命妓李素胡舞，坐客皆引滿，歸而大吐。

甲戌，赴葉總領會。池有雙雁、一鶴、一鶩。莊德全約飯，不果赴。郭輔世推官，即明叔內翰孫也，來謁，索以五千，乘壺遺之。

乙亥，諸軍大閱。辭張侯之會，與翁子功過蔣山，禮寶公，酌八功德水，訪定林，在鍾山、蔣山之間，有陸務觀乙酉七月四日題字，爲續其後云：「丁亥九月十一日，務觀之友周子充陪翁子功來遊，子功蓋往時扶病招務觀者。怯雨留塔下，今復爲東道主，但恨欠此佳客耳！」蔣山長老正恩法嗣杲恩，禪風孤硬，號「恩鐵脚」，有功於葺寺，而向所謂楊善

【五六】陳大明　「明」四庫本作「朋」。

【五七】古安世讜說　四庫本作「吉安世儻論」。

【五八】捕鹽　四庫本作「逋監」。

友者，今披剃，名法才，其妻已死，獨哀數十萬緡再造三門云。飯罷，由山路訪草堂，即《北山移文》者，蓋蔣山之尾也。舊有寶成寺，婁約法師講經臺、大井及他遺跡尚多。近爲楊存中毁去，別築其大父宗閔墳寺，額曰「隆報」。又立廟於寺側，亦賜勑額，殿宇極侈，營造猶未已，古跡爲之一空，太息而歸，循覆舟山，過行宫養種園，望屋瓦鱗鱗。子功欲同遊，閽者户止【五九】，遂復入東門。子功有會，不果赴。同周姨夫赴張晞顔太尉晚集，年七十三，尚蓄十姬，有秋香者，府中號雪婆婆，善酒戲。四鼓後歸。

丙子，晴，漕司主管文字趙承議不怯，同年也，幹辦公事范宣義同，密之子，主管帳司趙文林師炳、保寧長老行舒、天禧長老智勤及蔣山恩老並相候。兩司已供帳賞心亭餞別，俄報勑使王抃來閱軍實，遂散，携家登覽而歸。人事擾擾，解舟已申時，揚帆行夾中。宿板橋。

丁丑，風正揚帆，甚駛，泊采石夾中。

戊寅，午時入姑熟溪，水色紺碧，與河流不相雜。泊舟閲武亭下，太守吴明可給事、通判朝奉任大夫望之、教授沈迪功瀛、判官施文林堅、録参趙從政伯弼、司理蕭從事利用、司法陳迪功邦度、司户吕從政濱中、知當塗縣王宣義權、子由外孫。丞任文林三傑、字仲兼，同年也。尉楊迪功鈇【六〇】、知繁昌縣陳宣義文璉、寧國軍簽判王承議杞並往。復同沈教授、任丞出北門五里餘登凌歊臺。臺在黄山上，本不高，而望甚遠，西南即青山，却顧采石、天門

【五九】閽者户止　四庫本作「閽上遊止」。

【六〇】楊迪功鈇　「鈇」四庫本作「鉞」。

及溧陽、和州諸山皆在目中。楊次公詩云：「大明七年暮冬月，宋武南巡立雙闕。鑾輿先幸凌歊臺，雲中簫鼓奏春雷。六龍一去晚無跡，山花野鳥空相憶。翠羽鳴鞭來不來，景陵芳草年年碧。」許渾集亦有詩。臺後本有精舍，近歲太守周敦義移於山下，尚有塔存焉。與二君小酌，會日暮，下至寺中，其隣即東嶽宮，頗嚴峻，門立元符間石刻。出還舟。盛秀才旦携詩相訪。

己卯，赴州會於凉堂，酒名晏堂并姑熟春。羣妓凡陋，不稱歐、梅風月也。城上有亭，西南望龍山，去城十餘里，相傳孟嘉落帽處。明可云：「嘗訪山，無詢客之基，况非江陵乎！」又云：「辛巳采石之戰，水軍統領盛新最有功，而人不知，今死矣！」

庚辰，人事擾擾，巳時方能行，未後至大信港，東風作，遂步登東梁山，峻甚。

辛巳，未後過下驛磯。舟人放簄稍緩，幾觸石觜，賴永新客舟艤岸，以篙拒之而過，其勢甚危。聞泝流最畏此磯。夜來似夢許誦《金剛經》百卷，設陸水一會者。晨起，於神佛像前許之，果獲祐云。

晚泊蕪湖縣吴波亭，宰沈約之相候。戊寅秋嘗會于金陵。按《圖經》，縣即《春秋左氏傳》「楚子伐吴克鳩兹」，今謂之皋滋，亦曰皋夾，《輿地志》云「縣東五十里曰皋兹」是也。宋、齊志：淮南郡有湖縣，故通號于湖，去太平州六十里。

壬午，尉趙修職不疚相訪，同年不病之弟也。過張大王廟，入西能仁院，破敗無足觀。又過東能仁院，亦破敗。《圖經》云：本名古城院，即古宜春縣城。《晉書》王敦屯兵湖陰，夢日遶城，即此地也。去縣十五里有玩鞭亭。寺後有墩、褰裳踐荆棘而遊焉。飯罷，出上東門北行九里【六二】，訪赤鑄山，高十丈，周回七里。舊經云楚干將鑄劍之地。干將被誅後，葬古宜春縣，即此地。其墳見在。《吴郡圖經·將門》：「門外六里有干將墓，俗訛爲匠。」與此異同。《寰宇記》云復父讎三人，以三人頭共葬。今村民指其旁一山號神山，山塚多石，有泓坎，相傳爲淬劍之所。又有足迹如進步登山者，他無所考。北行過赭山，有舍利塔四級，登其半而歸。道遊吉祥院及寧淵下觀，十五年前皆嘗至焉，是時未爲觀，道士一二人，植花木於小軒，榜曰「壺春」。近歲蟂磯之觀不可居，始以此爲下觀，棟宇日葺而壺春廢矣。晚赴沈約之會。聞荆山在縣東南十五里，高二十五丈，周圍九里，舊經云卞和得玉之所，今出寒水石，隔江而遠，不果遊。淮南亦有荆山。

癸未，早，沈約之携詩編來別，遂行。晡時過三山磯，亦險。晚泊月子港。連日無風，行甚緩。

甲申，早，北風作。午至繁昌縣，陳宰及太平州推官慕容從政邦乎、主簿劉迪功孝偁、尉丁迪功軥並相候，登岸報謁。草廬葦舍僅数百家。道遊寶山寺，破屋殘僧無足觀。聞縣後有縹眇亭，景物似凌歊，江行望見之，會掛帆，不果往。又去縣六十里有隱静寺，梁杯渡禪師道場，計三日方可往復，亦不果遊。《蕪湖圖經》：魯明江水在縣西南二十五里，舊經云晉人魯仲明立寺，感江神送木，惟聞鳴櫓，因以爲名。按繁昌縣有魯鳴水，以梁杯渡禪師居於隱静山之上，因此著名。未知孰是。

【六二】出上東門　原作「出土門東」，據四庫本改。

乘風過返秦磯，入丁家夾宿。三月十九日嘗泊此，正七月矣。再呼謝鎬，飲以酒。

乙酉，子後乘月揚帆出夾，過銅陵縣，不泊。未後抛北岸，避陽山磯。晚復過南岸，日落泊梅根港。前時順流自此至丁家夾，今者泝流而水程無差，賴風力也。《池陽記》云：羅隱初居此，後徙九華。是日舟中有三樂：遇順風，望九華，讀《笠澤叢書》。

丙戌，風力稍緩。午入清溪，溪水碧色。泊弄水亭。亭逼城臨溪，與杜牧詩不同。入門即池州州治，謁太守同年趙朝散彦博富文、提舉常平李承議庚子長【六二】、通判陳朝散璘，同年湯平甫知縣適在此。

丁亥，都統制寧國軍承宣使時四廂俊及其子閤門祗候政、貴池宰趙宣教芹、芹，清獻公之後。癸未夏，予過上饒，芹爲録參。司戸袁迪功祖嚴、趙修武公頎並相候。約湯平甫共飯，同度陳公橋、今曰清溪橋，即唐李景業所謂通遠橋。洩水橋、秀鮮橋，遂至齊山。嘉祐中，太守王哲字微之嘗作《齊山記》云：「山東西廣三里，袤半之。其西直郡之譙門，距城千餘步。上有十餘峯，其高等，故曰齊山。或謂高四十尋，周回殆十里。此山因唐刺史齊映有善政，故名焉。」山脚插入清溪，石色青蒼可畫，洞穴半出水中，泛舟扣其戸而返。步登延慶院，以舊僧慶先爲指南，環寺巖洞可見者【六三】：羅漢殿後曰妙空巖，在大石中；次曰丹砂巖，俯僂乃可入，片石斜出，叩之聲硿硿然，四旁屈曲，皆奇石也；法堂之下曰蕉筆巖，亦名唐公巖，張環字唐公，嘉祐三年任記注【六四】，以蕉爲筆書巖【六五】，故云。有黄大臨諸人題字。山之上曰春流泉，進窺無底。同歷武功巖，近歲都統王進名。遂至

【六二】李承議庚子長　四庫本無「庚」，《説郛》弖六十四《九華山録》無「長」。

【六三】可見者　四庫本作「可愛者」。

【六四】任記注　四庫本作「司法」。

【六五】書巖　原作「書巖旁」，據四庫本删「旁」。

觀音巖，巖本名上清，兩岸對起，三面環抱，有程正輔、蔣穎叔題字。右轉登寄隱亭，太守吳中復名。四面皆翠石，有小巖刻「寄隱巖」三字石上，其前有熙寧甲寅重陽日太守劉斁思甫題名。東北乃紫薇亭故基，謂杜牧之。面淮南諸山，下臨秋浦、清溪，直接大江，眼界豁然。又其旁拔起数峯，奇甚，謂之小九華，蓋與上清巖皆齊山最勝處也。崎嶇行硤中，僅可通人。稍前曰大石谷，又稍前曰定力窟，深不可測。又其上即翠微亭，是爲山巔。杜牧之云「江涵秋影雁初飛【六六】」，此地此時也。東望碧峯劍立於遠山之坳者，九華也。南望大山横陳者，大婆嶺緑峯也【六七】。北眺州城，邑屋可数。大概主山自紫巖蜿蜒西來，其左即貴池口，《輿地志》所謂「梁昭明太子食貴池湖魚而美」者。其右即清溪、秋浦，望之全類臨安之西湖，而一堤隱然屬城，亦類蘇公堤，此又登覽最勝處也。予賦小詩云：「地占齊山最上頭，州城宛在水中洲。蜿蜒正作長虹墮，吸住江河萬里流。」又云：「天遣江山助牧之，詩材猶及杜筠兒。向來稍喜《唐風集》，今悟樊川是父師。」《池陽記》載：牧守郡時，妾有娠，出嫁州民杜筠，生杜荀鶴。久之，由別徑下九頂洞，上有九頂，圓如盆覆，中頗平廣，有磐石可坐。嘉祐中，因太守王晳易名集仙洞。晳與王介甫唱酬甚多，即撰《齊山記》者。集仙，以其所帶職耶？洞後有穴，側身可過，一小洞也，竇穴上穿，頗類月巖，而其背山上乃唐觀郡樓基【六八】，王晳易名青霄亭，今亦廢。其下曰獨秀巖，翠壁横峙可愛。訪左史洞，爲馬軍寨所限，出寺行里許，乃至焉，實寺之後山也。其深數丈，可達於外。「左史」謂李方玄景業

【六六】江涵秋影雁初飛　「涵」原作「澄」，據《説郛》及杜牧《九日齊山登高》詩改。

【六七】大婆嶺　《説郛》作「太婆嶺」。下同。

【六八】其背山上　「背」原無，據四庫本及《説郛》補。

也【六九】，杜牧之代景業來守，故爲立名，而張祜書之。又有石燕洞，大抵皆石也。遊已還寺，再登翠微亭，置酒。時趙守致饋，平甫賦二詩，予次韵云：「上清别殿舊通明，仙聖飛騰戶不扃。出郭尚疑牕列岫，絶堤始露嶽真形。堤盡循水，而觀中石骨層出，山形在此。奇奇怪怪無非洞，下下高高總是亭【七〇】。但把醺酣酬絶景，天風吹面徑須醒。」「相君早日翼天飛，晚落江湖罪以微。好事一時開翠壁，佳名千古記黄扉。舊記：映罷相後，嘗歷江西觀察使。池舊隸江西，則此山因以得名不爲無據，但不當言刺史耳。朝遊要及鴉翻樹，夕返何妨螢濕衣。更得湯休奇絶句，後來誰憶謝元暉？」訪沈遼雲巢，人無知者，甲夜歸。

戊子，早至郡齋中和堂，登蕭丞相樓，復遊景德禪寺，訪見山堂，爲添差路鈐王宗所占，排闥造焉，見山而已。次過天慶觀，讀徐鉉碑，李煜紫極觀也。已後赴提舉司會，荷池中有秋浦堂，頗幽爽。會散，出北門二里，登貴池亭，俗呼望江亭，以其見大江，可望淮南也，亦見九華諸峯。亭久廢，今方重立。歸上南樓，南門城樓也，正對齊山，循城而東有拱翠樓，亭隸邑廳【七一】。又稍前即九華樓，三者相望，皆下臨清溪，遥見九華，大抵爲大婆嶺所障，不能盡見諸峯。大婆山極高，而其名不典，圖志亦不及之。富文送菊酒，與骨肉小酌於南樓。夜歸弄水亭，易提舉司坐船至隆興。《江上録》：自金陵至蕪湖二百三十里，蕪湖至池州三百九十里，池州至湖口六百五十里，湖口至南康軍一百里，南康軍至隆興三百二十里。

己丑，教授陳文林師正、總領趙承事自量子書之子。相訪。赴州會，坐中見梅花，賦小

【六九】李方玄　原作「李方元」，據四庫本及《説郛》改。

【七〇】總是亭　「是」原作「可」，據四庫本改。

【七一】亭隸邑廳　「邑」原空缺，據《説郛》補。

詞云：「白白江梅【七二】，大都玉骱酥凝就。雨肥霜逗，癡了閨房秀。莫待冬深、雪壓風欺後，君知否？卻嫌伊瘦，仍怕伊孱僽。」營妓曹眄頗潔白淳靜，或病其訥而不頋，戲以況之。巳夜【七三】，富文出家姬小瓊，舞袖翩翩。往聞范至能云，頃朝士姝麗有三傑，謂韓無咎、晁伯如家姬及小瓊也，禁中亦聞之。又作小詞云：「秋夜乘槎，客星容到天孫處。眼波微注，將謂牽牛渡。見了還非，重理霓裳舞。都無誤。幾年一遇，莫訝周郎顧。」富文近再醮，有所競而設榻於外，時方爲兩解，故戲之如此。

庚寅，早，欲如九華，而雲夢宋宰肱及歸州助教張蒙正相候。過午乃能上馬，時候差忠訓郎趙良弼等同行，辭之不可。五十里至鐵券山，投宿葉薈秀才家，華屋修椽，藏四山中。薈有子楠，登進士第，新鄱陽尉。山深，夜甚寒。

辛卯，早，再赴葉君飯，仍行，尉亦並轡，二十餘里至青陽，縣令成文林雱、丞熊從政實褒【七四】、主簿陳朝立、巡檢程大夫名同先祖。來迓。館於驛中尉廨，即宋齊丘宅，其傍對九華《池陽記》云：「尉廨即唐費冠卿舊居。」然則齊丘後復居此耳。而齊丘之墓在牛心山下【七五】，去縣東五里。赴陳朝立會，以能仁院爲廨，一名羅漢院。旁有妙音院。同至縣學，登經史閣，望九華紫翠千仞，造物融結奇巧，真尤物也。前青陽令、右奉議郎楊元稟者，極有吏才，學舍乃其所葺。朝立云：「舟泊大通鎮，陸至青陽纔五十里。」又云：「縣東二十里有潮洞【七六】，其大如卓面，而石穴極深。日三潮，每潮魚蝦輒先出。」

【七二】白白江梅　四庫本及《説郛》作「踏白江梅」。

【七三】巳夜　原作「乙夜」，據《説郛》改。

【七四】熊從政實褒　「褒」四庫本作「襄」。

【七五】齊丘之墓　「齊」原無，據《説郛》補。

【七六】有潮洞　「洞」原無，據《説郛》補。

壬辰，早，同陳簿、葉尉、趙忠訓出郭十餘里，登雙練亭，兩瀑披崖，故以名亭。度西洪嶺，入龍安院。自此徐行，歷永安塔、虎跑泉，過石龍口、虎跑嶺。此兩處地勢稍高，望雙峯、九子甚奇。遂入廣修院，去縣已二十五里，院宇頗雅潔，寢堂望雙峯、遠望如雙劍者，此二峯也，聞最高云。幘峯、真人峯、蓮花峯，是爲五老峯。步至上雪潭，源高而遠。仰視蓮花峯，正如所倚之屏，其前即石門水所注也。峭壁削成，懸瀑十丈，怒濤駭浪，不減三峽，或瀦爲深淵，或散爲奔湍，雷轟電掣約二百餘步，爲下雪潭，其間多大石，水平布者數丈。潭中産石斑魚，不常得【七七】。有瓔珞泉，水跳石上如貫珠，尤爲奇絶，而土人不貴也。食罷，轉山而行，終日觀山面殊不厭【七八】。約十餘里入無相院，有觀音閣，對峯巒數重，留題而去。又二三里至協濟廟，廟神兄弟二人。日方晡，或謂化城遠，不可到，遂止。陳朝立置酒中坐，帥諸人下九華溪，踏石涉水，以爲戲。葉尉體肥甚，獨墮水中。溪自龍池來，欲訪其源，或云去路太遠，惟禱雨乃至，今蕪穢不治，不果行。終夜溪聲如大雨，可聽。

癸巳，早循溪而入，至亂山環合處，登化城嶺，嶺峻窄，時時回望，諸峯層出，殊快心目。少休半霄亭，巳時至化城寺，寺宇甚佳，唐時新羅王子金地藏修行之地【七九】。案卷末「賦小詩」以下八十一字宜在此，下有辨，見後。又賦詩云：「注坡緣壁化城中，客愠奴嗔我亦慵。及至龜山還一上，爲憐高閣對雙峯。」寺僧善修年八十六，贈以詩云：「老僧九十視耽耽，二十年來不下山。我得九華充法供，亦能禁足老山間。」日尚早，愛其景物，遂宿焉。

【七七】不常得　「得」原空闕，據《説郛》補，四庫本作「流」。

【七八】終日觀山面殊不厭　「面」原作「而」，據四庫本及《説郛》改。

【七九】金地藏修行之地　案：此下底本有錯簡。底本編者以爲當接下條「賦小詩」以下文字，見其案語。《説郛》下接下條「飯罷，謁金地藏塔……對雙劍峯」，復接此段「又賦詩云」，再接下條「甲午早下龜山」至末「不無遺恨」（中間有漏引），所述由化城寺而龜山，遊蹤清晰有序，可從。《宋代日記叢編》此句下接下條「手植松兩株……對雙劍峯」，可參考。

甲午，早下龜山，行十餘里，入聖泉院，泉在院側石巖下，號無底泉，試之僅二丈，蓋遊者未嘗測其淺深耳。水自巖出，甚清駛，中有五色石。飯罷即行，過慕善鎮，回望九華，横側高低，無一同者。又五里至曹溪寺。又五里至覺安寺，五溪合流於此，故又名五溪寺【八〇】，有王子尚樞密紹興六年赴湖北帥所題詩，主僧自全善課，令占二兒綱運，約八日有信。又五里入大路，過鐵券，葉元質别去。又二十五里，投宿馬牙酒坊。二三里有常安寺，夜不果往。陳朝立自青陽致饋。是行自西洪嶺入山，蓋西南也。終日觀山面，既至聖泉，蓋自西北而出，所謂山之東乃山背。手植松兩株，根株亦不甚大，但供結子耳【八一】。數年前一株方枯。有王健知縣者，文正公旦之後，作普同塔，且誓他日歸骨於此【八二】，亦篤信釋氏者也。飯罷，謁金地藏塔。又在寺後突然一山，常時可望大江【八三】，是日適爲晴嵐所蒙。僧祖瑛獨居塔院，獻土産茶，味敵北苑。陳朝立以翰先歸邑，乃同葉、趙行二里，訪龍女泉，其旁乃李太白書堂基，今爲張氏墳地。或謂書堂在半霄亭旁者，非。自此下嶺，過苦竹坑【八四】，俯視羣山，左右對列，中有平田，氣象極好。稍前即寨頭，蓋建炎間張遇寇青陽，縣官移治於此，真關隘也。行近懸橋，雙瀑自石山對瀉，未經名人題品，故無聞焉。又行至唇盤嶺，而化城峯盡矣。化城，九華最高處。蔣穎叔嘗有悔遊之語。俗傳十里，殆不止此。賦小詩云：「攀蘿度險捷猱猿，石角鈎衣屨盡穿。莫訝遠尋金地藏【八五】，也曾徐步玉階前。」又數里至龜山，一上復數里，尤爲險峻。有崇壽寺、慈民閣，對雙劍峯也。

【八〇】故又名五溪寺　「又」原無，據四庫本補。

【八一】但供結子耳　「供」原作「共」，據四庫本改。

【八二】且誓　「且」原作「具」，據四庫本改。

【八三】常時　原作「上常時」，據四庫本删「上」。

【八四】苦竹坑　四庫本作「苦竹院」。

【八五】莫訝遠尋金地藏　「訝」原作「迓」，據四庫本及《説郛》改。又，「遠」四庫本作「只」。

聞有廣福等僧院甚佳，而從者猥衆，頗不自由，不無遺恨。

案：「賦小詩」以下至末，當係癸巳條内之文，錯簡在此。蓋化城寺爲金地藏修行之地，公至寺即賦此詩，及至龜山遊崇壽寺，又賦詩，其慈民閣對雙劍峯，故有「爲憐高閣對雙峯」之語。聞廣福等僧院甚佳，欲遊而爲從者所阻，故有「客愠奴嗔」之語。不有此一段，則賦龜山詩、贈寺僧詩及甲午條「早下龜山」之文皆不貫矣。再考《省齋文稿》四卷載登九華山化城峯詩「攀蘿度險」云云，次載登龜山詩「注坡緣壁」云云，次載贈崇壽寺僧詩「老僧九十」云云，節次甚明，則此一段必在癸巳條内「又賦詩」之上無疑也。因無善本可核，未敢輕易，附辨於此。

卷三

起乾道丁亥十月，止是年十二月。

乾道丁亥十月乙未朔，早自白沙入小路數里，遊雲光寺，寺亦華煥，登閣望六山如圍屏【一】，欲少留，而提舉常平李察院領客將至，留二小詩戲之云：「來如負弩先，去爲乘驄避。江祖一片石，留伴幽人醉。」又云：「作者正七人，賓主正七人。飲中空八仙。長齋詎容醉，晉也合逃禪。」遂同趙生過江祖興道院，主僧行餘置酒。訪李白祠堂，但有廢碑在壁角。令行餘導至石邊，攀緣而下，得小舟，同泛清溪，圖志云：清溪自此方成溪。水正碧色，下淺灘數里至玉鏡潭，水自南來，觸岸西折，彎環可喜，潭深才二三丈云【二】。李白詩云：「江祖一片石，青天掃畫屏。」又云：「溪水正南奔，迴作玉鏡潭。」皆實録也。途中占小詩云：「清溪水色勝於藍，祖石移舟下鏡潭。妙絶畫屏并碧玉，謫仙不見與誰談？」晡時回至弄水亭，以玉盃酌趙生【三】，遍飲其從者。晚聞太守趙在九華樓上梁【四】，就見之。秋浦發源自江，祖、來二水在池州城外及石埭、清溪、齊山之間，漲潦則合而爲一。

丙申，赴州會。

丁酉，時候李倉再醼會【五】。

戊戌，欲解維，會大風雨。湯侍郎之子新行在排岸，文林、君濤、江西運幹承奉君灝相

校勘記

【一】望六山如圍屏　《説郛》弓六十四《九華山録》作「望六尺圖屏」。

【二】潭深才二三丈云　「潭」原無，據四庫本及《説郛》補。「才」四庫本作「則」。

【三】玉盃　「玉」原作「五」，據四庫本改。

【四】太守趙　原作「趙守」，據四庫本改。

【五】候李倉　「候」原作「侯」，據四庫本改。

候【六】。侍郎辛未同知舉也。

己亥，大風雨，夜行甚險。

庚子，早起，四望皆銀山，初不知夜雪如此。諸公訪別，已撐舟數十步，而風大不能進，復泊亭下。葉江州經過，諸公强欲同會，遂衝浪解去。薄暮僅至清溪口巡檢寨前。連日本皆便風，但舟不可出溪，遂爾阻滯。

辛丑，雪晴。早出江，轉至池口，即梁昭明太子所謂「食貴池之魚」者。有廟甚雅，而俗呼「郭西九郎」。終日牽挽，夜泊戚家港。

壬寅，東南風大作。辰後牽挽至李王河口，久之風定，拋過北岸，入長風夾而止，風色卻轉北。此去皖公山百餘里，天色晴明方見，今爲石龍山所隔。

癸卯，早至宣城洑，拋江。午後入雁汊下口，遇二兄、十三弟，資上人，維舟置酒【七】。

甲辰，爲兄弟留一日，再置酒。北風甚大【八】，泝流之帆如箭，予固應留也。夜大風，極可畏。

乙巳，早與兄弟別。北風粗可掛帆，才至上口遽止，牽挽過趙屯，望見皖公山。夜泊汲陽洑，四無人煙，止可避東北風。

丙午，南風鼓浪，去留不可，迂二里入泊横峯港，風益高，不徙則今夕殆哉！

丁未，早風静，拋江中流，望皖公山如獅象，戲作小詩云：「大婆嶺獨高秋浦，皖公山

【六】承奉君灝　「灝」四庫本作「瀚」。

【七】維舟　原作「綱舟」，據四庫本改。

【八】北風甚大　「大」原作「熱」，據四庫本改。

正望龍舒。端如牛女隔天漢，不似彭郎近小姑。」夜泊望江夾。

戊申，早行數十里，日欲晡，至孫公灣止。登岸半里，有數居民，地名九鋪岡，去望江縣十五里。米盡，潭州客舟張氏送數升，以果實荅之。

己酉，昧爽【九】，拋江。已而北風作，過馬當烽火磯、小孤，揚帆甚駛【一〇】。午後風益高，晡時至交石夾上口而止。是日凡三拋江，最後摇蕩駭人，終夜波濤拍枕。

庚戌，風益横，白浪如山，夜不安席。仆檣以殺其勢，既而徙寓民居，終夕不交睫。

辛亥，風正北，以艤泊未安，趋白浪至湖口縣。縣港僅能容舟，水稍落則不可泊。主簿劉迪功絳、監税藺成忠漢傑、權監鞠承節□、彭澤丞黄宣義炎、彭澤簿魯迪功唐佐並相候。黄丞，季文通判之子。魯簿，己卯年宣城所解進士也。問淵明遺跡，云舊縣有祠，去今縣二十餘里，唐末五代時徙今縣，惟祠狄梁公，公亦嘗令彭澤故也。登岸過上鍾石，至崇壽院，有澄軒下臨鍾石，而爲張巽縣尉所占。約寺僧訪之，山久榛蕪，張自云近稍芟治。巖洞間多熙、豐、崇、觀以來士大夫題字。其中一石高四尺，扣之硿硿然，東坡所笑者此也。江水北來而濁，湖水南出而清，合流僅五十里方混。無爲子楊次公一聯云：「濁浪自分清浪影，真山徒作假山看。」語殊中的，蓋山前數石絶奇巧而不宏壯【一一】，全類假山耳。張生餉刲刴酒一盃，不能飲。命車登嶽廟，巋然山之上，前列五峯，殿宇數層，殆百間，高處可望淮南五祖、二祖山。次至下鍾石廣福院，山路梗塞，攀緣而上，亦有一石闊丈

【九】昧爽　原作「昧明」，據四庫本改。

【一〇】揚帆甚駛　「駛」四庫本作「駃」（「快」之異體字）。

【一一】不宏壯　「不」原缺，據四庫本補。

餘，可扣擊，他石則否。然則李渤所謂「南聲北音」者【一二】，亦未爲無據【一三】。向者齊山衆石中獨一石聲，此磬石相應，東坡辨之詳矣。聞水涯尚有一響石，而線路臨深潭，蔓草蔽之，予步往，幾墮不測，當咋齒鐫銘以爲戒也。山椒地稍平處【一四】，前臨江湖，面對廬阜，左映井邑，右帶淘河洲，若創一亭，當爲湖口絶景。江行望上下鍾石，皆截嵲数十丈，及遊其間，則巖穴亦有幽邃處，上石尤巧【一五】。晚留張巽飯，酬盃酒之惠。

壬子，風平而雨。揚帆掠大孤。午後過長嶺，十餘里遇鹽船壞於岸。前日同至交石夾，商賈貪程，夜冒大風，至此遂觸石，可爲無厭之戒。晡後次南康軍，水殊未落，入泊寨中。太守史碩夫奉直、簽判趙無悔宣教及楊德起解元日新相候。楊君，伯母尚夫人之從甥孫也。終夜雨。

癸丑，欲遊廬山，值大雨。教授沈迪功元憲、録参吕從政竣、吉甫曾孫。司戶□迪功汝舟、司理丁迪功惠卿、司法張迪功紹、星子令京文林鏜、新武寧主簿陳迪功準及其子新上元尉矩、添差都監劉修武政、趙從義伯益、監瞻軍酒庫孟修武允武及其子孝純並相候【一六】。劉政，處州人，嘗爲御龍直供殿繖，云在殿陛間識予。晚赴軍會。

甲寅，早，楊德起同其婦來，留食。訪星子令京【一七】，觀三不欺堂。京，豫章鹽舖子也，二十登科，初任臨川主簿，嘗至民家晝寢，夢若老媪祭己者，既覺，則媪方祭亡子，視其貌與食品良是【一八】，問媪子死之年月日【一九】，正令生時。此事盛傳而京諱之【二〇】。後

【一二】所謂南聲北音者　「者」原無，據四庫本補。

【一三】無據　原作「無根」，據四庫本改。

【一四】山椒　原作「山陬」，據四庫本改。案：山椒謂山顛，於義爲勝。

【一五】上石尤巧　原無，據四庫本補。

【一六】監瞻　「瞻」原作「贍」，據四庫本改。

【一七】星子令京　原作「星子京令」，據四庫本改。「京」即京鏜。

【一八】良是　四庫本作「良同」。

詢郡人，云果如此【二一】。又過陳準主簿宅，登樓望廬山及星灣，有甲秀堂，用白樂天語。對瀑布、香爐峯，其家藏黄太史絹寫《金剛經》十七分。

乙卯，拂旦出西門，過開先路口數里，由別徑入簡寂觀，宋陸修靜先生故居也。中道有棲隱觀，乃梁昭明太子書堂，忘記詢問。其傍有嶽廟，守者云先生煉丹井已過【二二】，回步訪之，深三尺，在田間，酌訖，乃至觀中。陳賢良記云：觀在白雲峯下，其間一峯獨秀，曰紫霄。其北又有屏風山。今日雲氣未收，不能細覽。其前一里有鷄籠山。今俗呼雞籠峯。觀門有朝真閣，今廢。殿前有先生醮石，亦名禮斗石，今有爲石陛以登。道藏石刻，銅天尊像，石磬，白雲樓。經兵火，今皆亡。西澗懸瀑，落於廡前佳甚，廡亡。甜苦笋間歲一生，相傳先生手種者。邂逅章續，自稱官人子平狀元之曾孫，知予中外族親甚詳，豈詐妄乎？與之同過度仙橋。記云：許堅曬衣石在澗中。問道士，則云沙石堙埋久矣。進觀連理樹【二三】。乃黄連樹，甚大。又有一樹，亦大根抱巨石，鼎足而分，傍附於石，與黄連樹連理。次至先天觀。去官路里許，兵火後破屋數間而已。次至祥符觀，舊名靈溪。記云：三武士嘗棲溪側，漢武賜名，齊朝修創，南唐重修。今石衢甚廣，而屋宇極不振。自此數百步即歸宗禪寺，樅老來迎，飯而後行。餘具三月記中。道中有三將軍別祠【二四】，即所謂三武士，其名曰唐建威、李德殳、宋雲刀。正廟自歸宗登山才里餘，又其上八里則紫霄峯，峯頂有鐵浮圖九級，藏舍利，遠望如枯木，而晉梵僧邪舍亦有墳在其側【二五】。又三里有謝景先草堂，乃杏林故地。天氣未佳，且無鄉導，不果遍遊。

【一九】年月日　「日」原無，據四庫本補。

【二〇】而京諱之　「京」原作「鍠」，據四庫本改。

【二一】云果如此　「如」原作「無」，據四庫本改。

【二二】煉丹井已過　原作「煉丹井也已過」，據四庫本删「也」。

【二三】進觀　「進」原作「追」，據四庫本改。

【二四】三將軍別祠　「將」原無，據《説郛》弓六十四《廬山後録》補。

【二五】邪舍　《説郛》作「耶舍」。

杏林者，後漢董奉治人疾，不取貲，使愈者人植杏五株。然奉自有太乙觀在山北，或曰杏林在此而上昇太乙觀耳。記又言：歸宗後峰半在石室中【二六】，有夏禹刻字僅百餘，人無復至者。過歸宗，望紫霄峰，亦有瀑布。行官道約三里，入小路，訪栗里，求醉石。土人但云此去有陶公崖，無栗里。屈曲行三里，遇數道人草庵，過庵背有崖占澗【二七】，醉石在焉。仰視飛瀑披大石而下，甚爲奇觀，石有坳處，俗云陶公枕痕也。又指若虎跡者，其説尤荒唐。嘗記前人題詩云：「五字高吟酒一瓢，盧山千古想風標。至今門外青青柳，不爲東風肯折腰。」惜乎不記其姓名，餘具記中。久之，復出官道，訪謝康樂經臺，或云地屬皇甫道人，已樊之矣。次至黄龍靈湯院，敗落特甚，而湯泉固自若，或題東坡和可遵絶句於壁間。又十五里，落路數百步至康王景德觀，觀對天柱峰，倚凌雲峰，兵火後殊草創。其西有四庵一院，相去不遠，而記中無所取，故不往。夜宿山月軒，下臨大溪，簾水所注也。終夜如大風雨聲。

丙辰，會慶節，燒香畢，早同道士喬太和渡溪，入谷五里至舊觀基，記云隋開皇徙。今爲菜圃。又半里至龍泉院，破屋數間而已。又十里至董氏茅屋，疏食畢，望簾而進，此陸羽《茶經》第一水也。熙寧元年七月夏倚所記，信而有徵，倚言過石磴路甚危，蓋鳥道緣崖，其下即澗壑，又草木蒙密，須盡芟去乃能徐步爾。倚所謂平石可坐數人者，正與簾對，過此則大石散亂不可行。予跳躍其間，從者皆驚。逼簾，濺沫噀人如霧雨，毛髮凛然。水初

【二六】半在石室中　「在」原作「右」，據四庫本改。

【二七】占澗　「占」四庫本作「古」。

東於石峽，勢猶未廣，既而散布傾瀉，雖冬深水縮，猶爲十餘派。聞山後乃開先路，豈非與山半之瀑同源耶？谷中若用兩壯夫挾山轎則可代步，然屢涉溪流，春夏漲溢，亦未易進也。今日予皆徒行，幸天氣晴和，歸路方有微雨。回至山月軒，道士喬太和猶未有飯【一二八】，且言嘗有雪霰【一二九】，谷中不知也。去觀五里至荆林市，是爲山北江州境。大風，人不能立。晡時至侯溪市，入圓通崇勝禪院。古有侯氏，故以名溪，長老不在，首座祖勝，潼川人，可與語，同過旻古佛塔，謁西堂修誼，故人惟訥之兄也。東塔廣福院相去二里，寒甚，不果往。步至磨院【一三〇】，風益甚，或云寺前山中有風穴【一三一】，故多風。飯罷，登至樂亭，在法堂後。觀李後主及昭惠后畫像。訪清音亭，兵火後偶餘此亭，乃摧壞弗葺，東坡詩云：「梵音堂下月臨泉」，不知即此亭否。詢寺僧，乃云無梵音堂。惟石渠二百五十丈尚無恙，夜宿寺中。

丁巳，早謁圓通殿，舊但樟木觀音，今亡，乃設釋迦、觀音、文殊三像於中，而環以二十五圓通。會食於東軒，殆因慎老與東坡兄弟唱和而建歟？出門望馬耳、石耳峰方出。昨夜疑大雪，今日天氣乃稍開晴【一三二】。過甘泉市，至七里岡，落路飯廣福庵，庵前水即石門澗也。同主僧惠辨行百餘步，訪尊勝庵，下有大石高數丈，長如之，中若剸裁，可過二三人，謂之石門。相傳古有僧誦《尊勝咒》而石開，遂以名庵，庵對仙步峰。又數十步至保寧庵，三面皆山，其南石柱峰在焉【一三三】。此三庵皆沿石門澗，激水磑茶，資其利。記中石門恐非此澗源。次度橋上雙龍

【一二八】猶未有飯　「有」原無，據四庫本補。

【一二九】雪霰　《説郛》作「雪覆」。

【一三〇】步至磨院　「步」原無，據四庫本及《説郛》補。

【一三一】山中　原作「水中」，據四庫本及《説郛》改。

【一三二】今日　「日」原無，據四庫本及《説郛》補。

【一三三】石柱峰　《説郛》作「石旌峯」。

庵，雙龍謂錦繡澗及庵旁之小澗也，過此直上天池，凡十五里。或云兩旁通謂之錦繡谷，蓋春時山花盛開，望之如錦繡云。山路峻甚，每三四里輒爲亭以憩，凡五亭。第一亭跨澗，頗雄偉。行至半山，有處州道人草庵在錦繡峯下，指其旁以爲竹林隱寺，遊人或聞鐘鼓聲。按《山記》云：「香像岡北名阿那衛，内有寺基，時聞鐘梵，而寺隱不見。」其旁半里有羅漢巖，亦阿那寺之類，而近世誤謂之「竹林」耳。山南真有竹林寺【三四】。由道人庵而上，路愈峻，每數十步即回視，江湖無遁形者。過第四亭，有大石凌虚而出，可坐數十人【三五】，一目千里，略無蔽障。俗呼四望石，以《山記》攷之，亦非是。平視一峯，上有巧石。俗呼香爐峯，以《山記》考之，乃在東林化成路【三六】。亭午至天池禪院，雖鑿二沼，其涸可待。所謂天池，今不可到，號曰龍潭。又鐵船峯下亦有黑龍潭，祈雨則至焉。長老不在，同首座道徹登文殊亭，下視鐵船峯，望石門【三七】，澗自山委蛇而出，直達於江。然則尊勝庵之石門非水源矣。院有崇寧間西天僧金總持像，及貝多葉梵書數片【三八】，并佛牙【三九】。觀畢，同道徹謁隆禪師塔，其旁即定心石也。記中一名望仙臺【四〇】。道徹指其前一峯爲十八賢臺，未知是否。新羅巖草深路迷，不能至。歸院，日方斜，復度嶺行二里許，至主簿塔。頃有主簿於此遇文殊勝境，立石塔，遂以爲名。今秋雷擊其尖。洞視空濶，又非第四亭而上可比。東西二林，歷歷在眼，而江州屋壁已可辨。有九十九峯，櫛比磬折如城堵然，王韶觀文葬其下，此登眺最佳處也。稍前至佛手巖，雪花滿樹，庵門尚閉，乃知昨日大雪，今日驟霽。望南山雲氣猶未

【三四】山南真有竹林寺　原作「山南有竹林」，據《説郛》改補。

【三五】數十人　四庫本作「十人」。

【三六】乃在東林化成路　「在」原無，據《説郛》補。

【三七】石門　「門」原作「澗」，據四庫本及《説郛》改。

【三八】梵書數片　「片」《説郛》作「十」。

【三九】并佛牙　《説郛》作「辟支佛牙」。

【四〇】一名　《説郛》作「下有」。

散，賦小詩云：「十日頑陰不見山，山中一夜雪封庵。伊予的有尋山分，日照北山雲在南。」聞每歲自九月便有雪，至三四月乃消云。巖石空洞，不止容百人，下有泉水。道徹云：「巖上五峯如指，故號佛手，近爲野火焚裂矣。」緣巖後細路數百步，東望一峰即舊峯，頂院今廢，或云其間方是錦繡谷，達於平田。又下視磐石，相傳遠公講經臺也。由佛手巖二三里度小溪，乃至大林寺，遭野火，僅有基址，其額爲馮教鍊者徙置墳庵，併令一僧據其田【四一】，人無知者。予按白樂天詩，心實慕之，物色乃能至。其旁小徑，即下山南棲賢路也。地在山頂而反平衍。謝靈運詩云：「冬夏共霜雪」，其高可知。予作《弔大林》詩云：「上盡諸峯地轉平，天低雲近日多陰。古來南北通雙徑，此去東西啟二林。虞世南碑從泯没，白居易序合推尋。匡廬第一金仙境，忍使如今遂陸沉！」黄昏歸至天池，禮文殊求燈，閃爍合離，或在江南，或在近嶺，高者天半，低者掠地。又賦小詩云：「代馬腥羶暗五臺，南方世界且徘徊。一燈便是真知識【四二】，不用奔波學善財。」是日雲散日出，寒燠適中，甚愜素志。山中薝蔔花全類蝴蝶，又有萬年松、羅漢線、菩薩石，即記中所謂白石英也。

戊午，早同道徹望羅漢巖，即下山，山上微雪，山半乃爲雨矣。由石門側出官路，稍前即岳家市。岳飛葬母於此，故爲市。自此可上化城，不惟足力有限，又《山記》止言石盆之美【四三】，而樓閣已非昔，遥睇而去。回視文殊亭，渺在峰頂，主簿塔僅如枯木，佛手巖屋彷佛可辨，始嘆昨日登涉之不易也。午時至林口市【四四】，謂二林之口。過香谷慧永禪師塔，

【四一】併令　四庫本作「今」。

【四二】一燈　《説郛》作「傳燈」。

【四三】石盆　《説郛》作「石盤」。

【四四】午時　四庫本作「午後」。

義熙十年化。入西林寺，即慧永道場也。流水㶁㶁循階除，賞玩不能去。寺不經兵火，但不葺爾。牛僧孺書寺額，佛像獨被冠纓。訪水閣院，已廢，但存浮屠七級。次至東林，晉慧遠法師道場，法師雁門人，於是寺前方興雁門市。虎溪在寺門之外，《山記》云清溪有亭。今廢。牛僧孺太和四年書「神運之殿」，今殿非其舊。南唐元宗題「神運木」，今亡。流泉匝寺，下入虎溪。如故。殿後白蓮池，如故。晉輦，或云政和間太守焚之。經藏院，經卷尚存，古經生所寫。白公草堂，記云非元和故基，今又焚毀，但存堦城。前對兩大流池，左對香爐峰，其側則雞冠峯，右望天池，四旁多水。雙玉澗，記云：「草堂在半山【四五】，二泉出石間，故曰雙玉。」寺僧無知者。予按記而得之。此處望見蓮花峰、雙劍峰。明皇銅像，今作傅大士裝飾，觀其豐下，真明皇也。唐壁畫等。今亡。上方舍利塔，有南唐保大碑在門首。顔魯公題名。與古碑多在者。上方之北虎跑泉，深八九尺。五杉閣，閣後作釋迦入滅卧像，十大弟子環立。甘露戒壇。今亡。其西石磴三百級，岳飛拆砌母墳。滴翠亭，今亡。殷仲堪聰明泉，在寺中。佛影臺，今亡。晉朝三杉。亦爲岳飛取去。是寺最爲古刹，而兵火中巋然獨存，入門樓閣華煥，宛如仙宫。長老本然，自號渾融師，宦族也。共飯畢，同訪遠公塔，郭功甫作重修碑。次至照覺、佛海二塔，歸登五百羅漢閣，望諸峰，閣下即内三門也。由東林二里至廣福院，本大明公廟，保大五年陳元裕撰記立【四六】。靖國元年封靖明真人。記云：「真人姓匡，名俗，字君孝，出自殷周之際，居此山，或云受道於仙人，共遊此山。人謂其所止爲神仙之廬，因以名山。或云匡俗漢人，漢初封越廬君，故曰廬山。」次至太平興國宫，街衢門

【四五】草堂在半山　「在」原無，據四庫本補。

【四六】撰記立　「立」原無，據四庫本補。

闕，氣象清華。劉越石高三四尺，根植地中，在宮門之外，仙鄉亭廢矣。宮倚聖治峰，正殿惟設採訪使者像，其後乃太上本命殿，兩廊繪使者變相儀衛【四七】，次以五百靈官，又其後有雲無心堂，臨流水可愛。道士皆星居，有劉烈者，號虚谷先生，嘗進《易解》云。知宮留宿不果，登新創鐘樓而行，樓名景陽，華麗殊甚。日落，至清虚道人皇甫坦庵，飯罷館焉。坦被遇太上，結庵撥雲峰下，自言兖州瑕丘人，久在川陝【四八】，嘗遇朱桃椎，善推算布氣【四九】，時時書字，決人禍福。或云年七十二，山中道士言其顔貌已不逮二十年前矣，近損足，未能步。而茅山張椿齡亦被遇太上，今年亦得此疾，異哉！庵側有泉，太上題曰「神泉」，又爲閣以藏御書及像設。

己未，早，皇甫道人再具飯，飯訖，行數百步至雲溪庵。即蓮花洞也，側近亦有數庵，間不甚佳。自此若出官道，則過妙智院及蛇岡。即鄿亭湖神分風化身之地也【五〇】。予欲趨太乙宮，或謂小路差近，乃過擊牛墩，皆茅峽峻嶺，亦六七里方至，真宗賜名大中祥符觀。即董奉上昇之地。大概二十一日已記之，其事出葛洪《神仙傳》。觀在蓮花峰下，不經兵火，有昇元六年韓王知證記。是時猶謂之廟，保大十二年記則爲觀矣。宣和二年封奉爲昇元真人。觀中猶種杏，前殿一株甚大，其後又有種杏軒，春時不妨宴遊也。老道士蕭惟億，年七十餘，未嘗出門，視其貌，蓋有所養者。自觀五里至禪智院，對雙劍峯稍偏，正對山之外有小石榴峯。以其爲舊屋，故遊焉。記言院後有緑野亭，忘記詢問。進至雙溪寶嚴禪院，再飯，同長老世顯步

【四七】兩廊　原作「兩層」，據四庫本及《説郛》改。
【四八】川陝　四庫本作「川峽」。
【四九】善推算布氣　「推算」原無，據四庫本補。
【五〇】鄿亭湖神分風化身之地　原作「鄿亭湖分風神化身之地」，據《説郛》改。

過雲慶庵。記言「因流泉爲池，多畜魴鯉」，今僅存坳窪耳。假世顯之驝，令庵僧致康前導，過寶積庵，殊不葺治，但有程公闢師孟詩刻。訪白雲亭，已爲王秀才治塚其上。披荊棘，尋所爲磐石鳴泉，久之方見。泉石誠佳，而又北望湓江，宜陳舜俞以爲山北最佳之庵。此去江州纔二十餘里【五一】，山北之境盡矣。跨驝五里上吴章嶺，亂石聱牙，頗亦險峻，嶺脊分江東西兩路界，過界便見五老峰，是爲山南。嶺下有小路至智林、净慧院、昭德觀。會日斜，僕疲，乃由官路過大富莊，至相辭橋，俗云蔡、李二真人相别於此。已昏黑，秉燭夜行【五二】，至尋真鋪，風大作，入小路二三里，敲觀門，道士疑爲盗，久之方出。《真誥》言廬山乃元辰福地，而此觀爲第八詠真洞天，五老峯正在其後，而倚香爐峯。記言南北山各有香爐峰。

庚申，登採訪使者閣，望五老峰。記言漢武築羽章館於屏風疊，下臨相思澗，今五老之峰壘石如屏障，蓋其故址。自閣而望，相去若在百步間，廬阜之甲觀也。爲題其榜曰「雲錦閣」，取李太白「屏風九疊雲錦張」之句云。五老第二峰即獅子峰，與九疊屏相連，山無草木，曉日照之，殆如赤城，自廊廡望之，則奇姿巧勢尤不可狀。龍潭在觀後一里，水作琉璃色，其中數尺正黑。知觀湯善翔云深數十丈，蓋洞天之門云。潭上有龍王祠，疑即記中所謂緑净亭也。神廟朝陽，廟額曰靈澤。已初，借善翔小驢，令四明徐道人前導，過永福院，舊名雲龍，煨燼之餘，方稍葺治。次至壘石庵，蓋近世僧德正所創【五三】。德正乃徐稚山侍

【五一】此去江州　「此」四庫本作「北」。

【五二】秉燭夜行　「夜」原無，據四庫本補。

【五三】德正　原作「德止」，據四庫本改，下同。

郎之弟。門外大石長數丈，復壘一石，前眺江湖宛如池。庵背即五老峰，乃几案間物，陳舜俞所未見【五四】，蓋後來庵宇之絶景也。記中於谷源庵載路左疊石，然相去數里，未知是此石否。次度華嚴石橋，華嚴院今廢。次至折桂院，今名證寂，折桂因唐李逢吉得名。記言山名幡竿源，而土人不知。登南唐惠濟禪師石塔。有巢雲軒，而記不載。不經兵火，氣象便可愛。前有僧房，可望湖而不見山。次至解空院，其傍聖果院已廢。次至谷源庵，地形甚高，面對重湖。記言疊石奇偉，豈謂德正之庵耶？後有幽泉，但屋敝無足觀者，自此而折【五五】，小僮指路迂枉，忽下峻嶺，木葉被霜滑汰，幾不能移步，至雲臺庵乃得平地。庵後石巖如記中所載。次至淨妙院，記云古名青牛谷，即楊衡所謂隨雲步入者，儼然如造仙境。門外數十步，回望五老及他山如圖畫。凡此寺觀庵宇大抵環繞五老峯，每至一處，山色峯數輒不同，造物之無盡藏也。獅子峯尤肖，今日但少雲氣飾之。次至承天白鶴觀，唐混成先生劉玄和故居【五六】，舊屋偶存，獨無廊廡，唐杉圍二丈，在門内。問東北木瓜巖，道士不知。觀前百餘步出官路，過三峽橋，遣從者先入棲賢，獨與徐道人携一僕復由小路爲卧龍之遊。初過中興庵，即舊禪靜院。次寶慶庵，近各有一道人主之。西澗即劉凝之庵，無知者。既過澗，徐道人迷路，度峻嶺【五七】，踰棧閣，遇炭窑，方知路窮。得一夫引至上偃臺，即祖教院，亦無僧。行至此，又盤一嶺，至卧龍新庵，有江州蔡道人主之。復行半里，過舊庵基，沿澗乃至其處。蒼崖之下，怒瀑淙擊，高十餘丈，與九華上雪潭爭爲雄

【五四】所未見　「所」原作「以」，據《説郛》改。

【五五】自此而折　原作「自此爲折桂」，據四庫本改。

【五六】劉玄和　原作「劉元和」，據四庫本改。

【五七】度峻嶺　「峻」原無，據四庫本及《説郛》補。

【五八】爭爲雄長　原作「爭爲長雄」，據四庫本改。

長【五八】。凡陳舜俞所記一無夸詞，今日不憚崎嶇險阻，凡以爲此，未至而悔，既至則樂以忘勞焉。舊庵隔溪，崖石層出，粲如百疊之雲，中有流泉注於澗，亦一佳處也。望五老峯甚近，香積院在其下，業留從者於棲賢，遂問歸路。數里至幽邃庵，今爲尼居，主者覺殊，鄆人。壁間刻馮京詩，蓋嘗讀書於此，庵前度溪至上塔，記所謂拭眼禪師石像如生者。舊屋甚整潔【五九】，大竹成林，酌飛錫泉，登環翠閣，望五老峯背。自此下山數里，即至棲賢【六〇】，徽老不在。藏主可昇，眉州人，予與同庚。辛卯戊申丙辰。出程子山詩《泉老頌》，且求一語，爲占兩韵云：「我比同年百不能，只餘霜鬢愧師兄。殷勤覓句無言説，共撥寒灰聽水聲。」寺比今春稍葺【六一】，但殘僧四五輩，不稱大刹。飯罷，同可昇上人過五老、玉淵二亭，山水不辜老眼而足躉矣。遣人至軍城，招妻孥來早會此。

辛酉，拂曉自寺後渡澗，行里許，過百藥灘，石崖坡陁，道人於此曬藥。陟小嶺，度茅岡，約四五里並五老峯，至明真尼院【六二】。亦是慧濟、拭眼二禪師道場。紹興初尼居之。冰霜滿履，扣門久之方開，蓋舊屋也。同尼師登凌霄巖，巖在平地，奇石如巖，古有僧坐禪其間。繞洞别過石門，謂之喝石，其前一石甚大，即記中所謂對五老如賓客者。傍有石屏，亦可愛。出門數十步，望宫亭湖横出，而揚瀾、左里左右相對，落星僅如葉舟，惟軍城爲紫荆山所蔽耳。回過百藥灘，分路行三四里，入楞伽院，亦古屋也。正依朱砂峯，舊號白石佛殿，創於保大中，釋迦像與西林同。李公擇尚書藏書閣在東偏，元豐以後留題皆存。有趙天啟者，

【五九】舊屋　「舊」原無，據四庫本及《説郛》補。
【六〇】即至棲賢　「至」原無，據四庫本及《説郛》補。
【六一】寺比今春稍葺　四庫本無「比」。
【六二】明真尼院　「真」四庫本作「達」。

歷叙公擇作中丞、劾蔡確、故改戸曹云云【六三】。西廡有東坡所作《山房碑》，又刻南唐佛像，野夫、公擇及黄魯直皆有題字。崇德君墨竹高下三枝，在鐘閣，蓋公擇妹、魯直母也。寺門外即上天池、大林路，至爲險峻。老僧惠寶生於元豐八年，云自此别有捷徑。約一二里，過澗入棲賢磨院，院在石人峯側。又里許，遂至棲賢，骨肉方來，同觀玉淵。先是澗水犇衝，遇大石上侈下歛，懸瀑溛射，極其雄壯，濤頭濆湧，散爲玻璃色。記言沙石萬數，古今不塞，誠下通於海矣。相對有寒泉亭，泉自山出。又按記文訪羅漢巖、寶陀巖於僧堂之後，皆無知者。山上竹樹間多崖石，其下有觀音泉，疑自寶陀巖而出，稍加刜治，必得之。其南有小徑，疑白雲庵路也。飯罷，徐道人乘驢歸詠真。同骨肉再過三峽橋，徘徊久之，始知過橋之泉爲陸子泉，其旁有沈錫大書「廬山」二字。行小路，望五老峯了然。便道入高遥景德院，亦舊屋【六四】，有元豐間無爲子題字。老僧年八十，云李徵君書堂去院僅一里，今廢，但刻其名銜於石，洗滌乃可見。進至萬杉院，上滴翠亭。餘具三月記中。又二里入開先，登漱玉亭，度橋俯澗，澗中石含雲母，如記所云。天寒甚，太守適致餽，遍飲從者而行。門外招隱橋【六五】，近爲寺僧徙數十步，而招隱泉無人知者，物色久之，得於二百步外叢篠之後，石井依然，三酌而歸。路口有披雲亭，稍前即古楊梅亭基，又稍前當四達之衢【六六】，即古四會亭而俗子改曰屏翠矣。回望山色奇甚，倒載而觀之，紫霄峯劍立衆峯之間，鐵塔僅如一線。將至軍城一里，有承天院臨溪湖，僧嘗被盜殺三人，今遂不振。入

【六三】戸曹　原作「户書」，據四庫本改。

【六四】亦舊屋　「屋」原無，據四庫本及《説郛》補。

【六五】門外　原作「澗外」，據四庫本改。

【六六】四達之衢　「衢」原作「衝」，據四庫本改。

西門，日已暮，聞新成都漕鄭少嘉察院相待移時，留書而去。昔白樂天記「匡盧奇秀甲天下」，誠非虚語。陳氏山記，北起江州，盡圓通，乃轉山南，起康王觀，迄於吴章嶺，其序如此。予今自南而北，與之相反，故問津多誤，然記中指名奇特處十得六七，其餘當路者遊，迂曲者畧，異時再以旬日窮探極覽，可使無遺藴矣。初，南唐元宗賜田給諸巖庵，故所至有産業，中經李成焚蕩，十存一二【六七】，又税重租薄，僧道往往逃移，寺觀日以摧毁。近雖稍修復，而廢絶爲多，惟舊屋則氣象終可愛。舟中賦四韻云：「南北周廬阜，東西遍九華。宴安無酖毒，痼疾有烟霞。淡泊村村酒，甘芳院院茶【六八】。馳驅君莫厭，此出勝居家。」

壬戌，五更雪打篷，平明出别郡官。望廬山已横白練，欲解去而南風作。章得象《遊落星》詩云：「來遊未盡登臨興，且喜南風阻去船。」殆爲予設。飯罷，遂携家童【六九】、棹小船往焉。寺去軍城僅五里，水乾則路通，今歲尚深丈餘。按《圖經》，石高五丈，周回百五十步。《九江記》云：「尋陽湖内隕星化石，上連彭蠡，下接尋陽，其石圓潔，不生草木，峭然孤峙，獨出波際。」寺興於唐景福年【七〇】，天祐二年賜額「福星龍安院」，本朝祥符二年例改「法安」。南唐戊辰歲，即本朝開寶間。宣義郎湯浄撰記云：「保大中，寺僧修葺，元宗嘗臨幸。」僧齊己、范文正公、章郇公、王介甫、平甫、程公闢、蔣穎叔、黄魯直父子、郭功甫、洪駒父皆嘗留詩。又龍圖閣學士吴仲庶中復酷愛西軒，更名曰「嵐漪」。魯直詩云

【六七】十存一二　《説郛》作「十存二三」。

【六八】淡泊村村酒甘芳院院茶　《説郛》作「淡薄村村酒，甘香院院茶」。

【六九】家童　「童」原無，據四庫本補。

【七〇】寺興於唐景福年　「寺」、「年」原無，據《説郛》補。

「龍閣老人來賦詩」，謂仲庶也。山色滿眼，湖光千里，真世間之絶景。又嘗有玉京軒，今皆廢，但存清暉閣，或云保大中命名。西對廬阜，如青天翠屏。初至，白雲英英起山腰，少焉散漫，俄復退歛，已而山披絮帽，變態不常，舉酒賞之，不覺徑醉。午後，移坐佛屋之前，東南觀巨浸，右爲揚瀾，左爲左里，其中兩山如門，是爲鄱陽湖。由寺門而望，則東北直宮亭湖，西南軒窗對流清山，其脊亦有湖汉，西北則軍城也。再舉酒而歸【七一】，晚自舟中望山色，不勝眷眷。再以小艇入西草湖，過東古山下，觀釣魚臺，鴻雁鷗鷺遍野，見人驚飛。轉而之流清港，上流清庵，庵在鳳凰山【七二】，古殿殘毁，慨想承平之遺址。回棹已曛黑，過落星，聞鐘聲，往復殆二十里。

癸亥，早發南康，北風微作，已而轉南。過左里、揚瀾，泊珠溪，而北風復作。去軍城已八十里【七三】，有巡檢司及小市，登岸，北望廬山。

甲子，南風，晡時方行【七四】，四十里至吴城山。謁廟畢，登望湖亭，猶見廬山也。殿左有穴如井，異時湖中或損米舟，則見於穴中，謂之神倉云。

十一月乙丑朔，風順，行百三十里矣【七五】。夜宿連前渡，雨。

丙寅，日南至，享考妣。雨作而風順。未後抵豫章，泊南浦亭，亭在洪喬門，《職方乘》云：「對岸即殷洪喬投書渚也。」亦見《水經》。帥沈持要、漕汪養原及府官相候，報謁邊倅維嶽，同登拄頰亭，望西山，以陰雨不快心目。又有可齋，陸務觀所立也。宋晉裕來，

【七一】再舉酒而歸　「而」原無，據四庫本及《説郛》補。

【七二】庵在鳳凰山　「庵」原缺，據四庫本及《説郛》補。

【七三】已八十里　「已」原無。

【七四】晡時方行　「方」原無，據四庫本及《説郛》補。

【七五】行百三十里矣　「矣」原無，據四庫本補。

知其叔嘉正今夏不禄。

丁卯，三倅、邊朝請、劉敷文堯佐、胡奉議儔。案：注中邊朝請不稱名者，即前條所書邊倅維嶽也。轉運司主管官汪朝散邁、帳幹許承直可久、幹辦公事周文林閎、黄吏部然及其叔季文、李常州安國、司馬總領倬、李靖州漢英、王提舉瀹、王南劍岡、向郎中汸並相候。游鐵柱觀，柱在小池中，高二三尺，狀類假山。道士云：「每歲池水溢則江漲，枯則江落。今歲反是。」旁有銘，紹興五年帥胡世將爲之。張法師者，年八十餘，健甚，弈極高。晚易漕舟，置酒留孟周叔、宋晉裕、益師。

戊辰，安撫司機宜梁承事季琦、仲謨之子。司法王修職中復、新建丞諸葛從政餘慶、監税詹迪功華、蔡承事嶒及其弟嶸宋景融之壻。並相候。赴府會，登子城南樓，望江心小山。

己巳，赴漕司會於觀風堂。周將仕爲可同其婦六娘來舟中【七六】。六娘，陳德夫妹。終日雨。

庚午，早留劉籛壽知縣、陳希魯教授飯。未後赴邊倅會，登拄頰亭，望西山，子夜方散。家人招孟宅安婆來舟中。

辛未，上藍長老了賢携素饌來，留孟周叔共享。洪駒父《職方乘》載寺有蛟井事，以問賢老，具説無據。謁前京西運判韓宣教曉子東，其高祖蓋忠獻王之兄弟。久陰可厭，至是晴。

【七六】周將仕爲可　「周」原無，據四庫本補。

壬申，赴府會於滕王閣。天氣晴爽，得西山之勝。《職方乘》引《水經》及《十道西蕃志》云西山一名厭原山。

癸酉，致政趙通直昌相候，同年也。赴劉、胡二倅會，胡倅送步障式，俗名畫獅【七七】，蓋胡人飾以氊毬而畫獅子形【七八】，故云爾，或云名掛罳。

甲戌，陰，總管劉源相候，即金陵舊都統也。出北門，過天寧寺，同長老登列岫亭，得西山之面。又過大梵寺，登秋屏閣。《職方乘》云不知誰所立，但引曾子固云「見西山正面如畫」者，此閣耳。又過薦福寺，觀淺沙泉、馬跑泉。寺有鐘，光化三年節度使鍾傳造，訪黄超然，求觀山谷遺墨，但有《枯木道士賦》、《寄老庵賦》、《煑茶賦》、埋地中，已漫。《薄薄酒》詩。又永州化光仁老畫水石二軸，其一題云：「湖北山無地，湖南水接天。雲烟真富貴，翰墨小神仙。」復有跋語。韓子蒼各題一詩。晡後至上藍，寒甚，食於賢老之室。擔拔道士來談命【七九】。次至觀音院，即杜牧爲韋宙撰文，以石亭覆之，因號石亭者。有鐵羅漢五百。是日既報謁，復游覽終日，甚勞。

乙亥，陰，修武郎、使持節南丹州諸軍州事、武騎尉莫延廩與兄弟爭州，來奔朝廷，置之長沙，會親兵欲挾延廩叛，故徙豫章。廬陵進士徐允武【八〇】、前知柳州林奉直振並相候。赴汪漕會於列岫亭，酌淺沙、馬跑泉。程公闢嘗作雙泉堂，潘興嗣爲記，其旁即清源真人祠，所謂灌口二郎也。舊皆在城内，李伯紀紹興初爲帥，損城使可守，遂在城外，然甚

【七七】畫獅　原作「畫師」，據四庫本改。

【七八】氊毬　「毬」原作「毬」，據四庫本改。

【七九】擔拔道士　「拔」四庫本作「跋」。

【八〇】徐允武　「徐」四庫本作「余」。

閣【八一】，亦未易守也。

丙子，赴沈帥會於孺子亭，亭在東湖，陳皐卿所創，四圍皆荷也。徐宅名見《水經》，又有徐賢亭，《職方乘》詳載。

丁丑，早別帥、漕，人事擾擾，午時方能定。以小舟絶江，爲西山之游。初至沙井口。按《圖志》云在章江西岸石頭之上，許旌陽謂：「吾升天後一千二百四十年，豫章江心忽生沙洲，掩過沙井口，是八百人得仙時也。」今相去者尚數十丈。陸行二十五里至貞觀院，舊名福林。登閣觀禪月羅漢摹本。真本在雲堂。又五里入上藍莊。又五里至吴靖州百思慎之墳庵【八二】。又五里而遠至鸞岡，三徐葢葬其旁。三徐者【八三】，衛尉卿延休，騎省鉉，内使鍇也。元祐八年張商英作祠堂記，今有畫像，或謂其墓爲耕者所壞【八四】，猶存齒髮。或云徐氏墓在博士壙，去此猶數里，而翠巖寺以鸞岡爲案山，恐村民鋤掘，托言徐墓。商英爲實之云「稍前即翠巖也」。棟宇深隱，氣象閎壯。南唐保大間，有澄源禪師無殷住此山，李主甚敬之，既死，祭以文，時本朝建隆元年也。韓熙載爲之銘。其後死心居此，而雲峰悦亦悟道【八五】，故江西號爲勝地。飯罷，同長老子堅步觀洪崖井，深不可測，舊有橋跨其上，今廢。寺引崖水以給用，又匯其流，激大輪爲磨院。去崖數十步，有奉聖宫，今曰紫清，徐鉉爲記，有唐肅宗像，道士僅數人。歸宿翠巖方丈，觀李主賜無殷詔書，皆用澄心堂紙，每畫日後即押字，印文如絲髮。近世自王元之而下留題甚多【八六】，予亦題云：「李

【八一】然甚闊　「甚」原作「其」，據四庫本改。
【八二】百思　原作「伯思」，據四庫本改。
【八三】三徐者　「者」原無，據四庫本補。
【八四】或謂其墓　「墓」原作「基」，據四庫本改。
【八五】雲峰悦　「悦」原作「晚」，據四庫本改。
【八六】王元之　「元」原作「漢」，據四庫本改。

氏世敬桑門，其賜書遍江左諸剎，至於不失舊物、如翠巖者，鮮矣。」又有郡人潘淳奉議，以其祖侍讀所藏太宗、真宗兩朝御書墨本數十軸寄寺中，又有程公闢與南禪師唱和，皆取而觀之。惟所謂唐人寫經，則非也。

戊寅，早乘小車，循溪依嶺行一二里，望所謂藥臼者，在石澗湍流中如石盆然。次度牛欄嶺、茶園嶺，最後度湯家嶺，回望生米洲，乃至香城寺，榜曰：「咸通香城蘭若八年，案：此疑當爲「香城蘭若，咸通八年」，然院本亦與此同，俟考。鎮南節度使嚴景書。」東晉隆安中，安曇顯肇居此山，嘗與陸修靜榷論，見北齊《高僧傳》。今長老如晦，妙喜弟子也。方丈側娑羅樹兩株，葉皆下垂，又有羅漢菜，嘗以正月生。飯罷，杖策登山，初過榧林，或云榧有雌雄樹。其間一株最大者，圍丈五，號将軍樹，相傳近千年矣。程公闢詩云：「金賜雲中若有聲，寺記有：羅漢四十九人持金錫，見雲中。野僧同我上山行。千年大榧婆娑在，老似将軍擁萬兵。」次至舊院基。次至硯石，長一丈四尺，闊六七尺。程公闢詩云：「石頭如硯貯寒泉，今古無煙水自閑。待把萬松燒作墨，大書長句滿西山。」次至靈觀尊者坐禪石。次至屋壇，高六尺，闊七尺，是爲香城絶頂。靈觀者，隋開皇初新羅沙彌也，爲此壇行道求戒【八七】，尋償夙仇而終。自寺至此五里，積雪猶未消。遠眺章江，略見府城，山後即江東建昌縣界。周覽移時，復至寺中，讀順禪師碑、二蘇詩刻、潘興嗣記文、慈順塔記，遂還翠巖，日方晡矣。同堅老登愈好亭，在寺後，前長老了因取寒山頌中「微風吹幽松【八八】，靜聽聲愈好」

【八七】爲此壇行道求戒　四庫本作「爲北禪行道求價」。

【八八】微風吹幽松　「吹」原作「次」，據四庫本改。

之句而爲名，自作記，粗可觀。望寺場左右山環抱，而鸞岡正當水口，即三徐祠堂也。方丈之後【八九】，有半月軒，池如半月。蔣穎叔有詩。又有聽松堂。熙寧間潘興嗣嘗作《寢堂記》。澄源塔在寺右，大竹成林，圍丈五六。旁有齊王廟，即李主弟撫州牧景達也【九〇】。亦署澄源勅，嘗捨田入寺，故廟祀之。法堂左階花磚，猶是南唐舊物，隱起之紋皆踏平，向來僧徒大集故也。晚再同堅老及西堂三人過洪崖，俯視深潭，草木蒙蔽，碕崖峭絶，不容側窺，而水聲湍洪，疑其有異。乃並澗十餘步，披草而入，始見硤中石數十丈，飛流激浪，數節傾射，而左崖懸瀑數道，相去三丈，妙絶不減棲賢之三峽。又其右多磐石可坐。前此僧道皆不知，但窺井而已。若非再至，幾成徒行。主僧善權巽中舊題詩云：「水發香城源，度澗隨曲折。犇流兩崖腹，洶湧雙石鬬。怒翻銀漢浪，冷下太古雪。跳波落丹井，勢殺聲自歇【九一】。散漫歸平川，與世濯煩熱。飛梁瞰靈碧，洞視竦毛髮。連峰翳層陰，老木森羽節。洪崖古仙子，煉秀擣殘月。丹成已蟬蜕，井臼見遺烈。我亦辭道山，浮盃愛清絶。攀松一舒嘯，靈風被林樾。尚想騎雪精，重來飲芳潔。」亦佳作也。前登雲長老應通，廬陵人，過其寮飲湯。

己卯，拂旦游洪崖資禪院，去翠巖十里而近，道中石澗湍流，淙激可愛。度落馬嶺，乃至長老法遵禪院【九二】，本丁住持白石道者知新所居【九三】，殿宇甚小，法堂已摧，寢室窗外對梅嶺如屏障。真宗嘗御製歌詩四篇賜知新，有「明珠爲戒曾無玷，拳石充糧永不饑」

【八九】方丈之後　「後」原作「右」，據四庫本改。

【九〇】撫州　四庫本作「無爲」。

【九一】勢殺聲自歇　「殺」原作「盡」，據四庫本改。

【九二】乃至長老法遵禪院　「禪院」原無，據四庫本補。

【九三】本丁住持白石道者知新所居　原作「單丁住持院本白石道者智新所居」，據四庫本改。「智新」下皆改爲「知新」。

之句，謂其煑白石而食也。其餘勅劄皆在。又有小金龜，重十一錢【九四】，背刻「司命大帝聖祖寶」，腹刻「大中祥符神丹化鐵」。沉香刻三教像一龕，人物極小。又佛像一龕，金字《法華經》七卷，後有「唐大中八年比丘紹安記並抄寫倪德言」，未知便是元本或德言所抄。銀字《法華經》七卷，凡佛名、卷名之類則金書。《夾頌金剛經》一卷，間以金字。菩提葉四片，文殊像，破碎不可舒卷。羅漢十六軸，佛一軸，道者真、馮極贊一軸【九五】，皆賜物也。知新又嘗住西京應天院。歸飯翠巖，同堅老及二三同遊再過洪崖【九六】，芟草開道，坐巖石，汲泉烹茶，縱觀飛瀑而行，堅老送別。三徐祠下至江頭僅三十里，昨日蓋誤而迂也。新昌尉周迪功承勛希稷留刺。夜來大風，歸舟猶未息。晡後掛帆。汪養原運使飛蓋岸邊【九七】，不能留也。行十六七里，泊石州夾。李全持永和書來。

庚辰，五鼓雨雪交作。乘風而行，辰時至生米鎮。一號西嶺，旌陽之僕許大遺米得名，見《十二真君傳》。玉隆人轎未至，以小舟游至德觀。觀在洲上，四面皆水，相傳施肩吾釣臺，唐則天時胡慧超置。觀，兵火後重造，尚未備，惟壇上柏一株甚大，云慧超所種也。有軒臨江，可觀。命二道士弈，謬甚。取酒飲之，并飲知觀胡天常。午、未間，玉隆人轎方至，不果行。劉信自府中來。

辛巳，黎明，携家登岸。雨雖止，泥淖没骭，肩輿者甚勞。約四十里乃至玉隆，是爲道家逍遥山福地，前有胡詹廟。漢州二吏。次度龍岡橋。按玉隆在西山之南，初不見西山，惟

【九四】十一錢　四庫本作「五錢」。

【九五】馮極贊一軸　原無，據四庫本補。

【九六】二三同遊　原作「二三西堂」，據四庫本改。

【九七】岸邊　原作「崖邊」，據四庫本改。

此橋略見之，而言西山則起於玉隆，終於吴城山，其間寺觀約數日可周。又有天寶洞，在三十里間云。次有龍岡亭，八月一日開觀，則以七月二十八日於此設浄壇醮。知宫熊師古、副宫熊大正來迎，館於逍遥閣下。宫本金氏宅，許旌陽求得之，晉寧康二年八月一日受命，十五日上昇。初名逍遥觀【九八】，徐鉉篆額，大中祥符間改爲玉隆觀，政和二年封「神功妙濟真君」，六年加「玉隆萬壽宫」之號，仍繕修之。東爲三清殿，次真君殿，次道館，皆横列爲屋數百楹。真君殿前古柏圍丈五尺，《十二真君傳》云施真人手植。其半已枯，每歲八月開觀時，四方之人紛至，採其葉以療病。左有丹井，已智【九九】；右有藥臼、石函，臼亦裂矣。又有修行鐘，鐫刻姓名甚多【一〇〇】，止曰「戊辰歲」，疑本朝開寶間物也【一〇一】。宫門外有《大周洪崖山洞真先生胡尊師碑》，司馬貞撰【一〇二】，其文稱名處曰利真。碑言尊師名超，即胡慧超。長安三年葬盱母靖之西合里山【一〇三】。道言「靖」，猶釋氏「精舍」也。今盱母靖在逍遥閣牆外，亦有巨柏圍丈五而不枯，舊有亭，今廢。盱母蓋超之母。此去筠州及奉新皆六十里。

壬午，早焚香畢，再周覽而行。宫西面百步有小觀，榜曰太虚，周真人上昇於此，舊名宣詔府，有保大五年丁未歲陳元裕記。治平四年賜今額，政和癸巳李山爲之記。龍岡相並有彩鸞岡，以吴彩鸞得名。彩鸞遺跡在奉新縣。未後，復至生米鎮。監渡使臣、下班祗應張宏者，河間人，辛巳歲隸大漢軍，李寶自海道俘以來。承議郎、新指使張玠求附别舟，許

【九八】逍遥觀　原作「遊帷觀」，據四庫本改。

【九九】已智　四庫本作「已竭」。

【一〇〇】鐫刻姓名甚多　「鐫」原無，據四庫本補。

【一〇一】開寶間物也　原作「開寶初也」，據四庫本改。

【一〇二】司馬貞撰　四庫本作「司馬真繹」。

【一〇三】合里山　四庫本作「舍近山」。

之。解維牽挽纔十餘里，宿下石溪。

癸未，無風，行甚緩。晚泊市汊，筠河自此出。人煙甚盛，號新義鎮。聞歲有火災。

甲申，無風。晡後過撫州河口，夜宿栗絲灣。

乙酉，雨，粗可掛帆。早至曲江鎮，去豐城十五里【一〇四】。趙常熟無咎來迎，同至其所寓正悟寺。有板碑記寺興於隋，而葺於僞吴乾貞中。殿背兩壁分畫驪山、華山圖，云是郭熙筆。臨流有内觀閣，程子山嘗留詩。無咎云對岸漁者近獲古器，有雙魚洗，鏤「宜侯王」三字【一〇五】，又有器刻「陽燧富貴」等字【一〇六】。午時次豐城，李宰愿、馮察推師直、吴宰千乘並相候。祝南安深羅歸【一〇七】，繼至，略觀寶氣亭【一〇八】。夜留馮察推飲【一〇九】，雷電作而雨。

丙戌，風順，冒雨行四十里。厨船觸大舟，幾覆，與去歲遇風濤之地相邇也。晚，未至樟鎮七八里宿。

丁亥，午後至臨江軍，太守李仲權、通判趙奉議伯濠、録参靳迪功師益、司戶章迪功子獲、知清江縣張宣義陶、丞趙承事彦禮、主簿桂迪功隨、主管玉隆觀任朝奉詔子嚴、新知興國軍向朝奉澮伯海、新通判邵州向奉議浯伯元、軍學教授唐迪功友聞、新吉州教授楊從政愿謹仲並相候。唐、楊皆同年也。訪王元老寺丞之妻宋五娘家。元老，鄭人，宋即先妣外家，其子坪權新州陽春令【一一〇】，已死。泊舟行衙，即貢院也。

【一〇四】去豐城十五里　原無，據四庫本補。

【一〇五】宜侯王　原作「石尤巧」，據四庫本改。

【一〇六】陽燧富貴　「燧」四庫本作「遂」。

【一〇七】祝南安深羅歸　「羅」原作「罷」，據四庫本改。

【一〇八】略觀寶氣亭　「觀」原作「登」，據四庫本改。

【一〇九】馮察推　「察」原無，據四庫本補。

【一一〇】其子坪　「坪」四庫本作「玶」。

戊子，早至軍學觀石刻，赴李守會。軍治據富壽岡，後園有清江臺【一一一】，對閣皁山【一一二】，山雖小，頗類匡廬。江心又有蕭渚。晚别任子嚴，同遊盤園，飲於喜歸堂，二鼓歸，大吐。

己丑，軍中以久雨祈晴。赴向伯海兄弟會，薌林益葺。歸已日暮，移舟光孝寺下。是日欲留兩同年飲，客衆不暇，以酒果遺之。軍治側有中大夫曹戩家，因鋤地得古墓，槨朽而棺如故，其中皆清水，遺骨具存，木梳猶在。驗磚志，云開寶年葬筠州某鄉村，蓋此地初隸筠，後方置臨江，城郭遷徙如此。江漲。

庚寅，早移舟慧力寺下，携家往遊。去歲至此，亦是日也。巳初解去，風稍順，至石口亦暮夜，距清泥尚數里，離軍纔四十餘里耳。終日對閣皁山，聞自永泰陸去可三十里，來歲當來遊。

辛卯，風正。巳時至新淦，縣宰陳通直浹、臨江判官張文林權立之、新吉州永豐尉謝迪功承休、蔡秀才焕、字克明，郡人也，嘗爲宋景晉門客。謝生鑄、致政楊宣教扶圖南並相候，餘客皆去歲相見者。報謁過市中，謁陶母墓，有徐鍇碑。陳德夫侍其母及歸妹來舟中【一一三】，具飯待之。楊圖南送所編《玉笥山寶籙》。

壬辰，廬陵丞胡從政思成經過相候。辰後解舟，晚泊峽江灘下，非風力不能至也。

癸巳，早上峽江灘，望玉笥。晚將至桐江宿【一一四】。

【一一一】後園　原作「後圃」，據四庫本改。

【一一二】閣皁山　「皁」原作「阜」，據四庫本改，下同。

【一一三】歸妹　原作「婦妹」，據四庫本改。

【一一四】至桐江宿　「江」下原有「横」，據四庫本删。

【一一五】胡邦衡　「胡」原無，據四庫本補。

十二月甲午朔，午後十四弟、平上人來迓，得胡邦衡梅字韵詩【一一五】，答之。過元潭，登崇元觀，觀有許旌陽劍，其長不盈尺，未必舊物也。殿對大樟，或云旌陽手植。其上數十步，江水盤渦【一一六】，潭在其中，或云封蛟之穴也。望山頂有石，相傳旌陽試劍石也。晚過元石灘、宿勞橋。

乙未，長道及永和相識皆來迎，同至吉水縣少泊。知縣左奉議郎楊㢲、太和主簿右迪功郎王正之、監酒税陳承節邦傑、尉祝迪功邦基【一一七】、萬安主簿朱從政霖、新郢州長壽尉馬之任【一一八】、趙監廟善繹、承信郎彭思元並相候。午後，與長道、陳立夫小酌。乘風解舟，晚泊梅林渡。

丙申，早乘風，抛霽虹亭【一一九】，守倅及郡官來迓，弟姪甥自永和來。邸報：「十一月四日行朝，大雷電以雨，五日降詔責大臣，九日宣麻，左相葉顒、右相魏杞並以本官宫觀，陳俊卿遷参政，劉珙除同知【一二〇】。」

丁酉，雨，赴州會。

戊戌，臘，大雪。巳後至永和，歸家飯訖。胡邦衡相候。招季懷，以小舟置酒，同至，值夏報謁。巳二鼓，復飲三杯，欲順流歸，以月黑而止。

己亥，早還舟中，具飯，留長道七兄及鄉人孫次山司法甫、蔡伯高興伯。

庚子，同老妻□至寺居，以經水柱朽，稍葺之。

【一一六】江水　原作「江上」，據四庫本改。

【一一七】祝迪功邦基　「祝」四庫本作「倪」。

【一一八】馬之任　四庫本作「馬之印任」。

【一一九】抛霽虹亭　四庫本作「至齊虹亭」。

【一二〇】劉珙　四庫本作「劉洪」。

辛丑，陰雨不已，七兄來舟中小酌，連日遣數處投書，人頗勞。

壬寅，奠長岡，趙從政彦侁自城中來，留飲。

癸卯，前寧都宰周通直繪、朱澥、朱岑兄弟並相候。

甲辰，馬伯達相候，清之子也。兩日方晴霽，晚復雨。

乙巳，午後遷入舊寓。

丙午，家集，遣漕舟還豫章。

戊申，早至長岡，赴長道會。晚雨，寒，天氣殊蘄晴。

己酉，早留武次韋飯。晚待陳平叔。

庚戌，早令照老待隆慶達老，又待本覺僧本崇及青原行者祖稔。崇將守罔極庵，稔幹莊也。晚餞七兄。

辛亥，早至江頭送七兄及嫂如衡陽。具飯待長道及孫大同司戶。

壬子，立春，舉杯應節。

癸丑，晴，崇上人過罔極庵。

甲寅，早留葛德源飯。午後，小兒醫范世事來，亦飯之。

乙卯，佚。

丙辰，早微雪，旋霽。招長道飯，趙從義適至，同之。午後頭痛甚，以昨夜久坐感寒也。

丁巳，佚。

戊午，樂順之自青原來，因招長道共飲。得武義兄十一月十六日書，聞未得代。

己未，佚。

庚申，季懷以小詩送六出梅一枝。自歸今日方到西庵，梅已爛熳。

辛酉，聞大兄爲婺守，劾不督財賦，恐得祠。

壬戌，崑山遣徐興至，聞外舅以十月二十六日葬。

癸亥，黄昏雨霰，享外氏。

◎呂祖謙撰

入越録

唐玲 整理

點校説明

《入越録》一卷，吕祖謙撰。吕祖謙（一一三七—一一八一），字伯恭，人稱東萊先生，婺州人。其生平已見《卧游録》點校説明。《宋史》卷四三四有傳。吕祖謙長於易學、春秋學，著有《東萊吕太史文集》等。

淳熙元年八月，吕祖謙丁父憂期滿，與弟子潘叔度等自金華出發到會稽，順道探望年事已高的外祖母，將其親歷見聞寫爲《入越録》。是書以日記体的形式逐日記載了旅途行程。其中於道路里數、天氣陰晴、自然景觀、人文古跡等著筆尤多。

《入越録》收於《東萊吕太史文集》，此外尚有宛委山堂本《説郛》、《續百川學海》等收載。此次整理以《金華叢書》本《東萊吕太史文集》爲底本，校以《續金華叢書》本、文淵閣《四庫全書》本。

淳熙元年八月二十八日，自金華與潘叔度爲會稽之游。辰後出旌孝門，五里，至關頭。南折入會稽路。二里，桐樹嶺。八里，東藕塘。城東陂塘此爲大，溉田甚博。他時秋夏之交輒涸，今歲雨澤以時，田不卯水，秋深猶瀰漫也。十五里，含香。民居頗成聚落。十里，孝順鎮。十道旁野塘，木芙蓉初發，映水殊有思致。十里，義井。五里，上、下倉。是日，凝陰不開，風襲人里，自驛路北折入香山路。五里，宿杭慈潘氏莊。凡行七十里。已有力，始御袷。四山雲氣滃然，岡巒出没。申後微雨，夜遂大。

二十九日早，冒雨行二里，小鳳林寺。涉溪，屈曲稻塍間，泥淖没屨。五里，苦山。二十里，梅口。邸舍蠲潔勝官道，蓋行賈避義烏市征，往往出此。十五里，香山。林壑稍邃。八里，下稠巖景德寺。寺屋可百年，繪事皆朴質。飯于小軒。方池叢竹，皆有趣，然稍蕪矣。七里，塘口。自是復出驛路。老梧離立道旁，濯濯如青玉榦。又二里，宿逆旅。凡行五十九里。晡後雨始歇【一】。所歷大抵匆匆不能詳也。

三十日，早發。二里，石斛橋。溪流潺潺，崖旁大石如屋。橋西走浦江道也。度橋而北，十里，石牛。有樓臨路，樓下牖户亦明敞。主人留小語，云創以待使客，非其居也。所

校勘記

【一】晡後雨始歇　「始」，《續金華叢書》本作「方」。

謂石牛者，道下塘卧石若牛，水滿不可見。五里，洞井。居民依小坡植鷄冠花數百本。冠距低昂，大類尸鄉呪鷄翁舍。雲薄見日，已而大霽。十里，新界。自石斛橋道出兩山間，少曠土，至此山圍始寬，秋稼極目，黄雲蔚然。過義烏、東陽、浦江、永康四縣巡檢寨，婺、越界焉。五里，邵家灣。觀五指山，其巔石如駢拇，然近視不若遠望。飯民家，舍後水竹可步。逢驅羊行賈者數百蹄，散漫山谷，風毛沙肋，頓有汧、隴秋色。五里，涉楓江。土俗諺云：「第一楊子江、第二錢塘江、第三楓江。」蓋甚言其水波惡，實小溪耳。聞春夏頗湍悍，今僅至脛而已。南岸有覆斗山，山形正方，若斗覆。五里，興樂。槿花夾道，室廬籬落皆整。五里，界牌隴。平坡淺草，隱隱起伏，環山城立，真監牧地也。五里，牌頭市。道分爲兩：北道出漁浦，度浙江入杭；東道入越。輪蹄擔負，東視北不能十一。市傍斗子巖，巖旁獅子山，首昂背偃，畧類狻猊。五里，寒熱阪。五里，宿硯石邨。凡行六十五里。屢愒逆旅，墻壁横斜，多市儈牓帖，大要皆尤人語，斯其所以爲市道與？悚然久之。

九月一日，晨霧，上横隴。東嶂出日，金暈吞吐。少焉，全璧徑升，晃耀不可正視。升數尺，韜於雲，絢采光麗，因蔽益奇，非浮翳所能揜。露道風葉，皆鮮鮮有生意。五里，裏湖。五里，蔡家塢。五里，桐木嶺。五里，諸暨縣。入縣北門，人煙猶蕭疎。縣方築社，南垣兩松，樛枝小異。里許，至市。自縣治前東折度下橋，橋屋半圮矣。並大溪行，流甚壯。其源一自東陽，一自浦江，一自孝義，至街亭合流，逕縣城，又逕蕭山浮橋，入浙江。縣東陶朱山頗雄，自入新界，已巋然見之。出縣東門，山益遠，川原益曠，田萊多荒，蓋沮洳不宜稼而然。五里，放生橋。道左女貞新葉生，黄緑間錯，如行閩、粤荔枝林。五里，馬秀才店。店旁小室，隨事蒔花草，馬久罷舉矣。三里，雙橋坂。二里，烏石。其南入剡，百里而近。十五里，苦李橋。溪磧頗清淺，木陰扶疎。百餘步入山徑。五里，至新店灣。復得平地。五里，栗橋。登栗嶺。五里，冷水。望東嶺神祠，縹緲雲間。下坂，稻穟垂黄。際山數十里，平鋪如拭，洋洋乎富哉！豐年之象，道中所未見也。五里，宿楓橋鎮。前歲析諸暨之十鄉，即鎮爲義安縣，今年五月廢。凡行七十里。薄暮小雨。

二日，辨色發楓橋。陰風薄霧【二】。十里，乾溪。溪橋楡柳數百株，有十圍者。過橋繞山足行。十里，古博嶺。嶺左右皆叢篠。五里，洪口。有别徑入明。自楓橋而上，美竹佳樹相望。近洪口，曲折循小溪，水聲虢虢，風物漸佳。十里，含暉橋亭。天章寺路口也，遂穿松，徑至寺。寺蓋晉王羲之蘭亭，山林秀潤，氣象開敞。寺右臂長岡，達橋亭，植以松檜，疑人力所成者。法堂後砌筒引水，激高數尺。堂後登堦四五十級，有照堂，兩旁修竹，木樨盛開，軒檻明潔。又登二十餘級，至方丈，眼界頗闊。寺右王右軍書堂，庭下皆杉竹。觀右軍遺像。出書堂，徑田間百餘步，至曲水亭。對鑿兩小池，云是羲之鵞池、墨池。曲水乃汙渠，蜿蜒若蚓，必非流觴之舊，斟酌當是寺前溪，但歲久失其處耳。由曲水亭穿小徑涉溪，復出官道數里，買舟泛鑑湖。湖多湮爲田，所存僅如溪港，然秋水平岸，菰蒲青

【二】陰風薄霧　「霧」，《續金華叢書》本作「寒」。

蒼，會稽、秦望、雲門諸山互相映發，城堞樓觀，跨空入雲，耳目應接不暇。入水門，過南堰，歷府學、天慶觀，至禹跡，寺門捨舟。外氏寓舍此寺。拜外祖母温國錢夫人、伯舅、叔舅。温國八十一矣，氣貌視聽纔類五六十人。與叔度同館於書室。

三日，游外氏園。有梅坡、月臺、菊潭、杞菊堂、竹隱、蒲澗、橘洲，因寺廢地葺治之，十六七成矣。最勝者梅坡，繞亭皆梅，前對蒲澗、橘洲，野水灣環，島溆掩映，如在江湖。而竹隱一徑深幽，堦庭清閟，亦其次也。又過義恩師院，院與杞菊堂鄰，十年前嘗識之。午後，自園後門穿僧菴，度小橋，轉三兩曲至圓通寺。舊乃興福寺子院，去歲廢興福入圓通，合二爲一。埽地更新，面勢端直，殿廡華敞，殿後猶未畢工。循舊路，後穿園中歸。園後邊河，岸木成陰，舅氏云此即蜀榿木也。植之方數年，往時表裏無障蔽，今不復見道上車馬矣。杜子美所謂「飽聞榿木三年大」，信然。是日薄陰。

四日，飯已，侍伯舅，同叔度、詹季章徽之泛小舟出南堰，繞城，緣鑑湖訪蘇仁仲計議師德於偏門外，皆前日初至所歷也。居頗穩愜【三】。砌下瑞香兩本，面皆丈餘。仁仲，蘇子容丞相孫，致仕閑居，年垂八十，道前輩事亹亹不厭。出舊書數種，《管子》後子容手書：「慶曆乙酉家君面付。」猶蘇河陽所藏也。紙尾銘款云：「惟蘇氏世，官學以儒。何以遺後，其在此書。非學何立，非書何習？終以不倦，聖賢可及。」其曰「書秩銘戒」者，子容所識；其曰「先公銘戒」者，銘語亦同，蓋子容之子所識也。紙背多廢牋簡刺字，異今制

【三】居頗穩愜　此句，《續金華叢書》本作「啜茶道寧堂，不甚高大，位置頗穩愜」。

者。末云：「牒件狀如前，謹牒。」如前輩所記。署銜多杭州官，稱子容云「知府舍人」，乃知杭州時也。歸舟，烟雨晻靄。游大能仁寺，閎壯光麗，甲於會稽，重殿複閣，金碧相照。寺，吴越錢氏所建，頹廢久矣，新於今主僧常坦之手。二十年前，見坦於此寺方爲板下僧，相與步敗簷毁垣間，慨然有興作意，具道規模次第，果不忝其素。有志者事竟成如此，然益知民力之困也。

五日，義恩師約飯，偕者蘇仁仲、伯舅、叔舅、潘叔度、詹季章、丁茂才松年【四】、七六表弟。暨中食，開霽，晴光發窗，心目頗快。飯罷，復陰。晚，步過寺橋，歷沈氏、李氏園，皆荒蕪，脩竹猶森然。

六日，偕石天民斗文、潘叔度自前橋直道過郡庠，道傍多流水喬木，殊不類鄽市。教授廳後環碧亭小愒，環亭皆水，敗荷折葦，秋思甚濃。石應之宗昭、高應朝宗商亦繼來，遂自直舍入學。夫子殿居中，脩廊廣庭，長松錯列，講堂榜以「明倫」，後有稽古閣，制作皆雄偉，而閣下尤勝，疏達開豁，擁牆密竹如雲。晚冒雨歸。

七日，雨，不可出。過詹季章位小閣，因重屋樓板，其間縱三弓，横半之。南北取屋山爲明，遠山竹樹，歷歷如畫，蘆簟仰承穹窿，若船背，幽潔極可愛，名以「越舲」，其狀真類小舟也。

八日，早，過大中戒珠寺，王右軍故宅也。屋多人少，頗牢落。門有兩池，亦稱右軍鵞

【四】丁茂才　「丁」，原誤作「才」，據四庫本改。

池、墨池，略無意趣，政如天章者，皆後人彊名之耳。殿後地漸峻，石應之寓居在焉，遂與應之登雪軒。軒占卧佛殿右偏，湖山聚落，皆來獻狀，以宜於觀雪得名。今雖不與雪值，然霧雨空濛，亦奇觀也。寺後即蕺山。蕺，菜名。《圖經》云：「越王嗜蕺，嘗採於此。」

九日，早，雨少止。侍伯舅同潘叔度、詹季章汎舟赴蘇仁仲飯。舟經卧龍山下，竹洲柳岸，略如苕霅，卧枝拂水尤奇。飯罷登舟，中塗小泊，步游西園，郡圃也。其北飛蓋堂，下臨大池。其中集春堂，四隅各一亭，東春榮、西秋芳、南夏陰、北冬瑞。其南陽波堂面城，水木幽茂。兩小亭對峙，東曰逍遥、西曰裴回。園之西即曲水。先入敷榮門，右轉至右軍祠。穿脩竹塢，遂登山。山蓋版築所成，繚繞深邃，曲徑回復，迷藏亭觀，乍入者惶惑不知南北。山背有流杯巖，鑿城引鑑湖爲小溪，穿巖下，鍵以横閘，激浪怒鳴。過閘遂爲曲水，長廡華敞，欂楝椽柱，皆塗斲象竹，繞以清流，甃以蒼石，犬牙參錯，殆若天成。俯砌水中爲墩【五】，流杯至墩傍，輒自近岸，蓋廡中爲三井吸水，勢使然。曲水之上，激湍亭、惠風閣，規樵若都下王公家。山頂崇峻菴，其脅騁懷亭，面亭依山爲巖壑，然皆塗塈，不可支久。下山，右繞至清真軒，刻桷象栟櫚，平階荼蘼架甚茂，但爲蔓草縈亂刺眼耳【六】。曲水乃前守史丞相浩所鑿，往年見其新成，今竹樹皆成陰，而亭榭稍稍圮剥矣。復登舟，還禹跡。

十日，午後同叔度汎舟，過南堰，出門，穿鑑湖支港。斜雨入篷，衣袂沾濡。七里，獨

【五】俯砌水中爲墩　「水中」，四庫本作「琢石」。

【六】但爲蔓草縈亂刺眼耳　「但」，四庫本作「第」。

山野橋，烟樹可畫。出山口，港漸狹。又七里，道樹。捨舟步田間，泥潦没屐。一里許，至堅密菴，拜外大父墓。菴屋纔八九間，牕檻幽潔。夜分，四山風雨翛然，如聞秋聲。

十一日，晨起，冒雨躡屐，登舟入城。至能仁寺，赴常坦師飯，七六弟在焉。遂過報恩光孝寺。寺後飛來山，即《圖經》所謂怪山也，傳云自瑯琊飛至，其説不經。其巔有塔，采絢甚華，塔下有鰻井，乃小石竅，自唐以來神之，謂鰻能時出妖祥，近世不復見矣。井故依山坳坡陁，有古意。近僧甃使就整，遂無可觀。有濮安懿王祠廟寓此寺，有園令領吏卒守之。主僧明哲，往歲嘗識之新昌，設蜜朮湯甚清美。晚還禹跡。

十二日，雨，不可出。借《圖經》尋近城名山，須雨霽徧游。晚，石應之來宿。

十三日，過午雨止。諸葛壽之千齡、高應朝、石應之、孫季和應時約往丁氏園，遂同汎舟至新河步，入園。園多海檜，但綰結閼其天性。後牆皆密竹，軒楹太敞，宜夏不宜冬。宿東偏小室，會宿者叔度、應之、季和。

十四日，自丁氏園偕叔度、壽之、應朝、應之、季和登舟，出五雲門，入鑑湖，湖面獨此爲闊。隆興初，吴給事芾浚湖，未一二尺，多得古棺，皆刳木爲之，蓋漢末鑿湖前古墓也【七】。然後知古人爲湖，特因地勢築堤，堤立而湖成，不待深疏鑿也。今自五雲門，重堤隱然，達於曹娥，五六十里，民間謂之省塘，此乃故湖堤。湖田之民，每毁堤以决積水，故堤缺而湖廢。異時有意復湖者，第修完省塘，則盜湖之田不待廢而自爲陂濼矣。自湖

【七】蓋漢末鑿湖前古墓也　「古」，《續金華叢書》本、四庫本作「冢」。

尾入若耶溪，過後漢鄭弘廟。傳所記樵風蚤暮，迎送舟檝，采薪者云至今猶然。半里，石帆山。山横若張帆。又數十步，秦始皇酒甕。乃山脚兩石，粗類甕盎。又一二里，艤舟游龍瑞宫，方士謂之陽明洞天。穿松徑數百步，至宫。宫後三峯，翔舞飛動，勢若覆壓，大畧如栖賢望五老，特欠其二耳。中峯乃會稽山，祠官春秋用事焉。由西廡循山逕觀龍見壇，其旁即禹穴，乃大石中斷成罅，殊不古，殆非司馬子長所探也。又數步，飛來石。老木槎枒，石壁如削。緣磴道至錢秀才菴，遂自東廡出院。院皆扃閉，獨遇一客道士，云緜州人。復登舟徑鑑湖，湖天夕照，水邨漁屋，皆被光景。日所入諸山，如在金霧中，天下絶境也。暮泊告成觀【八】，宿於明遠堂下小室。

十五日，晨，謁大禹祠【九】。

【八】暮泊告成觀　「告」字原缺，據《續金華叢書》本補。

【九】十五日晨謁大禹祠　此句原缺，據《續金華叢書》本補。

◎羅　燁撰

醉翁談録

胡紹文　整理

點校説明

《醉翁談録》十集二十卷，題「廬陵羅燁撰」。羅燁生平無從考證。此書不見於文獻記載，僅明李詡《戒庵老人漫筆》有文字引用。另有宋金盈之《新編醉翁談録》，二者名同實異。羅燁《醉翁談録》失傳已久，後爲日本長澤規矩也發現，云自朝鮮傳入，日本於一九四一年影印出版，題爲「觀瀾閣藏孤本宋槧」。

篇首《舌耕敍引》中《小説開闢》將話本小説分爲靈怪、煙粉、傳奇、公案、朴刀、捍棒、神仙和妖術八類，在我國小説批評史上有重要的意義；並羅列小説名目一百餘種，爲治小説者提供了寶貴的材料。

作爲傳奇兼雜俎集，該書收録了大量的傳奇故事、戲曲題材。《張氏夜奔吕星哥》、《静女私通陳彦臣》、《王魁負心桂英死報》、《紅綃密約張生負李氏娘》等篇，故事性、戲劇性和娱樂性强，體現出宋代傳奇的通俗取向，在後代戲曲和小説中有較大影響。

書中出現了大量俗字，如「无、双、旧、与、楼、个、余、声、虽、离、万、尔」等，對於研究俗字及漢字的簡化現象具有一定的價值。此外，書中出現了大量的同音字通用現象，如「竊」作「切」，「傳」作「付」，「們」作「門」，「嘹亮」作「繚亮」等，有助於學者研究宋代的用字實況。

日本影印本爲《續修四庫全書》收録。古典文學出版社一九五七年據此排印，出版點校本，但俗字多改作正體。本次整理以《續修四庫全書》本爲底本，參校《太平廣記》、《李娃傳》、《北里志》等書，並參考古典文學出版社點校本，書中俗字及同音通用多保持原貌。另李裕民《四庫提要訂誤》（增訂本），從《永樂大典》輯得「蘇小卿」條佚文，疑爲金盈之《醉翁談録》佚文。然從内容來看，金本卷三《榮貴要覽》記述王公貴族的繁華生活，與主人公無涉； 卷八《平康巷陌記》講述京師名妓的生活，蘇小卿雖涉煙花巷陌，但活動地點在揚州，與平康巷並無關涉。羅燁《醉翁談録》戊集、己集分别有《煙花品藻》、《煙花詩集》、《煙粉歡合》等，「蘇小卿」條内容與之相類，當出自羅本，現附于書末。

校勘記

甲集卷一

〔舌耕敍引〕

小説引子 演史講經並可通用。

靜坐閑牕對短檠，曾將往事廣搜尋。也題流水高山句，也賦陽春白雪吟。世上是非難入耳，人間名利不關心。編成風月三千卷，散與知音論古今。

自古以來，分人數等：賢者清而秀，愚者濁而蒙；秀者通三綱而識五常，蒙者造五逆而犯十惡。好惡皆由情性，賢愚遂別尊卑。好人者如禾如稻，惡人者如蒿如草；使耕者之憎嫌，致六親之煩惱。如此等人，豈足共話？世有九流者，畧爲題破：一、儒家者流，出於司徒之官，遂分六經詞賦之學【一】。二、道家者流，出於典史之官，遂分三境清淨之教。三、陰陽者流，出於羲和之官，遂分五行占步之術。四、法家者流，出理刑之官，遂分五刑胥吏之事。五、名家者流，出於禮儀之官，遂分五音樂藝之職。六、墨家者流，出於清廟之官，遂分百工技事之衆。七、縱横者流，出於行人之官，遂分四方趍容之輩。八、農家者流，出於農稷之官，遂分九府財貨之任。九、小説者流，出於機戒之官，遂分百官記録

【一】學　原作「斈」，徑改，下文同。

之司。由是有説者縱横四海，馳騁百家【二】。以上古隱奥之文章，爲今日分明之議論。或名演史，或謂合生，或稱舌耕，或作挑閃，皆有所據，不敢謬言。言其上世之賢者可爲師，排其近世之愚者可爲戒。言非無根，聽之有益。歌云：

傳自鴻荒判古初，羲農黄帝立規模。無爲少昊更顓帝，相授高辛唐及虞。位禪夏商周列國，權歸秦漢楚相誅。兩京中亂生王莽，三國爭雄魏蜀吴。西晉洛陽終四世，再興建鄴復其都。宋齊梁魏分南北，陳滅周亡隋易孤。唐世末年稱五代，宋承周禪握乾符。子孫神聖膺天命，萬載昇平復版圖。

太極既分，陰陽已定。書契已呈河洛，皇王肇判古初。圓而高者爲天，方而厚者爲地。其人禀五行之氣，爲萬物之靈。氣化成形，道與之貌。形乃分於姸醜，名遂别於尊卑。由是有君有臣，從此論將論相。或爭權而奪位，或誅暴以勝殘。間有圖名而僥一旦尺寸之功，又有報國而建萬世長久之策。遂制舟車兵革，俾陳弓矢干戈。始因戰涿鹿之蚩尤，備見殛羽山之帝鯀。畫象之形已玩，結繩之政不施，世態紛更，民心機巧。須賴君王相神武，庶安中外以和平。所業歷歷可書，其事班班可紀。乃見典墳道藴，經籍旨深。試將便眼之流傳，畧爲從頭而敷演。得其興廢，謹按史書；誇此功名，總依故事。如有小説者，但隨意據事演説云云。詩曰：

破尽詩書泣鬼神，發揚義士顯忠臣。試開戛玉敲金口，説與東西南北人。

【二】馳騁　「騁」原作「聘」，據文意改。

又詩：

春濃花艷佳人膽，月黑風寒壯士心。講論只憑三寸舌，秤評天下淺和深。

小説開闢

夫小説者，虽爲末學，尤務多聞。非庸常淺識之流，有博覽該通之理。幼習《太平廣記》，長攻歷代史書。煙粉奇傳，素藴胸次之間；風月須知，只在脣吻之上。《夷堅志》無有不覽，《琇瑩集》所載皆通。動哨、中哨，莫非《東山笑林》；引倬、底倬，須還《緑窗新話》。論才詞有歐、蘇、黄、陳佳句；説古詩是李、杜、韓、柳篇章。舉斷模按，師表規模，靠敷演令看官清耳。只憑三寸舌，褒貶是非；略囀萬餘言，講論古今。説收拾尋常有百萬套，談話頭動輒是數千回。説重門不掩底相思，談閨閣難藏底密恨。辨草木山川之物類，分州軍縣鎮之程途。講歷代年載廢興，記歲月英雄文武。有靈怪、煙粉、傳奇、公案，兼朴刀、捍棒、妖術、神仙。自然使席上風生，不枉教坐間星拱。説《楊元子》、《汀州記》、《崔智韜》、《李達道》、《紅蜘蛛》、《鐵甕兒》、《水月仙》、《大槐王》、《妮子記》、《鐵車記》、《葫芦兒》、《人虎傳》、《太平錢》、《巴蕉扇》、《八怪國》、《無鬼論》，此乃是靈怪之門庭。言《推車鬼》、《灰骨匣》、《呼猿洞》、《鬧寶録》、《燕子樓》、《賀小師》、《楊舜俞》、《青脚狼》、《錯還魂》、《側金盞》、《刁六十》、《鬬車兵》、《錢塘佳夢》、《錦莊春遊》、《柳參軍》、《牛渚亭》，此乃爲煙粉之總龜。論《鶯鶯傳》、《愛愛詞》、《張康題壁》、《錢榆罵海》、

《鴛鴦燈》、《夜遊湖》、《紫香囊》、《徐都尉》、《惠娘魄偶》、《王魁負心》、《桃葉渡》、《牡丹記》、《花萼樓》、《章臺柳》、《卓文君》、《李亞仙》、《崔護覓水》、《唐輔採蓮》，此乃爲之傳奇。言《石頭孫立》、《姜女尋夫》、《夏小十》、《驢垛兒》、《大燒燈》、《商氏兒》、《三現身》、《火杴籠》、《八角井》、《藥巴子》、《獨行虎》、《鐵秤槌》、《河沙院》、《戴嗣宗》、《大朝國寺》、《聖手二郎》，此乃謂之公案。論這《大虎頭》、《李從吉》、《楊令公》、《十條龍》、《青面獸》、《季鐵鈴》、《陶鐵僧》、《賴五郎》、《聖人虎》、《王沙馬海》、《燕四馬八》，此乃爲朴刀局段。言這《花和尚》、《武行者》、《飛龍記》、《梅大郎》、《鬭刀樓》、《攔路虎》、《高拔釘》、《徐京落章》、《五郎爲僧》、《王温上邊》、《狄昭認父》，此爲捍棒之序頭。論種《叟神記》、《月井文》、《金光洞》、《竹葉舟》、《黄粮夢》、《粉合兒》、《馬諫議》、《許岩》、《四仙鬭聖》、《謝溏落海》，此是神仙之套數。言《西山聶隱娘》、《村鄰親》、《嚴師道》、《千聖姑》、《皮篋袋》、《驪山老母》、《貝州王則》、《紅線盜印》、《醜女報恩》，此爲妖術之事端。也説《黄巢撥亂天下》，也説《趙正激惱京師》。説征戰有《刘項爭雄》，論機謀有《孫龐鬭智》。新話説張、韓、劉、岳；史書講晉、宋、齊、梁。《三國志》諸葛亮雄材；《收西夏》説狄青大略。説國賊懷奸從佞，遣愚夫等輩生嗔；說忠臣負屈啣寃，鐵心腸也須下淚。講鬼怪令羽士心寒膽戰，論閨怨遣佳人緑慘紅愁。説人頭廝挺，令羽士快心；言兩陣對圓，使雄夫壯志。談吕相青雲得路，遣才人着意羣書；演霜林白日昇天，教隱士如初學道。噇發迹話，使寒門發憤；講負心底，令奸漢包羞。講論處不僀搭、不絮煩；敷演處有規模、有收拾。冷淡處提掇得有家數，熱鬧處敷演得越久長。曰得詞，念得詩，説得話，使得砌。言無訛舛，遣高士善口讚揚；事有源流，使才人怡神嗟訝。

詩曰：

小説紛紛皆有之，須憑實學是根基。開天闢地通經史，博古明今歷傳奇。藏蘊滿懷風與月，吐談萬卷曲和詩。辨論妖怪精靈話，分別神仙達士機。涉案鎗刀并鐵騎，閨情雲雨共偷期。世間多少無窮事，歷歷從頭説細微。

校勘記

甲集卷二

〔私情公案〕

張氏夜奔吕星哥

會稽張倅，有一男一女，男名阿麟，女名瓊娘。後瓊娘嫁吕君壽。阿麟娶梁氏，傾心相愛，則同言笑，行則共步趍。踰年，瓊娘、梁氏皆懷孕，乃相謂曰：「我門見是熟親，情愛無間。若我二人生男女，當再結親姻，益修前好。」二女唯唯。踰時，瓊娘生一男子，命名星哥；　梁氏生一女子，命名織女。兩家大喜，每有會聚，必叙前言。後二子器質已成，丰姿漸壯。端嚴可羨，宛如西子之凝粧；　瑩白堪誇，渾若何郎之付粉。似兩個雛鴛，如一双乳鳳。每有家宴，瓊娘必以星哥與織女共坐，曰：「兩個天生一對兒。」自是星哥只寓張宅。從此眼嫁眉婚，神交氣合，况聞指腹先有其言，將謂齊眉後無少及。自六歲同時入學，共几讀書。適張倅被命改除知連州，且令赴闕奏事。張倅既出京城，適有王賓夫者，以陳樞密之季子與織女議親。是時陳樞方仕於朝，其子皆登仕版。張倅慕其榮貴，一言諾之。是時織女、星哥年皆十六矣；　聞公公别與議親，二人鬱鬱自失。星哥恨悶，知此事不諧，遂且告去。織女密令侍妾青鸞私謂星哥曰：「未可便去，小娘子旦暮自出相見。」星哥心恐下疑。是晚，人靜更闌，星哥方就床，忽聞西廊下有步行声。少頃，則微扣房門。星哥乃悟青鸞之約，潛起發扃，果見青鸞扶擁織女而至。才入房，且令閉門，声低語顫，謂之曰：「自父母指腹與君爲親，期奉君之箕帚。兒女之情，永以自固，形銷骨化，不渝此盟。今以公公遠在千里之外【一】，欲奪其志而它許人，故來見君。今寧隨君遠奔，以結百年之好。」星哥驚喜，莫知所之。織女盡挈粧匳首飾、黄白珠珍，夤夜傳出，併其妾與星哥夜奔。出郭數里，星哥乃以夫妻之樂求之。織女曰：「婦人常以貞潔自將，今此奔君，非爲淫也，乃爲義也。貪淫失義，胡顔而存？此當俟置家定宅之後，卜擇吉日，如禮成親。夫妻之情，彼此洞達，是妾所望於君子也。」星哥方在驚憂中，亦不以此相强。遂買舟西趍，直抵成都，略無非犯。出黄白散鬻於市，置宅而居焉。方卜日依禮畢親，織女女身完全，兩情懽洽。明年，陳樞得知，詣府陳告。追到星哥、織女，一詣府庭，責令供狀。駢四儷六，略無凝思，如宿搆焉。

朝奉大夫新知連州女孫張　　氏兒

右兒今蒙取問，爲陳樞密爭婚事。

伏以容貌絶人，賈氏遂私於韓壽；詞章高世，文君愛慕於相如。矧丈夫兼而有之，爲女子豈其免此？虽是自罹於憲網，尚容歷述於厲階。今者共遇判府制置密學相公，賦

【一】今　原作「令」，據文意改。

性聰明，秉心正直，年少擅穿楊之手，才高收折桂之功。馴游璧沼之間，平步玉堂之上。是時制置爲太學博士至翰林學士樞密直學士，出知成都。親承聖命，振文翁化蜀之風；行秉國鈞，作付説相商之雨。伏念兒生會稽之宦族，非户牖之富人。自母与姑，同心合意，方兩懷於妊孕，已再約於婚姻。天心默契於人心，男子果先於女子。星郎、織女，豈名子之徒然；呂氏、張家，而世婚之已定。故江總玆因寄食，而緹縈亦略知書。虽未通幣帛之儀，料必作瑟琴之眷。况呂星丰姿洒落，未饒冠玉之陳平；才調清高，遠邁擲金之孫綽。年逾志學，日望成名。既逢天上玉麒麟，休設人間金孔雀。自誤庭闈之旨，幾年指望同諧；豈期金石之言，今日變成虚話。大父適賓於上國，洪樞方據於要津，輒憑媒妁之言，遽諾婚因之請。一聞斯語，幾殞厥身！羽翼已成難動摇，恩愛不覺生煩惱。名郎淚落，安能鬱鬱居乎？賤妾神傷，則亦皇皇如也！特伸繾綣，幸少留連。預令青鳥之傳音，密約文鴛之結耦。青鳥蓋指妾名。金獸之蘭煤已烬，斗轉星移；花階之月影頻摇，籟沉人悄。潛開北户，緩步西廊。且喜且驚，如醉如夢。耳邊有語，无非海誓山盟；身外無蹤，唯有粉香珠淚。既不獲奉巾櫛之職，不能爲參商之星，及到于今，如何則是？夤緣既惡，機巧潛生。不符月下書，必作桑中約。尤勝漢皋之遇，真成淇上之行。脱迹閨門，寄身舟楫。行粮既果，寧辭蹤跡漂零；甘旨不供，未免心腸割裂。大江東去，輕舸西飛。回頭漸遠於稽山，去意直存於劍閣。紫簫声斷，空餘烟鎖鳳凰樓；緑水紋舒，好似風生烏鵲渡。自違梓里，直抵錦城。訪遺蹤於賣卜之人，尋故事於當炉之女。尤雲殢雨，長成迴漢佳期；詠月嘲風，不負好天良夕。遽承使命，俾造公庭，摧花挫玉而未敢形容，搦管濡毫而姑陳梗槩。倘蒙有罪，見私我之二天；何以酧恩，愿祝公於千歲。所奉台問，謹用供呈。肖涉虛詞，仍甘重罪。謹狀。

年月日新知連州女孫張氏兒狀

新饒州通判男待補太學生呂　應星

右應星伏蒙判府制置公相押下取問，爲陳樞密爭昏因依。謹從實供狀，伏乞賜聽。應星伏自兩家結好，元指腹於方妊；百歲夫妻，兆齊眉於未誕。迨彼載生而載育，果然一女而一男，曾不踰時，亦應同歲。虽夤緣之天付，亦誓約之人堅。故吕家稱唤星郎，而張氏呼名爲織女。皆父母心甘而意肯，如鴛鴦聲應而氣求。矧在嬰孩，人指異時之佳耦；未离襁褓，衆期它日之良姻。稍總角而有知，已傾心而無外。相親相近，如馴久狎之鷗；自去自來，似逐双飛之雁。寄食有同於韓信，通家非但於孔融。幼小與偕，綢繆莫甚。又同筆硯，揔誇謝氏之能文；甫就冠笄，未遂子平之卑娶。眉來眼去，魄散魂飛。已知夙世之緣，俱有少年之泰。好合定期於鼓瑟，心知不待於挑琴。忽傳乃祖之音書，遽諾它人之箕箒。事不諧矣，我將去之。豈期樹倒不知飛，切謂鏡圓今復破【二】！倉皇失措，展轉無眠。且听青鸞半夜之扣門，尽述香閣春心之飲恨。我心匪石不轉也，難忘妻鄭

【二】切謂　「切」通「竊」，下文多見，不一一指出。

之盟；　君言在耳而背之，甘作涉淇之約。雅知素操，豈比淫奔。付浮身於一葉之舟，活去路於半篙之水。擬同燕燕奴奴，尋別壘之栖；　欲效鶼鶼兩兩，望遼空而去。遁迹會稽之路，泝流灩滪之堆。欲訪君平，不憚乘槎之遠；　甘同司馬，無嫌滌器之勞。事有自來，情非得已。奉飛符而下逮，即躡屧以前趍。歷述當初許嫁之因，非与薄俗鑽窺之比【三】。世上有奇子，尚期仕路以相逢；　天下多美婦人，夫豈相門之所少。倘從矜貸，實出保全。一點陽春，若獲遂于飛之願；　萬間廣廈，詎可忘隆覆之恩。敢以悃誠，寫於毫楮，若有虛妄，甘伏刑章。　俯伏公墀，拱聽台旨。　謹狀。

年月日饒州通判男待補太學生呂應星狀

制置覽二人供狀，判云：

詳所供，男女當未育之先，姑舅有通婚之議。盟言當守，信義可嘉。虽昔人必待禮而昏，而古者亦不告而娶。星郎、織女，如舊奄親。樞府名郎，更新求偶。並放。

【三】鑽窺　「鑽」原作「纘」，據文意改。

乙集卷一

〔煙粉歡合〕

林叔茂私挈楚娘

皇都名娼楚娘者，清絕多情態，玩弄筆硯，當吟《遊春》詩曰：

破曉尋春緩轡行，滿城桃李鬬芳英。桃紅李白皆粗俗，爭似冰肌瑩眼明。

又有《岩桂花》詩曰：

丹桂迎風蓓蕾開，摘來斜插竟相偎。清香不與群芳並，仙種仍從月裏來。

二詩蓋自負也。三山林叔茂，初來赴省，一過其家，經數宵，兩情相眷，若有不可捨者。林約以「登第則私挈汝去」，如何省試不遂，又留連月余，悒怏而別。林博士虽不中選，而志氣自若，約後科來。果然再發，到都下，首訪舊遊。楚娘者迎門而笑曰：「事諧矣！妾夜夢一赤文馬馳入我室而逐我，妾攀其鞍，須臾化爲龍去而奮于天矣。」林曰：「余茂午生，赤文馬者，應其生肖也；而化龍者，豈其然乎？」相与歡洽。至揭牓，果然高中。及廷對，名位稍低。乃試教官中程，授建昌教授，時逗留已秋暮矣。楚娘曰：「舊盟不寒耶？」林曰：「如約。」經營數日，其計已就。林君佯言過平江，越四日，遣人取楚娘，切負而逃。後經半月余日，林又言自平江歸，至其家，言「楚娘已失」，相與懊恨者彌日。林曰：「陳狀捕之。」厥嫗曰：「何處捕也？」林君私自喜曰：「諒無後患。」遂與厥嫗辭別以歸。至衢城，与楚娘並車以載。及到家，林君之婦李氏稍不能容，而楚娘不无寃焉。經年餘，乃題書牕上云，名《生查子》：

去年梅雪天，千里人歸遠。今歲雪梅天，千里人追怨。鐵石作心腸，鐵石鋼猶軟。江海比君恩，江海深猶淺。

林君之婦熟視此詞，久之乃曰：「人非土木，胡不能容耶？」遂相与並衾而臥，被數幅。當時好事者，爲詩以嘲之云。詩曰：

三山城内有神仙，一個夫人一個偏。問口笑時真似品，直身眠處恰如川。

並頭難叙胸中事，欹枕須防背後拳。王愷石崇池裏藕，分明兩個大家蓮。

醉翁曰：忌克者，婦人之本性也。今也楚娘題其詞而寓其怨，李氏觀其詞而並其衾。《江有汜》謂嫡亦自悔【一】，其李氏之謂乎。昔裴有敬，人相之謂：「當娶二妻，可置寵以厭之。」妻曰：「寧可死，此事莫問也。」卒不許，而果見尅。使其視此，寧無愧耳？嗚呼！若李氏，可謂賢乎哉！

【一】江有汜　「汜」原作「妃」，據《詩經》改。

靜女私通陳彥臣

靜女者，乃延平連氏簪纓之後。早孤，喜讀書。母令入學。十歲，涉獵經史。及笄，議婚不成。鄰居有陳彥臣亦業儒，有執柯者，而母堅不許。自是兩情感動，而彥臣往來，時復相挑，靜女愈屬意焉。因七夕乞巧之夜，靜女輒以小紅牋題詩一首，賂鄰居之婦而通殷勤。詩曰：

牛郎織女本天仙，隔涉銀河路杳然。此夕猶能相會合，人間何事不團圓？

彥臣得詩感念，若不勝情，許以十五日夜來過。乃和詩一首，復托鄰婦以達其意。詩曰：

玉質冰肌姑射仙，風流雅態自天然。天心若与人心合，等待月圓人已圓。

靜女接詩，喜而不寐。待到十五夜，千方萬計，欲媽媽之先睡，而候其來也。至一更許，挨門而入，欸意相通，自天而下，事諧雲雨，何異神仙。靜女乃復填一詞以記。詞云：

朦朧月影，黯淡花陰，獨立等多時。只恐冤家誤約，又怕他側近人知。千回作念，萬般思憶，心下暗猜疑。驀地偷來厮見，抱着郎語顫聲低。輕移蓮步，暗褪羅裳，攜手過廊西。已是更闌人靜，粉郎恣意憐伊。霎時雲雨，半餉歡娛，依舊兩分飛。去也回眸告道：「待等奴兜上鞋兒。」

自後兩意懸懸，匪朝伊夕。至八月十五夜，中秋月色澄徹，桂子飄香。賞月宴罷，静女忽憶彦臣月圓之語，俟媽媽熟睡後，挨門而出，潛身夜竄。適值彦臣与朋舊賞月方歸，欲酣未酣，倚門獨立，驀地相通，情倍等美，非天作之合而何？攜手相同歸，虽生死不顧也。媾歡畢，静女索筆題詩于寢房之右云云。詩曰：

來时嫌殺月兒明，緩步潛身暗裏行。到此衷腸多少恨，欲言猶怕有人听。

至夜分，彦臣執手送歸，挨門而入，遂爲媽媽覺之。自後禁制稍嚴，而静女含泪，亦不敢出入也。静女既爲禁制，不許踰梱。忽一夕，彦臣伺其隙而潛往静女之家，遂講好以叙前歡。彦臣問：「夜來曾有夢否？」静女曰：「无。」彦臣曰：「何无情也？」静女乃口占一詞，名《武陵春》：

人道有情須有夢，无夢豈无情？夜夜相思直到明，有夢怎生成？　伊若忽然來夢裏，鄰笛又還驚。笛裏声声不忍听，渾是斷腸声！

二人忘情，不覺語言爲母氏所聞，遂親捉獲了，因解官囚之。

憲臺王剛中花判

王剛中，探花郎及第。不數年，出爲福建憲臺。出巡首到延平，撞獄引問彦臣、静女因依。一直招認，並无逃隱；兩處合欸，更無異辭，而又供狀語言成文。王剛中遂問静女：「能吟此竹簾詩否？」静女遂口占一詩。詩曰：

綠筠擘破條條直，紅線經開眼眼奇。爲愛如花成片段，置令直節有參差。

王剛中見其詩，甚爲稱賞。時值蛛絲網一胡蝶於簷頭，剛中指示彦臣云：「汝能吟此爲詩乎？」彦臣遂便吟詩。詩曰：

只因賦性太猖狂，遊遍名園切尽香。今日誤投羅網裏，脱身惟仗探花郎。

當時剛中拍手稱賞。問：「汝願爲夫妻否？」答曰：「萬死一生，全賴化筆。」剛中即判云：

佳人才子兩相宜，置福端由禍所基。永作夫妻諧汝願，不勞鑽穴隙相窺。

乙集卷二

〔婦人題詠〕

唐宫人製短袍詩

唐開元中，賜頒邊塞軍卒寒衣，玄宗乃命六宫美人裁製。有一兵士於短袍中得詩一首云，詩曰：

沙場征戍客，寒苦若爲眠！戰袍經手作，知落阿誰邊？蓄意多添線，含情更着綿。今生已過也，結取後身緣。

兵士乃以此詩白於主帥。帥進之玄宗。玄宗命以詩徧示六宫曰：「此詩是誰作？有作者言之勿隱，吾不汝罪。」有一宫女何氏自言：「某製。萬罪萬死！」玄宗深憫之，乃以何氏嫁於得詩之兵士。成禮之夕，宫人仍謂兵士曰：「我與汝結今生緣，非後身緣也。」相與講歡。由此邊人無不感念聖恩，盡忠守禦，邊塞爲之安寧。

金陵真氏有詩才【一】

元祐中，有真氏者，本金陵儒家也，美皃又有詩才。三史嚴灌夫經過，遂與結婚好，載

校勘記

【一】真氏　據唐范攄《雲溪友議》，「真氏」當作「慎氏」，且所叙非元祐間事。

歸臨安。越數年，无嗣，乃拾其過而出之。真氏慨然登舟，留詩一章爲訣。詩曰：

當時心事已相關，雨散雲收一餉間。風送孤帆從此去，不堪重過望夫山。

灌夫覽詩悽感，遂再与之偕老焉。

韓玉父尋夫題漢口鋪

妾本秦人，先大父嘗仕，朝亂離落，因家錢塘。兒時，易安居士教以學詩；及笄，方擇所從。有一上舍林君子建爲言者，有終身偕老之約，妾信之。去年夏，林得官歸閩，妾傾囊以助其行，林許「秋冬間遣騎迎汝」，久之杳然，何其食言耶！不免攜女坙自錢塘而之三山。至夏，林已官盱江矣。因而復回延平，經由順昌，假道昭武而去。嘆客履之可厭，笑人事之可乖。因理髮漢口鋪，謾題數語，留于壁間。婦人從夫者也，士君子其无誚。題壁曰：

南行踰萬山，復入武陽路。黎明與雞興，理髮漢口鋪。盱江在何所？極目煙水暮。生平良自珍，羞爲浪子負！知君非秋胡，强顔且西去。

姑蘇錢氏歸鄉壁記于道

詩曰：

落日西風照楚關，斷魂殘魄吊衰顔。自從鴻鵠分飛後，无復鴛鴦並枕閑。

腕玉瘦寬金縷袖，鬢蟬慵掠翠雲鬟。鮫綃裛徧相思淚，眉黛無心畫遠山。

予吴人也，世本良家子。頃因喪亂，父母以妻里人朱横，時年未笄耳。宋理宗即位之二十二年，横因商于嶺右，妾兩偕過此。不幸去歲秋，横竟殁於瘴鄉。棲遲之蹤，无以自處，因攜其遺孤以歸故鄉。在道路，歷艱虞，僅四十日矣。昨暮抵此，以風急未能濟，艤舟城下。夜久不寐，有西風颯然而來，皓月皎然窺人。斯時也，况羈旅乎！曉登望湖亭，覩江山如故，不覺有所傷感然。因吐其胷中，書于壁間。好事君子，幸勿以婦人玩弄筆硯爲誚。兹亦叙其畧云。

紹興甲戌中秋後三日【二】，姑蘇錢氏記。

吴氏寄夫歌

昭武吴賢良，字伯固，女夫因上皇帝書稱旨，送往太學，三年絶耗。其女作此歌以寄之。未幾，聖上幸學，全齋出官，榮歸故里。歌曰：

昔君初奏三千牘，凛凛文鋒誰敢觸？鄉老薦賢親獻書，邦侯勸駕勤推轂。馬頭三空登長途，謂君此去離場屋。整頓羅裳出送君，珠淚盈盈垂双目。枕前一一向君言，馬前猶自丁寧祝。青衫寸緑早榮歸，莫遣妾心成局促。秋天冬暮風雪寒，對鏡懶把金蟬簇。夢魂夜夜到君邊，覺來寂寞鴛衾獨！此時行坐閑紗牕，忍淚含情眉黛蹙。古人惜别日三秋，不知君去幾多宿。山高水闊三千里，名利使人復尔耳。昔年曾撥伯牙絃，未遇知音莫怨天。去年又奏相如賦，漢殿依前還不遇。時人不知双字

【二】紹興甲戌　此年即宋高宗紹興二十四年（一一五四），與上文「宋理宗即位之二十二年」有抵牾。

訛，平川倏忽風波起。當時南宫報罷音，教妾沉吟杵中心。爲君滴下紅粉淚，紅羅帳裏濕鴛衾。憒憒調琴蟬鵲噪，默默吟詩怨桂林。千調萬撥不成曲，爭奈胸中氣相掬。千思萬想不成詩，心如死灰誰得知。料得君心當此際，事國繁華閑田地。朝朝暮暮望君歸，日在東隅月在西。碧落翩翩飛雁過，青山切切子規啼。望尽一月復一月，不見音容寸腸結。又聞君自河東來，夜夜不教紅燭滅。雞鳴犬吠側耳听，寂寂不聞車馬音。自此知君無定止，一片情懷冷如水。既無黄耳寄家書，也合隨時寄雁魚。日月逡巡又一年，何事歸期竟杳然？堂上双親鬢垂白，用尽倚門多少力！孟郊曾賦遊子行，陟岵如何不見情？室中兒女亦双双，頻問如何客異鄉。異鄉知是育林處，人情不免且企慕。低頭含淚告兒女，遊必有方况得所。八月涼風滿道途，好整征鞍尋旧路。吾鄉雖曰俊秀才，往往怕君頭角露。聖朝飛詔下來春，青氈早早慰双親。飛龍公道取科第，男兒事業公卿志。筆下密密爲君言，書中重重寫妾意。秋林有声秋夜長，願君莫把斯文棄。

王氏詩回吴上舍

三山吴口，字仁叔，在太學附家書歸，而誤封一幅白紙。妻啓緘見之，微笑，即寫詩一首復之曰，詩曰：

碧紗牕下啓緘封，一紙從頭徹底空。料想仙郎懷別恨，憶人全在不言中。

仁叔接詩亦大笑。遂寄詩云：

一幅空牋聊達意，佳人端的巧形言。聖君若也頒科詔，應作人間女狀元。

夫婦之情，少有俱能吟詠者。而更能相酧唱者，真奇談也！

六歲女吟詩

唐丞昌中【三】，居民有女子，年六歲，能吟詩。則天召兄弟引至試之，皆應声而就。其兄辭歸，則天令作詩送兄。詩曰：

別路雲初起，離亭葉正飛。所嗟人異雁，不作一行歸。

皆此類也。天后視如親女，甚愛怜之。

【三】唐丞昌中　「丞昌」陳應行《吟窗雜録》卷四七、魏慶之《詩人玉屑》卷二〇均作「如意」。

丙集卷一

〔寶牕妙语〕

黄季仲不挾貴以易娶

處州林五郎，居鄉質朴，其家頗富。无男，只生一女，名素姐，小年患痘瘡，一眼失明。夫妻商議：「有女如此，當教之讀書，將來招一女壻入贅。」乃令入學，招黄季仲而教導之。季仲乃福州人，寓居其里中。素姐年至十二，聰敏，无書不讀，善書算。遂令輟學而習女工。議親者紛然，未有成者。後三年，當歲夜，其母因謀於林曰：「素姐明年已十六矣，議親絶無成就。況夫妻年老，事當早定。」林曰：「吾屢思之，不若嫁与黄先生爲善。況其人舉措温雅，爲人緊愿。」妻曰：「事不然。諸處富家議親皆不成，一旦与一貧儒，兼以累年守館吾家，必招外議。」林曰：「若招一富家之子，必不能承順吾二人。況渠教導之時，吾女尚幼，豈有外議？吾意決矣。」妻曰：「此事不可容易。須明日元旦，遍卜諸神可也。」是夜，其妻忽夢所奉之神告之曰：「所謀之事，夫之言當從。」既覺，以夢中之語告其夫。夫曰：「汝夢如此，事亦前定，早晚須遣媒議親。」後令媒氏語黄，黄再四拒之，稱：「貧富不等，何敢議此。」林曰：「豈以貧富爲拘，親事一成，來贅我家，義如半子，豈復患貧？可以此意言於黄秀才，事不必疑。」黄因諾之。議既定，林謀欲分奩具。別立室於其居之側，令其聘而就親焉。黄辭曰：「今秋科舉，且容留意燈牎，未須議此。」是秋，黄果預鄉薦，往赴春官，即收名第，黄竟不發家書。林之夫妻知黄既登第，絶不得喜報，疑必爲朝貴所戀，遂相怨尤。乃謂【一】：「當初誤招黄郎，吾女必爲它見弃。」其家鬱鬱不樂。一日，季仲榮歸，具袍笏拜于林氏之家。林之夫妻曰：「君今榮歸，雲泥已隔。」相与答拜。季仲曰：「昨荷門下維持，恩义甚厚。得至于此，何爲見弃？向者僥倖，不發報書之意无他，深恐爲門下擾。」林之夫妻大喜，遂令畢親。季仲後歷榮貴，林之夫妻皆預享焉。季仲事林之夫妻，不啻如敬己之父母。生三子，長子年二十三，次子十九，兄弟同榜及第。長子守倅，以朝奉大夫致仕。季子以父蔭見宣教郎。

因兄姊得成夫婦

廣州姚三郎家以機杼爲業。其妻双生一男一女，女居長，狀皃無別。其男名宜孫。女名養姑，少時爲高客子高太議親。過聘後，女因春遊，太適見之，乃起慕妻之心。時太年已十七矣，欲取。其妻以女年紀未及爲辭，太因成病。高使媒者來曰：「高郎甚危，恐因思成病，權欲取婦歸，以滿其意，貴得病瘉。」姚與約曰：「彼既有疾，而欲取妻，是速其死。如欲畢親，此斷不可。但欲取歸見面而慰安之，此亦從便。」議既定，密與其妻謀

【一】謂　原作「胃」，徑改。

曰：「不若權以養姑服飾裝束宜孫而歸之，少慰其家，但丁寧勿与歸房。」及行，時宜孫年方十五，宛然與女子無異。及到其家，入見高郎於其父母之房。時高郎羸甚，其家乃置養姑於它房，以其室女伴之。經月餘，高太病瘉。夫豈知養姑之來，乃宜孫假爲之也？與其伴宿之女所爲不善久矣。姚恐事覺，乃促其歸，其子依依不忍离矣。及敗露，高欲興訟，衆謂曰：「若到官，彼此有罪，則不若用交親之説爲上。」高客思之，不欲壞其女，於是從之。時人爲之語曰：「弟以姊而得婦，妹以兄而獲夫。打合就鴛鴦一對，分明歸男女兩途。好個風流伴侶，還它終久歡娛。」後遂成親，二家修好，釋然如初矣。

致妾不可不察

昔日東京南街林三娘者，爲牙婆，善談説，熟識士夫宅院。以故販雇女奴者，接踵其門。一日，有鹽商販一女奴至，年十五六，爲人潔白聰俊，舉止便捷，善解人意。牙婆見謂客曰【二】：「霸陵橋左張官人宅欲得一人如此，要爲裝從之用。」乃引置其家。張之妻一見，雅合其意。張有女年十七八，母令女自試其能否，女亦喜之。議成立。名伴喜，其爲皆称女子之意。至於出入飲食，未嘗与离左右，湯沐澡浴之密，亦令伴喜侍側，甚愛惜之。一夕，伴喜詐爲夢魘之聲甚惡。其女亟呼覺，詢其故。應曰：「見大毛手鬼，面青眼赤，直掩其身，是以驚呼。」其女聞是言駭惧，亟令伴喜同睡於其床，後以爲常。久乃玩狎，或以異事而恐之。一夕就枕，伴喜輕語小娘子曰：「行嫁喜事在近，羅幃中事，還識之

【二】謂 原作「胃」，徑改。

否？」其女曰：「少長深閨，誰言及此？」伴喜曰：「亦當知其大綱。」女曰：「如何？」伴喜曰：「妾虽一身，二形兼備。」女詰其故，答曰：「遇女則男形，遇男其形已復成女矣。」伴喜因以其实教之。女既知味，情竇一開，常与之合。伴喜恐將來事覺，一夕，攜其首飾翩然去。因得首末於崔彦能之家，故録之，使後之置妾者不可不察。

僧行因禍致福

建之崇邑之東隅有一寺，其僧乃福州人也，俗姓林，衣鉢甚厚，尤善斡運。所居之寺獨踞一鄉落，去寺二里間，一闤之市。市有一婦新寡，其女甚少，頗有顔色。一日，召林僧佛事，因覩其女，私心切喜，恨无計得之。因命杜四郎者與其侍者法慶議親。法慶元不守戒行，有意下山久矣，一聞媒議，欣然從之。及畢親，法慶以屠沽爲生。林僧厚与資給，頻數來往其家，萌私意，形迹稍露，法慶甚不平之。一日，佯言歸俗家，裝束告行。入夜，潛伏家之左右，則見林僧來宿其家。連數夜，並得其实。林僧後夜復至，法慶自外鎖鑰，踰牆從便門而歸，見其妻方与僧對飲。法慶直前，以杖擊僧，僧即朴地，遂取短梯縛僧手足於上，而倒懸之。僧以情懇之曰：「事既到此，切勿彰露。吾房内所藏白金，汝亦知其數，即以鎖匙付汝照取之，無多苦我。」法慶竟得白物以歸。怒曰：「虽得此物，終不能絶後來往，今貸汝一死。」乘怒加以腐刑，俗曰閹。擡至寺門而去。時人爲之語曰：

和尚性好耍，貪戀一枝花。見説醉歸明月夜，滋味難禁價。　金帛寧論價，毒手遭他下。料想從今難更也，空惹傍人話。

僧既遭刑而歸，治療獲安。得高壽，享年九十六，戒臘七十一年，剃度小師凡五人，豈非因禍致福也【三】？法慶自獲財之後，經營建締，廣增田産二千余畝，至今子孫享之不替，可謂双美矣。

【三】因禍致福　「禍」原作「福」，據文意改。

校勘記

丙集卷二

〔花衢實録〕

柳屯田耆卿

柳耆卿，名永，建州崇安人也。居近武夷洞天，故其爲人有仙風道骨，倜儻不羈，傲睨王侯，意尚豪放。花前月下，隨意遣詞，移宫换羽，詞名由是盛傳，天下不朽。惟是且世顯榮貴，官至屯田員外郎。柳自是厭薄宦情，遯于武夷九曲之東。至今柳陌花衢，歌姬舞女，凡吟詠謳唱，莫不以柳七官人爲美談。

耆卿譏張生戀妓

耆卿嘗与友人張生者遊金陵妓寶寶之家，得累日。張慕寶寶之姿色，尤爲婘婘。又豈知寶寶中心自囑意於豪家一子弟，有薄張生之意。柳知之，不欲語張。張不之覺。一日，再同宴於寶寶之家，值豪家子在焉。寶寶密藏於私室，同張飲。酒數行，寶寶佯醉而就寢焉。候往，則娟豪家之子。柳戲謂張曰：「昔聞何仙姑独居於仙機岩，曹國舅一日來訪，談論玄妙。方款間，吕洞賓自岩飛劍駕雲而上。國舅遥見之，謂仙姑曰：『洞賓將至矣。吾與仙姑同坐於此，恐見疑。今欲避之而不可得。』仙姑笑謂曰：『吾變汝爲丹，吞之。』及洞賓至，坐話未幾，而鍾离與藍采和跨鶴冉冉從空中而來。仙姑笑謂洞賓曰：『當速化我爲丹而吞之，无爲師長所見。』洞賓變仙姑而吞之。方畢，鍾离皆已至。采和問吕洞賓曰：『何爲獨坐於此？』洞賓曰：『吾適走塵寰，方就此憩息。』采和曰：『无戲我也。你獨憩於此，肚中自有仙姑，何不使出見我？』頃之，仙姑果出。鍾離笑謂采和曰：『你道洞賓肚中有仙姑，你不知仙姑肚裏更有一人。』」張生悟柳之咨，攜柳而出。柳戲書小詞于壁上而後退。

〔紅窗迥〕

小園東，花共柳。紅紫又一齊開了。引將蜂蝶燕和鶯，成陣價，忙忙走。

花心偏向蜂兒有。鶯共燕，喫他駝逗；蜂兒却入、花裏藏身，蝴蝶兒，你且退後。

三妓挾耆卿作詞【一】

耆卿居京華，暇日遍遊妓館。所至，妓者愛其有詞名，能移宫换羽；一經品題，声價十倍。妓者多以金物資給之。惜其爲人出入，所寓不常。耆卿一日經由豐条楼前。是楼在城中繁華之地，設法賣酒，羣妓分番。忽聞樓上有呼「柳七官人」之声，仰視之，乃甲妓張師師。師師要峭而聰敏，酷喜填詞和曲。柳與師師密【二】。及柳登樓，師師責之曰：「數時何往？略不過奴行。君之費用，吾家恣君所需，妾之房臥，因君罄矣！豈意今日得見君面，不成惡人情去，且爲填一詞去。」柳曰：「往事休論。」師師乃令量酒具花牋，供

【一】耆卿　「耆」原作「歧」。

【二】柳與師師密　「柳」原文無，據文意補。

筆畢。柳方拭花牋，忽聞有人登樓声。柳藏紙于懷，乃見劉香香至前，言曰：「柳官人，也有相見。爲丈夫豈得有此負心！當時費用，今忍復言。懷中所藏，吾知花牋矣。若爲詞，妾之賤名，幸收置其中。」柳笑出牋，方凝思間，又有人登樓之声。柳視之，乃故人錢安安。安安叙別，顧問柳曰：「得非填詞？」柳曰：「正被你兩姐姐所苦，令我作詞。」安安笑曰：「幸不我弃。」柳乃舉筆，一揮乃止。三妓私喜：「仰官人有我，先書我名矣。」乃書就一句。乃云：

師師生得艷冶，

香香、安安皆不樂，欲掣其紙。柳再書第二句云：

香香於我情多，

安安又嗔柳曰：「先我矣！」挼其紙，忿然而去。柳遂笑而復書第三句云：

安安那更久比和，四個打成一個。（過片）幸自蒼皇未款，新詞寫處多磨。幾回扯了又重挼，奸字中心着我。（曲名《西江月》）

三妓乃同開宴款柳。師師即席借柳韵和一詞：

〔西江月〕

一種何其輕薄，三眠情意偏多。飛花舞絮弄春和，全没些兒定个。蹤跡豈容收拾，風流无處消磨。依依接取手親挼，永結同心向我。

柳見詞大喜，令各盡量而飲。香香謂安安曰：「師師姐既有高詞，吾已醉，可相同和一詞。」

〔西江月〕

誰道詞高和寡，須知會少離多。三家本作一家和，更莫容它別个。且恁眼前同条，休將飲裏相磨。酒腸不奈苦揉挼，我醉無多酌我。

和詞既罷，柳言別，同祝之曰：「暇日望相顧，毋似前時一去不復見面也。」柳笑而下樓去也。

柳耆卿以詞答妓名朱玉

耆卿初登仕路日，因謁福之憲司，買舟經南劍，遂遊於妓者朱玉之館。朱玉云：「素聞耆卿之名」，傾意已待之。飲數日，偶值太守生辰，朱玉就耆卿覓慶壽之詞。耆卿乃作詞与之。及賀，太守聞朱玉所謳之詞，大悦，厚賞之，乃詢其作詞之人。朱玉以柳七官人答之。太守謂朱玉曰：「見其詞而想其人，必英雄豪傑之士。宜善待之。」朱玉自是與耆卿恩愛愈洽。及耆卿解纜東去，臨別，朱玉約以歸日爲款。及柳耆卿歸，再訪之，恰值朱玉有迎迓之役，柳意默默，遂書一小詞於花牋之上以寄之。詞名《西江月》：

詞文闕。

丁集卷一

〔花衢記録〕

序平康巷陌諸曲

平康里者，乃東京諸妓所居之地也。自城北門而入，東回三曲。妓中最勝者多在南曲。其曲中居處，皆堂宇寬静，各有三四庁事，前後多植花卉，或有怪石盆池。左經右史，小室垂簾，茵榻帷幌之類。凡舉子及新進士、三司、幕府，但未通朝籍，未直館殿者，咸可就游。不吝所費，則下車水陸備矣。其中諸妓，多能文詞，善吐談，亦評品人物，應對有度。及膏粱子弟來游者，僕馬繁多，宴游崇侈。以同年俊少者爲兩街探花使。有登甲乙第者，關送。天官氏設春闈，天官氏，禮部侍郎。近年多延至中夏，新貴眷戀【一】，往游稍久。京中飲妓，籍屬教坊，凡朝士有宴聚，須假諸曹署行牒，然後致於它處。唯新進士設酒饌，吏使可牒取。取其所辟之資，可則倍於常價。中曲者，散樂雜班之所居也。夫善樂色技藝者，皆其世習，以故絲竹管絃，艷歌妙舞，咸精其能。凡朝貴有宴聚，一見曹署行牒，皆攜樂器而往，所贈亦有差。暇日羣聚金蓮棚中，各呈本事。求歡之者，皆五陵年少及豪貴子弟。就中有妓艷入眼

校勘記

【一】新貴　「新」原作「所」，據金盈之《新編醉翁談録》改。

者，俟散，訪其家而宴集焉。其循牆一曲，卑下凡雜之妓居焉。二曲所居之妓，係名官籍者。凡官設法賣酒者，以次分番供應。如遇併番，一月止一二日也。

序諸妓子母所目

諸妓所指占庁事，皆用采訪【二】，以記國忌日。妓之母皆假母也，京師俗呼爲爆炭，不知其因，意者以難姑息故耳。亦妓，色蒼，狡悍者爲之。諸女自幼丐育，或傭雇也。其下俚貧家，常有无謂之徒，潛爲漁獵。亦有良家子，爲其家聘之，後以轉求厚賂，誤纏其中，則无以自脱。粗教之歌令而賣之，其日賦甚急，微涉退怠，鞭扑備至。年及十二三者，盛飾衣服，即爲欵賓之備矣。皆由假母姓，從便呼以女弟女兄，爲之第行。母亦无夫，其未甚衰者，悉爲諸郎將輩主之，或私蓄侍寢者，不以夫禮待。多有游隨者，於三曲中而爲諸娼所養，俗呼爲廟客，不知何謂。

諸妓期遇保唐寺

諸妓舉止，與諸州府飲妓大不侔矣。然其羞匕筯之態，勤參請之儀，或未能尽去也。北里之角妓，則對公卿與舉子，其自如也。俟其升朝，始爲參礼。此曲諸妓，以其出里艱難，每遇南街保唐寺有講經之便，多以旬之八日，相率聽講賢者。皆納其假母一緡，然後得出。其它所則必因人而遊也。或措大與之同行，則須爲下牒，而納資於假母。故保唐寺每月三八日，士子極多，蓋有期於諸妓也。同歸每席以五鐶爲率，繼燭則倍之。此略言其小小者耳。至於盛設芳筵，則有不可勝計。

【二】采訪　金盈之《新編醉翁談録》卷七作「彩板」，於意爲長。

鄭生詩贈趙降真

趙降真，住於曲中，善談謔，能文詞，常爲飲筵之最。姿容雖常常，但醖藉不惡，時賢雅尚之，因增其声價耳。鄭仁表席上贈詩曰：

麗質如何下太清，玉肌无暑五銖輕。雖知不是流霞客，願聽流霞瑟一声。

島仙自小有詩名

島仙，字清卿，蓬仙之女弟也。素爲三曲之尤，而又辯慧，往往有詩句可称。爲女兒時，爲新月詞，有「待得團圓時候，樽前問這時節」之句。後爲万年縣郭進思所納，置於它所。島仙在娼中，狂劣特甚，及被拘束，未能息心。進思又主繁務而有正室，到島仙處亦稀。每有舊相識經從其門者，多於牕隙間招呼，或使人詢訊，亦以巾餞送遺。

潘瓊兒家最繁盛

潘瓊兒，字琢玉，居南曲中，積資万計，三曲諸娼中之富盛者終難及。凡服飾器皿，上埒朝貴。紹聖間，閬州有華姓者【三】，一舉登科，双親未老。華來廷對，唱名才畢，与同年來游瓊兒之家。車馬榮耀，僕從甚都。曲中一時名妓亦皆歆羨。潘一見其才華之美，開華宴，設盛饌以待之。凡樂籍之家，皆居於潘家之側，一呼紛至。每舉盞次，皆有樂色百戲佐之。及酒闌，夜已三更矣。華乃款留，兩意懽洽。明日，徐遣僕從取白金以至，因授瓊兒曰：「當爲我設一席。」潘計其直才百餘緡，笑與華曰：「兒家凡遇新郎君輩訪蓬舍，

【三】閬州　「閬」字原脱，據金盈之《新編醉翁談録》卷八補。

曲中香火姊妹，則必醵金來賀。此物粗足以爲夜來佐樽利市之費，徐設芳筵未晚。」因呼咸至，支費各有等差，所餘無幾矣。華見瓊兒費用奢廣，心爲之驚。私令其僕出而復至，報曰：「今日狀元期集慈恩寺，促爲曲江之遊。」華因得託故而出。潘後雖數遣人召之，而華終不復到其所，潘亦不爲之介懷也。是知平康妓館，实繁華之地，非可容易遊賞也。

德奴家燭有異香

楊德奴，南曲第五家居焉，頗爲名輩歆慕。年華尚少，甘自退居。所居最寬潔，賓客翕然華至。其長女曰蓬仙，其爲人心懷洒落，精神淡泞，似非塵俗中人。尋常舉止，亦自潔雅，由是見者多慕愛之。吴德隆新第，年甚少，來訪蓬仙，一見猶未深知蓬仙之隆貴【四】。蓬仙亦以德隆聰悟俊少，甚相知敬。及其芳筵一啓，水陸備陳。及暮，高燒銀燭，長焰熒煌。座間忽聞香氣四襲，良久盈室不散，不知其香之所自來。因詰蓬仙，乃曰：「香氣發自燭中。此燭乃燕王府分賜，聞自外國所貢，御賜諸王府。因以相遺，妾故珍藏，今遇新郎君，故以佳瑞爲獻。」徹夜清芬。蓬仙懽洽，舉觴起舞以勸德隆。及宴徹燭盡，而香氣不散。明日出遊，所至無不爲吴德隆身之餘香。乃知京華妓館富貴也如此。至今人有唱云「過平康巷陌，綺羅叢裏，得佳人妙舞艷歌，爭勸金鍾」之詞者【五】，乃德隆當時題蓬仙壁上之句。

【四】隆貴 「貴」原作「其」，據宋金盈之《新編醉翁談録》卷八改。

【五】金鍾 「鍾」原作「鐘」，據宋金盈之《新編醉翁談録》卷八改。

丁集卷二

〔嘲戲綺語〕

嘲人好色

東方朔曰：「万物之微，莫如螻蚁咬蟲之屬，然觀其相卞，亦皆有理，况人爲万物之靈者乎？蚁曰：『吾虽微小，出入則有君臣之義。有物之死者，又能相与共食之，有忠孝之道。我合居長。』蠅曰：『不若我享富貴。凡公子私家開筵設席，吾則升其堂，襲其几，服其裳，沾其味，飲其漿。我合居長。』蚊曰：『二公忠孝富貴，俱不若我之歡娱快活也。何以言之？香閤蘭房，更闌燭滅，我則入紗廚之内，泊佳人之至躰，集美女之酥胸，擇馨香軟美之處而釘之，飽所欲而後止。』其蚁與蚊俱駡之曰【一】：『看你一個嘴子廉廉尖尖，得恁地好色！』」

杜正倫譏任瓌怕妻

任瓌酷怕妻。太宗以瓌有功，賜二侍人，瓌拜謝，不敢以歸。太宗召其妻賜酒，謂之曰：「婦人妬忌，合當叱出。若能改行无妬，則无飲此酒；不爾，可飲之。」

校勘記

【一】蚊　「蚊」當爲「蠅」之誤。

曰：「妾不能改妬，請飲之。」比醉歸，与其家死訣。其实非鴆，既不死。他日杜正倫譏弄瓌曰：

婦當怕者有三：初娶之時，端嚴如菩薩，豈有人不怕菩薩耶？既長，生男女，如養大虫，豈有人不怕大虫耶？年老，面皮皺如鳩盤荼鬼，豈有人不怕鬼耶？

聞者大笑。

嘲人不識羞

陳大卿云：「眉、眼、口、鼻四者，皆有神也。一日，口爲鼻曰：『爾有何能，而位居吾上？』鼻曰：『吾能別香臭，然後子方可食，故吾位居汝上。』鼻爲眼曰：『子有何能，而位在我上也？』眼曰：『吾能觀美惡，望東西，其功不小，宜居汝上也。』鼻又曰：『若然，則眉有何能亦居我上？』眉曰：『我也不解與諸君廝爭得。我若居眼、鼻之下，不知你一個面皮安放那裏？』」

嘲人請酒不醉

劉伶之妻，常爲夫恃酒所苦，與其妾謀害之。因釀酒一大缸。伶日索其酒，妻曰：「待熟，吾請汝一醉。」及酒熟，乃招伶就飲，其妻與妾推而納之酒中，以物蔽之，將巨木扼塞其上，意謂必溺死於酒中。越三日，听缸中寂然，以爲死，乃發缸視之。則見酒色已盡矣，而伶大醉坐於糟粕之上。良久，伶方能舉頭，謂妻曰：「汝幾時許我一大醉，而今却教我在此閑坐作甚麽？」

婦人嫉妬

楊郎中妻趙氏，性嫉妬，嬖妾無敢近者。一日，楊郎中只管把《毛詩·周南》數篇反覆讀之，云：「《樛木》，后妃逮下也。言能逮下而無嫉妬之心焉。」又云：「不妬忌，則子孫衆多也。」又云：「不妬忌，則男女以正。」其妻趙氏問其「甚書？」答曰：「《毛詩》。」問：「甚人做？」答曰：「周公做。」其妻云：「怪得是周公做，若是周婆做時，斷不如此説也。」

夫嘲妻青黑

有一鄰家，夫妻甚相諧和。夫自外歸，見婦吹火，乃贈詩焉。詩曰：

吹火朱唇動，添薪玉腕斜。遥看煙裏面，大似霧中花。

其妻亦候夫歸，告之曰：「君何不能學彼詠詩？」夫曰：「君當吹火，吾亦賦詩以詠汝。」妻即効吹，夫乃作詩贈之：

吹火青唇動，添薪鬼膾斜。遥看煙裏面，恰似鳩槃茶。乃鬼名。

嘲人面似猿猴

劉文樹，口下，善奏對，明皇每嘉之。文樹髭生頷下，皃類猿猴，上令黄幡綽嘲之。丈夫切惡猿猴之号，乃密賂幡綽勿言之。幡綽許而進嘲曰：

可憐好文樹，髭鬚共頦頤一處。文樹面孔不似胡孫，胡孫面孔酷似文樹。

知文樹遺賂，大笑之。

王次公借驢罵僧

建安南陵王次公，一日放騾，誤入貴安寺和尚麥園，傷殘其麥不少，僧罵詈不已。其僕聞之，歸告於王。明日，王乃跨騾攜僕往見其僧。王問僧曰：「夜來秃驴喫了和尚多少麥？此驴在家本无事，才出家後无禮！」既而呼其僕來：「去却鞍轡，牽那秃驴進來打，且看我打它，下唇和上唇也動。」

錯認古人詩句

昔有弟子讀韓文公《符讀書城南》，至「潢潦無根源」之句，不曉其義，乃質疑於先生。先生曰：「文公素不喜黃老之學，正謂其无根源。豈不聞文公因論佛骨貶潮陽之事？」聞者大笑。

校勘記

戊集卷一

〔煙花品藻〕

丘郎中守建安日，招置翁元廣於門館。凡有宴會，翁必預焉。其諸妓佐樽，翁得熟諳其姿皃妍醜，技藝高下。因各指一花以寓品藻之意，其詞輕重，各當其寔，人競傳之。今列下。

吴璣　**紅梅**喻清絶而爲花籍之魁。

雲樣輕盈雪樣清，瓊瑶醖藉月精神。羞同桃李誇姿媚，獨占人門第一春。

楊倩　**水仙**喻仙姿輕盈，取爲花魁之亞。

盈盈羅襪欲生塵，冉冉綃衣照水明。移得洛川佳麗種，風標未肯讓梅兄。

吴瑛　**白蓮**喻姿格好而流落風塵。

回塘過雨欲生蓮，粉面凝羞翠盖低。自是高標最清絶，莫嫌蹤跡在淤泥。

蕭瑢　**茉莉**喻肌體香美。

冰肌玉骨自生凉，伴我銀屏小象床。鳳帳低垂蘭烬冷，惱人最是夢中香。

范如　**荼蘼** 喻香質最宜枕席間。

千古才名老豫章，暗將妙質比幽香。風流徹骨成春酒，夢寐宜人入枕囊。

馮倩　**垂絲海棠** 喻嫩媚無力。

沉沉院落解藏春，嫩緑深紅最可人。纖軟未堪攀折任，莫容狂蝶亂相親。

王艷　**揚州瓊花** 此妓曾遭杖責。

万里紅塵上玉京，倚風羞澁不能春。自從一受天刑辱，笑殺而今天下人。

按：維揚后土廟有花潔白而香，号爲瓊花。宣和間，花石綱因取至栽御苑，三年不花。乃杖之，遣還其地，花開如故。是殆風氣土地使然，抑果有神司之耶？

余菲　**薔薇** 喻其黄而弱。

輕黄柔軟折晴空，暗遞香風入座中。倚遍玉闌聊寓目，何妨相對一樽同。

李楚　**黄菊** 喻其顔貌黄。

摇風浥露殢秋光，寂寞疏籬獨自芳。十日已无陶令服，不知顔色爲誰黄？

童韻　**林檎** 喻態度太俗。

姿質微茫似海棠，暖風遲日折紅房。摇知俗態非真色，試把銀釭照靚裝。

吴瓊　**蕙花** 得人抬舉。

雅艷香肌勝剪裁，觀它紅紫盡塵埃。託根多謝東君力，得與花王相次開。

錢美　**百合**多情動人。

緑玉枝頭破曉英，含風浥露最多情。芳心觸處迎人轉，故得花間百合名。

李真　**木芙蓉**喻譏其老。

自多蘭菊霸秋光，敢把妖紅浪索强。霜雪風号那久計，會看枯幹倚門牆。

陳双　**海棠**

銀燭高燒睡足時，酒餘紅暈透瓊肌。无香尤起淵明恨，浪得花溪子建詩。

王新　**柳花**譏稚情。

簾幙晴陰透淺寒，輕狂柳絮弄春殘。豈惟著雨相粘滯，独喜因風打作團。

薛英　**鬢邊嬌**喻其嬌無力。

曉對菱花理翠翹，柔條斜嚲更妖嬈。殢人嬌困春無力，正似徐娘舞後腰。

吴華　**紫薇**

亭亭脩榦欲凌霄，未發輕風先動揺。正似个人輕薄態，强將語笑作妖嬈【一】。

張顔　**梨花**

春到梨園花欲迷，娉婷惟數絳仙奇。米囊顔色非宫院，誰道相看可療飢。

林艷　**石榴**得貴人奬喻。

香羅新蹙茜紅裙，妖冶濃粧照眼明。自得君王端正譽，故將雙葉寄深情。

【一】强將語笑　原文作「將强笑語笑」。

游韶　**山茶**喻麗而艷。

傲雪凌霜折絳葩，葉如緑玉号山茶。虽非絶艷傾城色，百卉叢中亦可嘉。

許秀　**桃花**

風流劉阮事狂遊，曾向花間一笑留。謾道瑶池舊仙種，不應頻許此兒偷。

蘭娘　**含笑**喻老大。

枝榦蒼蒼老葉稠，襲人餘馥亦清幽。芳心得酒生春思，似對遊人笑復羞。

張娘　**萱草**喻無姿色。

東風裊裊弄輕柔，强赴羣芳不自羞。到了姿容祇如許，不應相對解忘憂。

陳靚　**迎春**得人青眼。

青帝東臨初報春，枝眼首見吐芳英。只因公子曾垂顧，從此花開稍有声。

蘭雲　**碧桃**喻其清楚。

黛色春心點素華，天鍾雅艷異羣花。不隨紅紫爭妍媚，清楚精神自一家。

劉瑛　**李花**

艷杏妖桃已半殘，枝頭初放玉花繁。東君不禁狂蜂蝶，取次飛來滿畫欄。

王賽　**史君子**喻小人交遊。

竹籬草舍趁溪斜，白白紅紅牆外花。浪得佳名史君子，初无君子到君家。

丘昣　白菊喻姿貌可取。

幽叢白綴玉團團，曉檻初開帶露寒。素質清香良可取，憑誰移取近花壇。

戊集卷二

〔煙花詩集〕

林美　御戴喻姿色好。

未放枝頭嫩葉青，先將絳蕊照春晴。若無顔色宜宫院，安得花間御戴名。

魏翠　木瓜喻得人寵顧。

草棘叢中煙水埋，餘香方殿百花開。莫言酸实全无用，曾辱瓊瑶厚報來。

李韶　木蘭喻粗賤。

東帝初无厚薄情，惡花隨分也能春。麄材只可爲舟楫，飽載江頭來往人【一】。

張燕　惜春喻受岑寂。

脂粉輕匀淡淡粧，初无蜂蝶去來忙。如何略借東君力，乞与芳心一點香。

游秀　梔子

素艷輕盈枝葉柔，香苞初綻最清幽。直須欄檻添周密，毋遣韓郎取次偷。

校勘記

【一】江頭　「江」原作「紅」，據文意改。

羅賽　**石竹**得人護蔽。

曾描麗質綉宫口，小檻初開獨見時。寄語主人顔剪拂【二】，狂風妬雨易离披。

張意　**夜合**

遼陽舊事已成塵，尚喜朝開入眼新。况是青春已云暮，不應羞澁見游真。

田秀　**雞冠**喻憔悴。

雞冠花發紫絲茸，舉首昂霄意氣雄。及到霜寒頓憔悴，低頭無語對秋風。

劉珏　**旱蓮**喻婦人紫赤。

一夜秋風折紫葩，畧無風韻似荷花。病夫若遺醫風癬，痒處全勝醜婦葩。

蕭瓊　**刺桐花**蕭瑢姊，瑢比茉莉，故云。

老緑頳紅半草萊，羞容無語倚墻偎。初無茉莉些兒韻，遽敢爭先茉莉開。

詹雅　**碧蟬兒**喻無名妓。

露洗芳容别樣清，墻頭微弄曉風輕。不須强入群芳社，花譜初无汝姓名。

張惠　**仙掌**喻賤輩。

緑葉枝頭數簇紅，不禁風日变羞容。未應得近花壇列，只可山樊對老農。

吴嬙　**芭蕉**喻粗大。

牕外亭亭聳翠莖，雨中声韻不堪听。花麄葉大誰攀折？難向窻前插膽瓶。

【二】顔　「顔」當爲「頻」之誤。

程芳　牽牛喻格品卑微。

蕭蕭籬落蔓牽牛，冷落西風亦可愁。品格卑微惡顔色，選花圖裏合含羞。

陳瑛　金鳳喻無人問。

葉底深紅間淺紅，依然花發舊時叢。閑庭冷落无人問，似向風前怨化工。

陳雲　蘆花

十里蒹葭江上秋，蕭蕭風雨使人愁。蓼花相對真无賴，只有漁人泊釣舟。

鄭倩　金櫻

籬落蕭蕭草介深，花開五出學輕盈。由來不是筵中物，醉眼看來亦暫明。

張瑩　槐花喻不近貴。

强學唐宫樣粧，也將嬌額淺塗黄。未能切近三公貴，空惹輕狂舉子忙。

嚴秀　櫻粟喻勾引人家子弟。

白白紅紅遍野畦，光風麗月衒芳姿。个中无限西施乳，一味吸持黄口兒。

張素　金錢喻冷淡。

風雨荒庭冷落秋，如錢滿地復難收。未能席上資佳致，空買幽人万斛愁。

余芙　蓼花

蒹葭浦嶼緑成叢，裊裊斜梢弄曉紅。摇落晚秋歎蕭索，妬它桃李嫁東風。

黄素　松花

影落寒郊千尺長，舞風餘粉散輕黄。憑誰收拾供山劑，求薦水甆魚眼湯。

楊艷　勃姑櫻

荆棘叢中細細開，園亭欄檻幾魚栽。不隨桃李爲相伴，甘向荒村伴草萊。

潘桂　映山紅喻小人往來。

不種深深庭院中，漫山遍嶺銜殷紅。荒村冷落无人到，輸却樵夫与牧童。

王端　褊豆喻所居里小。

數門茅屋野人家，無限牆頭褊豆花。會看秋深風雨後，半隨籬落卧泥沙。

魏蕣　木鱉

糝糝開花蔓遶籬，夏深結子綴纍纍。剖開青腹真堪笑，一肚深紅匾子龜。

彭楚　薺花喻卑微。

花開郊野太卑微，列在羣芳固可悲。勿謂世人全不顧，也曾流詠入周詩。

校勘記

己集卷一

〔煙粉歡合〕

梁意娘與李生詩曲引

梁意娘者，五代周時人也。乃儒家之女，年十五，能詩筆，而又躰態輕盈。與李生爲兩姨之親，時節講問不疎。一日，意娘因父母赴南鄰吉席，輒與李生通焉。亦以平時屬意之久，迨此亦天作之合也。自後情愛相牽，形於顔色，爲家人所覺，遂至一年絶交。意娘密以詩柬傳音，又爲家人知之。一日，意娘之父母自相謂曰：「天地交而萬物生，人道交而功勳成。男女居室，人之大欲存焉。與其不義以絶恩愛，孰若因而妻之以塞外議。若然，則非惟順天者存，亦以爲劉、范、朱、陳、秦、晉之盛事也。不亦可乎？」卒與爲姻，而成眷屬焉。人皆曰：「賢哉之父母也，美哉意娘詩筆之力也。」今但録意娘之所作者于右，以表婦人女子有此之技能也。

意娘與李生小帖

痛别之久，靡日不思。兄何見疎？杳無音耗！能復一來否？紫綉香囊，金絲箋兒，虽粗且微，皆予所親刺。如不棄去，庶得常近玉体。餘非見莫申此懷。《秦樓月》詞一首，聊以寄情。

春宵短，香閨寂寞愁无限！愁无限，一声窻外，曉鶯新囀。起來无語成嬌懶，柔腸易斷人難見！人難見，這些心緒，如何消遣？

李生得之，益爲感恨，將赴其約，又聞飛謗，遲回不敢往。因入市問卜於日者，得兆曰：「隔江望宝，迢迢阻隔。虽欲從之，水深莫測。」李生怳若自失，又阻其行。

意娘復與李生二首

尺素緘愁不忍窺，柔腸結尽轉相思。薄情忍作經年别，何日相逢一解衣？

其二：

蹤跡萍浮落五湖，一番相别一番疎。不知此去從何去，還許春風得見无？

意娘復與李生批

其畧云：比日媽媽拉諸母遊東園，日暖風和，紅稠翠疊。暗想年時蹤跡，頓添愁緒。對諸姊妹，虽强陪歡笑，思凡之情，終不可抑。因成小詞，併以録去。詞名《茶瓶兒》：

滿地落花鋪綉，春色着人如酒。曉鶯牕外啼楊柳。愁不柰，兩眉頻皺。

闕山杳，音塵悄。那堪是昔年時候？盟言辜負知多少，對好景，頓成消瘦！

意娘與李生相思歌

落花落葉競紛紛，尽日思君不見君。腸欲斷兮腸欲斷，淚珠痕上更添痕。一片白雲青山内，一片白雲青山外。青山内外有白雲，白雲飛散青山在。我有一片心，无人向我説。願風吹散雲，頂對天邊月。攜琴上高樓，樓高月空滿。彈得相思曲，滴人絃琴斷。人道海水深，未爲相思半。海有尚有底，相思無邊岸。君在湘江頭，兒在湘江尾。相思不相見，共飲湘江水。出我相思門，入我相思户。不見相思人，知我相思苦。長相思兮長相憶，短相思兮無窮極。早知相思欲斷腸，悔不當初莫相識！

意娘與李生相思賦

悽悽惶惶，故人相别兮懶對梅粧。添綿綿之苦恨，斷寸寸之柔腸。虽憑雁帛魚書，難明厚意；争奈鴛衾鳳枕，空有餘香。當其情正洽而意方濃，妾倚門而君上馬。晨鍾初扣兮南樓上，曉月尚照兮西廊下。輕离輕别，曾知到此憶人无；漸遠漸疎，及至如今成病也！訴地告天，度日如年。偷蹙眉黛，懶移步蓮。羅衣淚滴兮温又濕，眼兒望斷兮穿復穿。鎮夕厭厭，休言扁鵲能調藥；終宵悄悄，便做陳摶怎生眠？苦苦寃寃，擔擔閣閣。清風去來兮轉憔悴，黄昏前後兮添蕭索。木傍目而謾及瞻視，田下心而徒勞忖度。雲情雨意，還記得那回會；海誓山盟，又何似當初莫。

瘦減香肌【二】，衣寬帶垂。相如之琴挑兮情何在？神女之雲行兮意何歸？昔何厚而今何薄，面何是心何非！莫是我門無分，料想那邊怎知。好模好樣好精神，見伊没計；不痛不疼不寒熱，似病難醫。思昔崔生之屬意兮，終遂姻婕；倩女之離魂兮，竟成婚對。何彼之時兮所欲如願，何今之人兮動輒得礙！此日釵分兩處，苦恨難消；當時帶結同心，歡情安在？胡不觀相窺者猶聞於鑽穴，得妻者尚見於踰牆。況親娅之有素，虽譖錦以何傷？伊怜我而我怜伊，忍教輕棄；去又來而來又去，抑亦何妨？我今焚香頂禮兮仰告三光，馳志依違兮早諧双美。在天兮願爲比翼，在地兮願爲連理。何當鏡再合而重圓，永同魚水。

【二】香肌　「肌」原作「饑」，徑改。

校勘記

己集卷二

〔遇仙奇會〕

趙旭得青童君爲妻

天水趙旭，字子明，少孤介好學，有姿貌，善清談，習黄帝、老子之道。家于廣陵，獨葺幽居，惟二奴侍側。嘗夢一女子，衣青衣，挑笑于牖間。及覺无見，異之。因祝曰：「是何靈異？願覩仙姿。」是夕，近二更許，忽聞牕外切切笑声，子明知其異，復祝之曰：「果諧夙夢，願賜光臨。」乃答言曰：「吾上界女也。聞君清絶，願託高風。」子明當時整衣而起曰：「襄王巫山之夢，洞簫秦楼之契，乃今知之。靈鑒忽臨，忻歡交集。」乃燃燈拂席以延之。忽清香滿室，有一女子，年可十五六，容皃絶世。衣六銖霧綃之衣，躡五色連文之履，開簾而入。子明再拜。女笑曰：「吾天上青童君，久居清禁，阻曠幽懷，時有世念。帝罰我人間隨所感配。以君氣質虚爽，体同玄默。幸託清音，冀諧素韻。」子明曰：「蜉蝣之質，假息刻漏，不意高真，俯垂濟度，豈敢妄興俗懷？」女乃笑曰：「君有仙風道骨，名在金格，當相与吹洞簫於紅楼之上，撫雲琴於碧落之中。」乃令子明施寢席床帳之具。

子明辭无可施。女笑曰：「无煩仙郎。」乃命洒掃寢内。須臾，雲霧靄鬱，少頃方收。見房内帳設珍麗，青紅間錯，非所識也。二人攜手入内，英姿發越，希世罕儔。夜深，忽聞一女子呼「青夫人」，子明驚以問之。答曰：「同宫女子相尋尔，且勿應。」乃扣柱歌曰：

月露飄飖星漢斜，獨行窈窕浮雲車。仙郎獨邀清童君，結情羅帳連心花。

歌甚長，子明惟記此四句。謂青童君曰：「可延入否？」答曰：「此女多言，慮洩吾事於上界耳。」子明曰：「設琴瑟者，由人調之，何患乎？」乃走迎之。見一神女在空中，去地丈余，侍女六七人，建九明蟠龍之蓋，金精舞鳳之冠，長裙曳風，耀人心目。子明因而見之，乃下曰：「吾姮娥女也。聞君与青童君仙會，故來奉賀耳。」便入室。青童君笑曰：「卿何以知吾處也？」答曰：「好事天上知，然佳期不遠告，誰過邪？」相與歡笑。子明喜悦，不知所裁。於是三人共同衾枕。天將曉，侍女進曰：「雞鳴乎！」女曰：「命直。」答曰：「備矣。」約以後期，答曰：「慎勿言之世人，吾不相棄也。」及出户，有五雲車二乘，浮於空中，遂各登車訣意，清風颯然，凌空而上，極目乃滅。子明不自意如此，歡悦交集。自後但洒掃室内，焚明香，絶人事，專心以待後期。隔數夕復來，來時皆有清風肅然，異香從之，其所從仙女益多。歡娱日洽，爲子明致行廚珍膳，皆不可識，甘美殊常。每一食，經旬日不飢，但覺体氣冲爽。子明因求長生久遠之道。女笑曰：「仙郎，即此佳合，便是長生久視，更何求耶？」又爲子明致珍寶奇異之物，乃曰：「此物不可令世人見，君以卿宿世仙緣，得肆所欲，仙道祕密，與世殊塗，君若洩之，吾不得來也。」後歲余，子明家奴盜琉璃珍珠鬻於市，適胡人捧而禮之，酬價百萬，言有此寶者，可以絕粒輕身，問奴從何得之，奴具以告。其夜女至，愴然无容曰：「君奴洩吾事，不得與君久處。」遲明執別，哽咽悲酸，吟詩而去。詩曰：

與君宿世有仙緣，衾枕交歡豈偶然。十載爲期君記取，洞明山上鶴冲天。

趙子明酬以詩曰：

凡庸弱質感天仙，歡合交情僅一年。十載爲期專在念，莫忘歷歷枕前言。

果後十三年，於益州見子明，形容短小，如八九歲小兒模樣，行歌於市曰：

塵緣尽兮仙緣來，清風泠然入我懷。青童仙君事已諧，洞明山上瑞雲埋。
九月九日黃花開，仙人招我上天階。凌空雙鶴何快哉！

子明如此在階上或出或没，經兩月餘，人知其異。至九月九日，只見洞明山上，仙霞飄飄，仙樂清響，双鶴自朝至午回翔于山頂之上。益州傾城登山觀之。須臾，見一神女自空而降招接，引趙子明各乘一鶴，白日昇天。異哉！

薛昭娶雲容爲妻

薛昭作尉平陸，謫爲海東民。有田山叟者，見昭有道骨，贈藥一粒曰：「東去不独逃難，兼獲美麗仙女。」未幾，果於蘭昌宮見有三女子，皆世之絕色者，在彼酌酒，酹地曰：

「吉吉利利！　好人相逢，惡人相避。」時薛昭在旁，急忙躍出曰：「某願充好人之數。」遂命就坐酌醴。昭詢三女姓氏，長曰張雲容，次曰蕭鳳臺，小曰劉蘭翹。蘭翹起就架上取骰子擲，曰：「數多者得薦仙郎枕席。」張雲容喝采，連擲數勝。蘭翹曰：「大姐姐風流夙契。」因起酌酒，與薛郎合巹，賀喜一杯。交杯訖，昭問雲容：「何許人事？」雲容曰：「某乃楊貴妃侍兒，嘗独舞霓裳有功，貴妃贈詩。詩曰：『羅袖動香香不已，紅蕖照水秋煙裹【一】。輕雲嶺上乍摇風，嫩柳柳池初拂水。』時後因与申天師談道，与我絳雪丹一粒曰：『女服此丹，雖死百年，遇生人得精英之氣，便能復生爲地行仙。』今運故已百年。」昭因問天師之狀，乃田山叟也。雲容歌之。詩曰：

韶光不鑿分成塵，曾遇金丹突有神。不意薛郎緣夙契，獨開幽谷一枝春。

昭酬以詩。詩曰：

誤入宫牆遇至人，月華清洗玉階塵。自疑飛到蓬山上，瓊樹三枝半夜春。

又云：

眠花不綻幾含幽，今夕陽春獨换秋。我守孤煙無白日，寒雲堆上更添愁。

蘭翹亦歌曰：

幽谷啼鶯整羽翰，埋金殞玉冷長灘。月華不忍扃泉户，露滴松枝夜夜寒。

酒闌歌罷，二女辭去。昭與雲容寢處數夕，不知昏昼，亦不飢餒，時人以爲睡仙。一

【一】秋煙　「秋」宋温豫《續補侍兒録》作「青」。

夕，雲容曰：「吾已甦矣，但得新衣一襲，可起矣。」有金扼臂，可鬻之市衣。」既得衣，雲容引昭至穴，啓棺本，体果生起，合之爲一，与昭同歸金陵幽棲。至今尚在，豈非餌天師田山叟之藥有驗欤？

郭翰感織女爲妻

太原郭翰，少簡貴，有清標，姿度秀美，善談論，工草隸。孤独處一室，甚瀟洒。當盛暑，乘月臥庭中，時有微風，稍聞香氣漸濃，翰甚怪之。仰視空中，見有人冉冉而下，直至翰前，乃一少女也。明艷絶代，光彩溢目，衣玄綃之衣，曳霜羅之帔，戴翠翹鳳凰之冠，躡瓊文九章之履。侍女二人，皆有殊色。感蕩心神，翰整衣巾，下床拜謁曰：「不意尊仙下降，願垂德音。」女微笑曰：「吾天之織女也，久居清闕，曠阻佳期，幽態盈懷，上帝賜命自遊人間，尋擇佳侶。仰慕清風，願託慈契。」翰曰：「非敢望之，实所願也。」女爲敕侍婢，淨掃室中，張霜霧丹縠之帳，施水精玉華之簟，轉會風之扇，宛若清秋。乃攜手升堂，解衣共寢，其襯體紅膩之衣，似小香囊，氣盈一室。並同心龍腦之枕，蓋雙縷鴛文之衾，柔体膩体，深情密態，妍艷无匹。迨曉辭去，面粉如故，試爲拭之，乃本質也。翰送出户，凌空而上。自後夜夜往來，情好轉切。翰戲之曰：「仙郎何在？那敢獨行？」對曰：「陰陽變化，關渠何事？且河漢隔絶，無可復知。縱復知之，不足爲慮。」因撫翰心前曰：「世人不明瞻矚耳。」翰又曰：「卿既託靈辰象，辰象之門，可得聞乎？」對曰：「人間觀之，只此是星。其中自有宫室居處，諸仙皆遊觀焉。萬物之精，各有交結，在天成象，在地成形。天人之間，本由一理，情慾之好，無間聖凡。」因爲翰指列宿分位，盡詳躔度，人不悟者，翰自此洞曉之。後將至七夕，忽不見來，經數夜方至。翰問曰：「牛郎相見樂乎？」笑而對曰：「天上那似人間，正以期運當尔，非有他故也。」又問曰：「卿來何遲？」答曰：「人中五日，彼一夕也。」又爲翰致天廚，悉非世物。徐視其衣，並無衣縫，遂問之。答曰：「衣縫渾然天成，非針線爲也。」經一年。忽一夕，顔色悽惻，涕流交下，執翰手曰：「帝命有程，便當永訣！」遂嗚咽不自勝。翰驚惋曰：「尚餘幾日在？」對曰：「只今夕耳！」遂悲泣，徹曉不眠。及旦，抚抱爲别，以七宝枕一枚留贈曰：「明年某日，當有書信相問。」翰報以玉環一双，便履空而去，迴顧招手，良久方滅。翰思之未嘗忘。明年，至期果使前者侍女將書函至。翰開緘，以青縑爲紙，鉛丹爲字，言詞清麗，情意重疊。末有詩二首，詩曰：

河漢雖云闊，三秋尚有期。情人如有意，後會在何時？

又曰：

朱閣臨清漢，瓊宫架紫房。佳期情在此，思憶斷人腸！

翰以香箋答書，意甚切至。并酬詩二首。詩曰：

人世將天上，由來不爽期。誰知一迴顧，反作兩相思。

又曰：

贈枕猶香澤，啼衣尚淚痕。玉顔霄漢裏，空有往來魂！

是歲，太史奏織女星失躔度，無光彩。翰自此人間女色不復措意，以其无足與爲者。官至侍御史。

封陟不從仙姝命

封陟，字少登，居少室山。一夕，天氣清亮，月明如昼，忽睹一仙姝，淡粧近前，顧揖曰：「久聞美，願執箕箒。」陟曰：「君子固窮，寧敢思濫？請神仙回車，无相瀆也。」姝贈以詩，詩曰：

謫居蓬岳别瑶池，春媚煙花有所思。久稔高名先德望，願操箕箒奉屏幃。

後七日復來，又獻詩曰：

弄玉与夫皆得道，劉綱兼室尽登仙。君能仔細窺朝露，須逐雲車拜洞天。

觀其詩了，陟又曰：「《詩》云：『娶妻如何？匪媒不得。』《易》曰：『君子非幣之交不親。』其所以然者，正欲名分之正也。今輒與仙姝講好，人其謂我何？毋勞再三。」後七日又至，曰：「君能相容，即能致君壽比大椿，瞳方兩目，仙上靈府，任意追遊。莫種槿花，休敲石火。」陟怒曰：「失身陷義，雖生奚益？我不欺暗室，何苦相陵？」仙姝嘆曰：「所以致懇，爲是青牛道士苗裔，此時一失，又六百年。此子大是忍人！」又留詩曰：

蕭郎不顧鳳楼人，雲澁回車淚臉新。愁殺蓬萊歸去路，難窺旧苑碧桃春。

又曰：「好留住，他日相逢，悔之已暮。」後三年，陟病卒，爲太山所追，道遇仙騎，清道甚嚴，曰：「上元夫人遊太岳。」陟仰視金軺中，乃是昔日求偶仙姝者。夫人索追狀，曰：「若論封陟無情，合與滅没，然一見之日，不能忘情。」乃以大筆判曰：「封陟性雖執迷，性甚貞潔，實由朴實，難責風情，宜延一紀。」良久乃蘇。

醉翁曰：「語云：『三軍可奪帥也，匹夫不可奪志也。』以常人之情，遭遇仙女，恨不得與爲耦。封陟執德不回，終不屑就，誠若可愛。然細而思之，實無仙風道骨，是故執一而不通也。可惜乎哉！吾夫子曰：『可以仕則仕，可以急則速【二】。』伯夷隘，柳下惠不恭，君子不由也。」

【二】可以急則速　《孟子·公孫丑》，「急」當作「速」。

庚集卷一

〔閨房賢淑〕

刁氏夫人賢德

刁氏夫人，伊川先生之母也。夫人幼而聰悟過人，女功事無所不能，好讀書史，博通今古。丹徒君夫人父愛之過於子，每以政事問之，所言雅合其意。嘆曰：「恨汝非男子！」七八歲時，嘗教以古詩曰：「女人出，夜出秉明燭。」由是日暮則不復出。

夫人謙順自牧，雖小事未嘗專，必禀而後行。治家有法，不嚴而整。不喜鞭扑奴婢，或加呵責，必戒之曰：「貴賤雖殊，人則一也。汝如是，大時能爲此事否？」

夫人見道傍遺棄小兒，屢收養之。有小商，出未還，而其妻死，兒女散逐人去，惟幼者始三歲，人所不取。夫人懼其必死，使抱而歸。時聚族甚衆，人皆有不欲之色，乃别衆而食之。其父歸，謝曰：「幸蒙收養，得全其生，願以爲獻。」夫人曰：「本以待汝歸，非欲之也。」乃還其父。

嘗大寒，有負炭而轚者，轚，居料反，博也。家人欲呼之，夫人勸止曰：「慎勿爲此，勝則貧者困之。」

夫君凡有所怒，必爲之寬解。唯諸兒有過，則不掩也。常曰：「子之所以不肖者，由母蔽其過而父不知也。」

夫君罷尉廬陵，赴調，寓居歷陽。會夫君之弟以解掾毗陵【一】，聚口甚衆，儲備不足。夫人經營轉易，得不困乏。夫君歸，問其故，歎曰：「良轉運也！」

夫人所居之處，鄰婦里媪皆願爲之用，雖勞不怨。始就丹陽，賃葛氏舍以居。守舍王氏翁媪庸狡，前後居者無不苦之。夫人待以有道，遂反柔良。及迁去，王媪涕戀不已。

夫人安於貧約，服用儉素，覩親戚間紛華相尚，无所見矣。

夫人少女方數歲，忽失所在。乳媪輩悲泣叫號。夫人罵之曰：「在當求得，苟失亡矣，汝如是悲泣，亦將何爲？」

在廬陵時，公宇多怪，家人告曰：「物弄扇。」夫人曰：「熱耳。」又曰：「物擊鼓。」夫人曰：「有槌乎？可与之。」後家人不復言怪，怪亦不復有，遂獲安居焉。

夫人有知人之鑒。姜應明者，中神童第，人競榮之。夫人曰：「非遠器也。」後果以罪廢。伊川兄弟幼時，夫人勉之讀書史。夫人好文，而不爲詞章，見世之婦女以文章筆札傳於人者，深以爲非。平生所爲詩，不過三二篇，皆不存。獨記在歷陽時，以夫君覲親河朔，夜聞鳴雁至，爲詩曰：「何處驚飛起？雝雝過草堂。早是愁无寐，忽聞意轉傷。良

【一】解掾　原作「解椽」，據宋程頤《上谷郡君家傳》改。

人沙塞外，羈妾守空房【二】。欲寄回紋信，誰能付汝將？」

曹氏廉不受贈

曹氏，尚書修古幼女也。公天聖中累遷御史，持憲无阿曲，言事失職，知閩之興化軍，期年而卒。曹氏室居未嫁，父既没，其故僚卒吏民三十万致之柩前曰：「以供窆窆，臂驗反，入棺於土曰窆。喪。」母陳氏將受之。女曰：「制家之用，惟其家之酙酌。初吾父入司朝廷，出蒞民政，約以奉身，廉於臨人。今其去矣，葬禮隨家豐儉，苟將受所餽贈，惟它人忍之，我弗忍也。」母因是而請辭焉。其故僚復謂之曰：「葬先公弗資是財，則聞命矣。願留異日嫁公女焉，可毋拒也。」女曰：「俾用於喪，尚不敢取，今欲備吾之嫁，是使妾幸父之喪而自醜也！人之聞之，謂如何哉？」

賢於教子

陳堯咨知制誥，出守荆南回，其母何氏問曰：「古之居一郡一道，必有異政。汝典名藩，有何異效？」堯咨曰：「荆州路當衝要，郊勞宴餞，迨无虚日，然稍精於射，衆无不服。」何氏曰：「汝父訓汝以忠孝，今不務仁政善化，而專卒伍一人之伎，豈汝先人之意耶？」以杖擊之，金魚墜地。何氏嚴於教子矣。

勉夫爲學

樂羊子遊學，一年而歸，妻跪問其故。羊子曰：「久行懷思，无異也。」妻乃引刀趍而

【二】羈妾守空房　「妾守」原作「旅」，據《上谷郡君家傳》改。

言曰：「此織生自蚕茧，成於機杼，一絲而累，至寸不已，遂成丈疋。夫子積學，當日知其所亡，以就懿德。若中道而歸，何異斷斯織乎？」

事姑孝感

姜詩妻事姑甚謹。妻嘗泝流取江水以奉姑，詩以後時而遣之；妻乃寄止鄰舍，昼夜紡績，日市珍羞，使鄰母自遺其姑，如是者久之。姑聞之呼還，孝養愈謹。其子後因没水而死，妻恐姑傷，不敢言，而託以遊學。未幾，舍側湧泉，味如江水，每旦輒躍双鯉，以供姑之膳。得非孝之所感乎？

道韞才辨

謝道韞，王凝之妻，有才辨。叔父安嘗問：「《詩》何句最佳？」道韞稱：「『吉甫作頌，穆如清風。』仲山甫永懷以慰其心。」安謂其雅人深致。嘗内集，俄而雪下，安曰：「何所似也？」安兄子朗曰：「撒鹽空中差可擬。」道韞曰：「未若柳絮因風起。」安大悦。凝之弟獻之，嘗與賓客談論，詞理將屈，道韞婢白獻之曰：「欲爲小郎解圍。」乃施素綾步障自蔽，申獻之前議，客不能屈。

庚集卷二

〔花判公案〕

大丞相判李淳娘供狀

潭州李淳娘，字淑卿，先許曹君，自議親後五載，而鴛衾未遂。一日，縱步南園，見景物之韶華，煙花之艷冶，遂與里人蕭章通焉。人之事發【一】，到府庭。時大丞相歇馬于此，當廳引問，李氏請紙筆供責，四六成章，丞相覽畢，稱賞之。判云：

照供恩情難捨，據理法意易明。雖前日之是而今日之非，然今生之合乃前生之耦。况曹氏四年絶門，而蕭君千里有緣。永爲結髮夫妻，仍作挑琴姻眷。應干人責狀並放監，蕭章具禮成親。

張魁以詞判妓狀

張魁判潭州日，有妓楊賽賽訟人負約欠錢，投狀于張。時值春雨，賽賽立于廳下。張夫覽狀，先索紙筆云：

花判《踏莎行》云：

校勘記

【一】人之事發　「人」當爲「久」之誤。

鳳髻堆鴉，香酥瑩膩，雨中花占街前地。弓鞋濕透立多時，無人爲問深深意。眉上新愁，手中文字，如何不猜鱗鴻去？想伊只訴薄情人，官中不管閑公事。

判暨師奴從良狀

東陽有妓暨師奴者，移往崇安充弟子。已經漕司落籍訖，後再歸建陽，陳乞落籍，蒙縣宰花判云：

遁形老狐，爲景迹之道地；有司明法，駈妖魅於市廛。正合世間心，保汝首丘念。覽此來狀，自陳本命元辰，罪无重科，合照日前公案。好去改頭換面，不許旧店新開。判示老狐，切宜諦听。

判娼妓爲妻

鄂州張貢士與一角妓情好日久，後挈而之家。得金與妓父李參軍，未償所欲。一日，訟于府庭。追至，引問情由，供狀皆駢辭儷語。知府乃主盟之，花判云：

風流事到底无贓，未免一班半點；是非心於人皆有，也須半索千文。彼既籍於娼流，又且受其幣物，輒背前約，遽飾奸詞，在理既有虧，於情亦弗順。良決杖頭之數，免收反坐之愆。財禮當還李參軍，清娘合歸張貢士。爲妻爲妾，一任安排；作正作偏【二】，從教處置。

【二】偏　「偏」原作「徧」，據文意改。

判妓執照狀

柳耆卿宰華陰日，有不羈子挾僕從遊妓，張大聲勢；妓意其豪家，縱其飲食。僅旬日後，攜妓首飾走。妓不平，訟于柳，乞判執照狀捕之。柳借古詩句花判云：

自入桃源路已深，仙郎一去暗傷心【三】。離歌不待清聲唱，別酒寧勞素手斟？更没一文酧半宿，聊將十疋當千金。想應只在秋江上，明月芦花何處尋？十疋乃走字也。

富沙守收妓附籍

富沙太守丁侍郎，有延平妓弟，因訟竄到富沙，本州移文乞押回。侍郎花判云：

本欲縱之，聞有紛紜之論；請姑舍是，庶無彼此之嫌。况乘雁双鳧，不計江湖之多少；且並鄰同国，奚分秦瘠之越肥？楚人既已亡弓，塞翁寧顧失馬？徒勞專介，倖免移文。押下妓樂司附籍，仍牒關報。

判夫出改嫁狀

有一良家婦，以夫婿久出，不得音耗，意欲改稼，遂投狀于潭州張紫微，乞執照改嫁。蒙花判云：

淡紅衫子淡紅衣，狀上論夫去不歸。夫若不歸任從稼，夫若歸時我不知。

黄判院判戴氏論夫

王貢士赴省，就都下娶戴氏，約歸爲妻。及至還舍，戴見王之妻子已具，乃投詞于縣

【三】傷心　原文下衍「离歌不待傷心」六字，删。

令。蒙花判云：

山陰戴氏可憐貧，王生訪戴喜新春。但託女郎簽紙尾，且无書鋪與牙人。歸來心約与前別，君向瀟湘我向越。王生興尽且須歸，不免空舡載明月。

子瞻判和尚遊娼

靈景寺有僧名了然，不遵戒行，常宿娼妓李秀奴家。往來日久，衣鉢爲之一空。秀奴屢絶之，僧迷戀不已。僧乘醉往，秀奴不納，因擊秀奴，隨手而斃。縣官得實，具申州司。時内翰蘇子瞻治郡，一見大駡曰：「秃奴有此横爲！」送獄院推勘，則見僧臂上刺字云「但願同生極樂国，免教今世苦相煎」之句。及見欵狀招伏，即行結斷，舉筆判成一詞，名《踏莎行》：

這個秃奴，修行忒𠹭！雲山頂上持齋戒。一從迷戀玉楼人，鶉衣百結渾無奈。　毒手傷人，花容粉碎，空空色色今何在？臂間刺道苦相思，這回還了相思債。

判訖，押赴市曹處斬。

判僧姦情

鎮江僧，名法聰，犯童尼，訴之。判云，詞名《望江南》：

江南竹，巧匠織成籠。贈与吾師藏法体，碧潭深處伴蛟龍，色即是成空。

判和尚相打

一日，光華院僧爲奸情相妬，已行和議；又因酒座上，和尚復行言氣，遂成鬧喚。後投于郡衙，奉判云：

和尚永圓名、妙圓名，二人出家經年。喫酒結袈，趺坐相打，偏袒右肩。造惡恒河沙數，犯罪無量無邊。各決黄檀十二【四】，押出三千大千。

判楚娘悔嫁村夫

開封葛楚娘，甚美貌。一日，媒婦許擇佳婿。及嫁，乃一村夫，鬚糊滿口。楚娘大不悦，怨恨求去。其夫詣府陳之，奉判云：

夫有出妻之條，妻无退夫之理。糟糠古不下堂，買臣之妻可恥。且饒根究私情，二人押回本里。

斷人冒稱進士

有一健訟人，每假儒冠，妄生事節，到官虚妄。蒙宰公收罪引試「險而健訟」，其人署不能措詞。蒙知縣判云：

賣卦秀才，文理全乖！冒稱進士，且請喫柴。再三省問，道理胡來！既是告求，且與封案。如敢再來，定行科斷。

其人不甘，訴于太守，送于尉庁，復與引試《君子無所事》賦，終日不成一字。又蒙縣

【四】各決黄檀十二　原文「黄檀」下衍「黄檀」二字，删。

尉判云：

人稱進士，舉業必攻。既与引試，一字不通。必是健訟，難与贖銅。臀杖十五，且請歸農。

判渡子不孝罪

有一士人赴省，過三衢清湖渡，甚爲渡子辱。後士人及第，出鎮三衢，遂擒渡子，因竄不出。追禁其母，經十日，不出。才追逮其妻，禁一日，渡子即出。當蒙判云：

囚母十宵，尚由竄迹；禁妻一日，便出首身。倚門之望何疎？結髮之親太重！事誠不孝，當置極刑。以母老哀告，免死斷配本城。

判妓告行賽願

有一妓弟名女秀，欲往婺源祖廟賽願。時尉不肯行，女秀乃具狀經縣陳乞，蒙知縣送尉厅放行。作《西江月》以云。奉判云：

早晚以成行色，主人莫与留延。正當春月艷陽天，去賽從前心願。執狀去呈仙尉，殷勤好与周旋。不辭客路往來難，暫輟舞裙歌扇。

辛集卷一

〔神仙嘉會類〕

柳毅傳書遇洞庭水仙女

柳毅應舉不第，將歸湘濱。因過涇陽，見一婦人牧羊。毅怪而視之，乃殊色也。然而眉臉不舒，凝聽翔立，若有所待。毅問曰：「子何苦而自辱如此？」婦始笑而謝，終泣而對曰：「妾，洞庭龍君小女也，嫁与涇川次子，爲婢妾所惑，日以厭薄，乃訴於舅姑。舅姑愛其子，又復得罪，乃毀黜至此！」言訖流涕，悲不自勝。又曰：「洞庭於兹相遠，信耗莫通，聞君還鄉，甚近洞庭。欲以尺書寄托侍者，未卜可乎？」毅曰：「吾義夫也，聞子之説，恨不奮飛。然而洞庭深水，吾行塵間，若何可致？恐不相達，致負誠託。子有何術教我？」女曰：「負戴珍重，若獲回耗，雖死必謝。洞庭之陰有大橘樹，鄉人号爲橘社。君到，當解去織帶，束以他物。然後擊樹三發，當有應者。因隨其去，无有礙矣。」毅曰：「敬聞命也。」女遂於襦帶間解書授毅。毅乃置書囊中，因復問曰：「子之牧羊，何所用哉？」女曰：「非羊也，雨工也。」「何謂雨工？」「雷霆之類也。」毅因視之，皆矯顧拏步，飲齕甚異。毅又曰：「吾爲便者，子若歸洞庭，幸勿相避。」女笑曰：「寧敢相避，當如親戚耳。」言訖，别去。不數步回望，女与羊皆不見。月余，歸到家鄉，乃訪洞庭，果有橘社。遂易帶向樹，以物三擊。俄有武夫出於波間，再拜請曰：「貴客將至，有何所言？」毅曰：「求見大王。」夫乃揭水指路，引毅以進。謂毅曰：「當閉目數息可得達矣。」毅如其言，遂至其宫，但見千門万户，奇草珍木，无所不有。夫曰：「此靈虚殿也。」毅精視之，凡人世珍宝，皆備於此。須臾，宫門閃開，警從雲合，見一人，披紫衣，執青圭，望毅而請相見。毅拜，君亦答拜，坐於靈虚殿，謂毅曰：「水府幽偎，寡人暗昧，重荷夫子遠來，將有爲乎？」毅曰：「毅，大王之鄉人，昨因下第，閑遊至涇川，見大王愛女牧羊於野，風鬟雨鬢，所不忍視。毅因問之，即謂毅曰：『爲夫所薄，舅姑不念，以至於此。』遂託書於毅，令毅來此。」因取書進。洞庭君覽畢，以袖掩面而泣曰：「老夫之罪！不謹鑒听，使孺弱受害！公乃陌上人也，而能閔之，何敢負德。」良久，左右皆流涕；宫中聞之，亦皆慟哭。君令左右疾宫中：「无遺有声，恐爲錢塘所知。」毅問：「錢塘何人？」君曰：「寡人愛弟，昔爲錢塘長，勇猛過人。昔堯遭洪水，乃此子怒耳。」言未畢，大声忽發，若天坼地裂，宫殿擺簸，雲煙沸湧。俄有赤龍，長万余尺，電目血舌，朱鱗火鬣，雷霆繞身，雨雹皆下，乃擘天飛去。毅恐仆地。君親起扶之曰：「無懼！無懼！固不爲害。」俄而祥風慶雲，幢節玲瓏，簫韶備奏，紅粧千万，語笑熙熙，中有一人，自然蛾眉，明璫滿身，綃縠參差。毅視之，即前所寄書人也，若喜若悲，零淚如絲。須臾，入于宫中。君笑謂毅曰：「涇水之囚人至矣。」有頃，君与毅飲食。有一人披紫裳，執青圭，皃聳神溢，立於君側。君謂毅曰：「此錢塘也。」毅起趨拜。錢塘亦尽礼相接，謂毅曰：「女姪不幸，爲頑童所辱，賴明君子信義昭彰，致達遠寃。不然，終抱恨於涇陵而不聞也。嚮德懷恩，不諭心！」毅辭謝唯唯。錢塘乃告君曰：「兹以辰發靈虚，巳至涇陽，午戰於彼，未還於此。」君曰：「所傷何？」曰：「六十万。」「害稼乎？」曰：「八百里。」君曰：「无情郎安在？」曰：「食之矣。」乃宴毅於碧雲宫，會九戚，張廣樂，贈毅珠璧，堆積坐側。錢塘曰：「猛石可裂不可卷，義士可殺不可辱。愚有衷情，一陳於公。可則俱逸雲霄，否則皆遺糞壤。涇陽嫠妻，則洞庭君之愛女。不幸見辱於匪人，今則絶矣。將欲求託高誼，世爲親賓。」毅曰：「始聞跨九州，摧五岳，洩其憤怒；斷金鏁，折玉柱，赴其急難。其剛決明直，无如君者。奈何不已其道，以威加人？且毅之質，不足以藏王一甲之間，然而敢以不伏之心，勝王不道之氣，則毅之死，猶不死也。」錢塘逡巡致謝曰：「詞述狂狷，搪突高明，幸君子不以此爲嫌。」宴罷，辭别而去。夫人泣謝。毅出達岸，見從人十餘擔囊隨後，至其家而辭去。毅因適廣陵宝肆，鬻其所得，万未發一，財已盈兆，富盛莫比。後娶張氏。歲餘，張氏亡。又娶韓氏，數月，韓氏亡。徙居金陵，娶盧氏女。居月餘，毅因曉晴入户，視盧氏女，顔皃甚類龍女，而逸艷豐姿又過之。經歲余，生二子，毅益重之。一日，妻乃穠飾焕服，召毅於簾室之間，笑謂毅曰：「君還記昔日乎？」毅曰：「素非姻好，何爲記憶？」妻曰：「予即洞庭君女也，涇之上辱，君能救之，此時誓心，永以爲好。自錢塘季父論請不從，辜負宿心，悵怏成疾。父母欲嫁於濯錦小兒，妾閉户剪髮，以明无意。值君累娶繼謝，不意今日得奉閨房。始不言者，以君无重色之心；今此言之，察君有愛子之意。勿以它類，遂爲无心。龍壽萬歲，今与君同之。」開元中，上方屬意神仙之事，精索道術；毅不自安，遂与妻歸于洞庭，莫知其跡。

劉阮遇仙女于天台山

剡縣有刘晨、阮肇二人，入天台山採藥，迷失道路。粮尽，望山頭有桃，共取食之，便覺稍健，乃下山澗飲水，見蔓菁菜，及有一抷流出，中有胡麻飯屑。二人相語曰：「此去人不遠。」因過水，行一里，又度一山，出大溪，見二女，容皃絶妙，世所未有。便喚刘、阮姓名，如旧曾相識者。問：「郎等來何晚？」因邀過家，庁堂亭館，服飾精華；東西兩畔，各鋪設床帳帷幔，七宝瓔珞，非世所有。左右青衣端正，都无男子。須臾，下胡麻飯，山羊脯，甚美。又設甘酒。俄有數仙女將三五桃至，云：「來慶女婿。」各出樂器，歌調作樂。日向暮，數仙女各還去，但留所邀二仙女在焉。刘、阮二人，各隨一仙女，就東西兩處同宿，行夫婦之道，極人間之歡。留十五日，刘、阮求還。仙女曰：「來也者，皆宿福所招，得与仙女交接。流俗間有何所樂？」遂留住半年。天氣和適，常如二三月。刘、阮聞百鳥哀鳴，悲思求歸甚切。仙女曰：「罪根未滅，使君等如此。」乃喚諸仙女：「共作樂歌，吹送刘郎、阮郎去。」遂教刘、阮：「從此山洞口出，不遠，可至大路。」刘、阮隨其言，得還家鄉，並无相識者。鄉里人皆異之。乃根問得七代子孫，云：「傳聞上祖入山不出，不知何在。」既無親屬，欲再還仙女家，尋山路不獲。後失二人所在。

裴航遇雲英于藍橋

裴航因下第，遊于鄂渚，買舟于襄漢。同舟有樊夫人者，国色也。航雖聞其言語，而无計一面，因賂侍婢裊煙，而求達詩一章。詩曰：

同舟胡越猶懷思，况遇天妃隔錦屏。倘若玉京朝會去，願隨鸞鶴入青冥。

詩往，久不答，航數詰問，裊煙曰：「娘子見詩若不聞，如何！」航无計，因自求美醞珍果獻之。夫人乃使裊煙召航相識。及衾帷，但見月眉雲鬟，玉瑩花明，舉止即煙霞外人。航拜揖。夫人曰：「妾有夫在漢南，幸无以諧謔爲意。然亦與郎君有小小因緣，他日必得爲姻懿。」後使裊煙持詩一首答航，詩曰：

一飲瓊漿百感生，玄霜擣尽見雲英。藍橋便是神仙宅，何必崎嶇上玉京？

航覽詩，不曉其意，後更不復見。航遂飾裝歸輦下，道經過藍橋驛，偶渴甚，遂下馬求漿而飲。見一茅舍，低而隘，有老嫗緝綴麻苧。航揖之，求漿。嫗呼曰：「雲英，擎一甌漿來，郎君要飲。」航訝之，因憶夫人「雲英」之句。俄於葦箔之中，出双玉手，授瓷甌。航接飲之，真玉液也，覺異香透于户外。因還甌，遽揭箔，覩一女子，華容艷質，芳麗無比，嬌羞掩面蔽身。航凝視，不知移步，因謂嫗曰：「某願略憩於此。」嫗曰：「取郎君自便。」航謂嫗曰：「小娘子艷麗驚人，願納厚礼，娶之可乎？」嫗曰：「渠已許嫁一人，但未就耳。我今老而且病，只有此女孫。昨有神仙遺藥一刀圭，但須得玉杵臼【一】，搗之百日，方可就吞。君若的欲要娶此女，但要得玉杵臼，吾即与之，亦不顧其前時許人也。其餘金帛，吾无所用。」航謝曰：「願以百日爲期，待我持杵臼至，莫更許他人。」嫗曰：「然！」航遂恨恨而去。及抵京師，但以杵臼爲念，或於喧閧處，高声訪問玉杵臼，皆无影響，衆号爲風狂。如此月余，忽遇一貨玉老翁曰：「近得虢州藥鋪卞老書言：『它有玉杵要貨。』聞郎君懇求甚切，吾當爲書而薦導之。」航媿謝，珍重持書而去，果獲玉杵臼，遂持歸至藍橋昔日嫗家。嫗大笑曰：「有如此之信士，吾豈愛惜一女子，而不酧其勞哉！」女亦微笑曰：「雖苟如此，然更用搗藥百日，方可結姻。」嫗於襟帶間解藥，令航搗之。航晝搗而夜息。夜則嫗收藥臼於内室，航又聞杵声，因窺之，有玉兔持杵，雪光耀室，可鑒毫芒。於是航之意愈堅。百日足，嫗吞藥曰：「吾入洞，爲裴郎具帷帳。」遂挈女而行，謂航曰：「但少留此。」須臾，車蓋來迎，俄見大第，錦綉帷帳，珠翠耀日。仙童侍女引航入帳就礼訖；航拜嫗感謝，乃引見諸親賓，皆神仙中人。後有一女子，鬟髻，衣霓衣，称是妻之姊。航拜訖，女曰：「裴郎不憶鄂渚同舟而抵襄漢乎？」航問左右，言是小娘子之姊雲翹夫人，刘綱天師之妻，

【一】玉杵臼　「臼」原作「旧」，徑改。下同。

已是高真，爲玉皇女史。嫗遂遣航將妻入玉峯洞中，瓊樓珠室而居之，餌以絳雪瑶英之丹，神仙自在，超爲上仙。

辛集卷二

〔負約類〕

王魁負心桂英死報

王魁者，魁非其名也，以其父兄皆名宦，故不書其名。魁學行有声，因秋試觸諱，爲有司擠；失意浩歎，遂遠遊山東萊州。萊之士人，素聞魁名，日与之遊。一日，爲三四友招，過北市深巷，有小宅，遂叩扉。有一婦人出，年可二十余，姿色絶艷。言曰：「昨日得好夢，今日果有貴客至。」因相邀而入。婦人開樽，酌獻于魁曰：「某名桂英，酒乃天之美禄，使足下待桂英而飲天禄，乃來春登第之兆。」桂英謂人曰：「此大壯之士。」又謂魁曰：「聞君譽甚久，敢請一詩。」魁作詩曰：

謝氏筵中聞雅唱，何人戞玉在簾幃？　一声透過秋空碧，幾片行雲不敢飛。

桂英乃再拜。酒罷，桂英獨留魁宿。夜半，魁問：「娘子何姓？顔皃若此，反居此道何也？」桂英曰：「妾姓王，世本良家。」復謂魁曰：「君獨一身，囊无寸金，倦遊閭里。君但日勉學，至於紙筆之費，四時之服，我爲君辦之。」由是魁醮止息於桂之館。踰年，有詔求賢，魁乃求入京之費【一】。桂曰：「妾家所有，不下數百千，君持半爲西遊之用。」魁乃長吁曰：「我客寓此踰歲，感君衣食之用，今又以金帛佐我西行之費，我不貴則已，若貴，誓不負汝。」魁將告行，桂曰：「州北有望海神，我与君對神痛誓，各表至誠而別。」魁忻然諾之。乃共至祠下，魁先盟曰：「某與桂英，情好相得，誓不相負，若生離異，神當殛之；神若不誅，非靈神也，乃愚鬼耳。」桂大喜曰：「君之心可見矣。」又對神解髮，以綵絲合爲双髻。復用小刀，各刺臂出血盈盃，以祭神之余酒和之而交飲。至暮，連騎而歸。翌日，魁行，桂爲祖席郊外，仍贈以詩云云：

靈沼文禽皆有匹，仙園美木尽交枝。无情微物猶如此，因甚風流言別离？

魁覽之，愕然。桂曰：「以君才學，當首出羣公，但患不得与君偕老！」魁驚曰：「何言之薄也？盟誓明如皎日，心誠固若精金，虽死亦相從於地下。」桂曰：「但望早還，无負約也。」魁遂行，抵京師，就試，果頂高薦【二】，乃遣介歸報書，後有一書，詩曰：

琢玉磨雲輸我輩，攀花折柳是男兒。來春我若功成去，好養鴛央作一池。

桂得詩，大喜，乃答書賀之。魁既試南宮，復若上游，及宸廷唱第，爲天下第一。魁乃私念曰：「吾科名若此，即登顯要，今被一娼玷辱，况家有嚴君，必不能容。」遂背其盟。自過省御試後，即絶書報。桂探聞魁擢第爲龍首，大喜，乃遣人馳書賀之，兼有詩曰：

人來報喜敲門速，賤妾初聞喜可知。天馬果然先驟躍，神龍不肯後蛟螭。海中

【一】魁乃求入京之費　原文「魁」上衍「魁乃求入京于桂之馆踰年有詔求賢」十五字，刪。

【二】頂高薦　「頂」疑當作「預」。

空却雲中窟，月裏都无丹桂枝。漢殿獨成司馬賦，晉庭惟許宋君詩。身登龍首雲雷疾，名落人間霹靂馳。一榜神仙隨馭出，九衢卿相尽行遲。煙霄路穩休回首，舜禹朝清正得時。夫貴婦榮千古事，與君才皃各相宜。

復書一絶，再寄良人，因以戲之。詩曰：

上都梳洗逐時宜，料得良人見即思。早晚歸來幽閣内，須教張敞畫新眉。

魁得書，閲畢，涕下交頤，曰：「吾与桂英，事不諧矣！」乃竟无答書。桂亦不知其中变，惟閉門以俟。及聞瓊林宴罷，乃復附書，又有一絶。詩曰：

上国笙歌錦綉鄉，仙郎得意正疎狂。誰知憔悴幽閨客，日覺春衣帶系長！

魁得書涕泣，隱忍未決。會其父已約崔家女，与之作親，魁不敢拒。遂授徐州簽判。乃歸江左覲父，回即赴任。桂聞魁授徐簽，又赴上了，喜曰：「徐去此不遠，必使人迎我。」乃作衣一襲，爲書遣僕往徐。魁方坐庁，人吏環擁，閽吏引僕見魁。魁因問之僕：「自何處來？」僕以桂英之言對之。魁當大怒，欲撻其僕，書遂擲地，並不受，遣僕還之。桂英喜迎之問，聞及此語，乃仆地大哭。久之，謂侍兒曰：「今王魁負我盟誓，必殺之而後已，然我婦人，吾當以死報之。」遂同侍兒，乃往海神祠中，語其神曰：「我初來，與王魁結誓於此，魁今辜恩負約，神豈不知？既有靈通，神當与英決斷此事，吾即自殺以助神。」乃歸家，取一剃刀，將喉一揮，就死於地，侍兒救之不及。桂英既死，數日後，忽於屏間露半身，謂侍兒曰：「我今得報魁之怨恨矣！今以得神以兵助我，我今告汝而去。」侍兒見桂英跨一大馬，手持一劍，執兵者數十人，隱隱望西而去。遂至魁所，家人見桂英仗劍，滿身鮮血，自空而墜，左右四走。桂曰：「我与汝它輩无寃，要得無义漢負心王魁尔！」或告之曰：「魁見在南京爲試官。」桂忽不見。魁正在試院中，夜深，方閲試卷，忽有人自空而來，乃見桂英披髮仗劍，指罵：「王魁負义漢，我上窮碧落下黄泉，尋汝不見，汝却在此。」語言分辨，魁知理屈，乃嘆之曰：「吾之罪也！我今爲汝請僧課經薦拔，多化紙錢可也。」桂曰：「我只要汝命，何用佛書紙錢！」左右皆聞之与桂言語，但不見桂之形。於是魁若發强悸，乃以剪刀自刺，左右救之，不甚傷也。留守乃差人送魁還徐。魁復以刀自刺，母救之，然魁決无生意。徐有道士馬守素者，設醮則有夢應。母乃召之使【三】。母果夢見兒魁与一婦人以髮相繫，在一官府中。守素告其魁母曰：「魁不可救。」舉家大慟哭。後數日，果自刺死。

【三】母乃召之使　「使」後疑漏「醮」。《類説》作「屢醮」。

壬集卷一

〔負心類〕

紅綃密約張生負李氏娘

京師貴官子張生，因元宵遊乾明寺，據《太平廣記》云慈孝寺。忽於佛殿前拾得紅綃帕子，裹一香囊，異香芬馥。生愛賞久之，於帕子上有細書，字体柔軟，誠女子之書。熟視之，乃詩二於其上。

其一曰：

囊裏真香誰見竊？鮫綃滴血染成紅。殷勤遺下輕綃意，好与才郎懷袖中。

其二曰：

金珠富貴吾家事，常渴佳期乃寂寥。偶用至誠求雅合，良媒未必勝紅綃。

又有小字書於詩尾云：「有情者若得此物，不相忘，而欲与妾一面者，請來年正月十五夜，於相藍後門，車前有双鴛鴦灯者是也。可得相見矣。」生嘆賞久之，乃和其詩二首。

其一曰：

濃麝應同瓊体織，輕綃料比杏腮紅。虽然未近來春約，已勝襄王魂夢中。

其二曰：

自得佳人遺贈物，書窻終自獨無寥。未能得會真仙面，時賞香囊与絳綃。

歲月如流，忽又换新年，將届元宵。生思之，自十四日晚，伺候於相藍之後。至夜，果見彫輪綉轂，翠蓋爭飛，其中一車呵衛甚衆，分明燈掛双鴛。生驚喜，莫知所措，無計通君。須臾，車中人揭簾，持鏡匀面；意者恐去年相約之人，未見奴面，故託以匀面，使人觀之。生凝顧，但見花容艷質，賽過姮娥，萬態千嬌，不能名狀。生牽役輕情，无計通意女郎。思念所約十五日，今且歸，明日復來。須臾，香車已失所在。生神迷恍惚，歸去不能成寐，坐以待旦。次晚，再候於故地。至夜，其車又來，生計獲萬端，不能通耗，因誦詩近車，或前或後。詩曰：

何人遺下一紅綃？暗遣吟懷意氣饒。勒馬住時金鐙脱，亞身親用宝灯挑。輕輕滴滴深深染，慢慢尋尋緊緊挑。料想佳人初失却，幾回纖手摸裙腰。

詩畢，車中女子聞之驚喜，默念：「去年遺香囊之事諧矣。」遂啓簾，雇見張生脩眉俊目，骨秀神清，真風流之士。女子愈喜，怎奈車前侍衛甚衆，无計通音。忽有賣花者，女子叫令買花，因使賣花者説与張生，唤來日可於此來相候。生會女意。次日，伺候於茶肆中，至晚，無消耗。直到三鼓初，俄有一青盖旧車來，更无人從，駐於昨夜所遇之地，車前掛以双鴛央灯。生驚疑間，簾後覩昨夜相遇之女，乃一尼耳。車中一人云：「送師歸院。」尼轉面揮手，招生相近。生潛逐之，但驚疑昨日紅粧，今日尼也。隨至乾明寺，有老尼迎于門，云：「來何遲也！」尼入院，生亦隨之，過曲扉，入一小軒中，已張灯列筵，珍羞畢備。尼乃去包系，則紺髮堆雲；脱僧衣，而紅裳映日；千嬌隨眼轉，百媚笑中生。張生与女子對坐，酒行之後，女曰：「今夕相會，豈非夙契？願見去歲相約之媒。」因取紅綃香囊示之。女笑曰：「京輦人物繁華，獨君得之，豈非天契耶？」生曰：「當時得之，自料必貴家麗人所造，觀其上三篇，亦嘗賡和。」因舉之。女喜曰：「真我夫也！」於是擁生去就，如魚得水，極盡歡情，兩意方濃，鄰雞報曉。生曰：「終歲密約，幸得歡會！敢問娘子誰氏之家？」女曰：「妾本貴家，稍親詩筆，不逢佳偶，每阻歡情，特仗紅綃，欲求雅合。果是天從厚願，輒獻一盃，与郎爲壽。」生曰：「某幸与神仙配合，虽古之刘、阮，亦不過此。」於是二人交歡，飲一盃。生曰：「今日飲香醪，親麗色，平生幸甚！且願知娘子族氏。」女曰：「乞賜牋管。」落筆即成一詩。其詩曰：

門前畫戟尋常設，堂上犀簪取次看。最是惱人情亂處，鳳凰樓上月華寒。

生讀訖，執女子手而言曰：「門排畫戟，堂列犀簪，家起鳳凰樓，伊果誰氏？」女曰：「妾乃節度使李公之偏室也。公性强暴，威德之名聞於輦下，伊必知之。妾虽處富貴，奈公年老，誤妾芳年懽會，惟此爲恨！遂遺香囊，祝天求合，因得今日之遇。」生曰：「此别未卜何時再會？」女曰：「妾之此去，定當永訣，幽囚深院，无復再會，相思抱恨，有死无生！不若以死向君，願君无忘今日之語，妾亦感恩地下。」言訖，香腮褭淚，翠黛愁縈。生曰：「不意昨夜濃懽，變成今日离索！伊賦情如是，我非土木，豈能獨生？願与伊共死，庶免兩處离愁。」女曰：「子有此心，我之願也！生既不得同床，同死庶得同穴。」乃解衣帶，作同心結，繫於梁上，乞与郎共死。老尼在傍曰：「是何言也！累劫修行，方得爲人，豈可輕生就死？你門若要百年偕老，但患无心耳！」女与郎問計於尼。尼曰：「但不得以富貴爲計，父母爲心，遠涉江湖，更名姓於千里之外，可得尽終世之懽矣。」生曰：「但願与伊共處平生，此外皆不介意。」女曰：「誠如是，我當備其財。」因告歸：「今夜三鼓後，子可來城北，待我於巨柳之下，我當握金錢數万，從子往千里之外，以尽此生之樂。」生曰：「果然否？」女曰：「妾与子誓共死，性命尚拚却，况余事乎？不宜以二心相待。」生如約，伺候柳下。二鼓已深，天色陰晦，忽見女子携一綉囊，躡足而来。生迎之，女子执手而言：「非我兩个情堅，乃天助我。公方大醉困睡，我得承便而來。」生曰：「毋多言！恐覺而追之。」方欲速往，忽見一人，來勢如飛。女回視，乃李氏侍女彩雲也。彩雲曰：「妾恨娘子恩厚，不忍使娘子獨往，及恐太尉酒醒，問妾求娘子所往，承怒何能免禍，願与娘子同行。」於是三人潛宿通津近邸，次早，沿流而下，自汴涉淮，至蘇州居焉。日夕飲宴，結集豪俠，専務賭博。纔經三載，家道零替，生計蕭然，漸至困窶，廚絶庖爨，身衣百結，但朝夕共生破席而已。不免將彩雲轉雇他人，所得少米，以度朝夕。一日，生謂李氏曰：「我之父母，近聞知秀州，我欲一見，次第言之，迎尔歸去，作成家之道。」李氏曰：「子奔出已久，得罪父母，恐不見容。」生曰：「父子之情，必不至絶我。」李氏曰：「我恐子歸而絶我。」生曰：「你与我異体同心，况情義綿密，忍可相負？稍乖誠信，天地不容！但約半月，必得再回。」李氏曰：「子之身，衣不蓋形，何面見尊親？」生曰：「事到此，無奈何！」李氏髮長委地，保之苦氣，密地剪一縷貨於市，得衣數件与生。乃泣曰：「使子見父母，虽痛无恨。」生亦泣下曰：「我痛入骨髓，將何以報？」李氏曰：「夫妻但願偕老，何必言報。」次日將行，李氏曰：「不果餞行。事濟与不濟，早垂見報。稍失期信，求我於枯魚之肆！」言訖哽噎，淚成行下。彩雲曰：「君之此去後，使我娘子將何以度朝夕？但願早回，以濟不足。」生亦悲恨而別。既到秀州，即居行首梁越英之店。明日，梁行首獻茶。行首請入他房内，生忻然而往，命茶訖，生曰：「此間郡守，某之父也。某别父數歲，遊學京師，今特來一見。」越英曰：「賢尊方始去任，恰則未行，尚可往見。」越英見生口辨兒美，頗有愛恋之意。生歸房。次日欲見使君，偶遇旧蒼頭曰：「使君知小官人与乾明寺尼遠走江湖，常懷怒色，每言：『他日若歸，不許入門。』使君震怒，無人敢犯。」生曰：「我方穷困，試爲我於娘處通一信息。」蒼頭諾之，去久方出，手携白金數兩，与生曰：「夫人令將此物相惠。父方怒，不要進門，恐禍將及。」生得之，歸店中，自思此物除路費外，能有幾何。又思李氏懸望，恐失期約，不勝悲怨，遂大哭。越英聞之，問青衣曰：「誰人泣下？」青衣曰：「昨日張秀才。」越英令召生至，問：「所哭何事？」生曰：「此來省侍慈父，已失今年利場之望。而父又不許入門，幸母氏見惠曰白金數兩。旅途无依，是以泣下。」越英曰：「大丈夫當存志節，留心向學，異時顯達，謝過嚴君，必能容納，何自苦如此？妾有裝奩，不啻數萬貫，願充爲下妾。異日功名成就，任選嘉姻，但願以侍妾見待足矣。」生沉思：「李氏虽有厚恩，我往見，共受飢餓，死亡可待，不若辜負李氏爲便。又况越英容貌聰慧，差勝李氏。」於是謂越英曰：「寒士苟不見弃，當願結髪偕老，何以婢妾自謙？」越英遂解真珠紅抹肚，親繫郎腰爲定。是日，詣府陳狀，許從良，立媒，備六礼而成親。日夕宴樂，情愛綢繆。李氏窮困尤甚，因謂彩雲曰：「生衣薄天寒，裹粮不足，必是困於道路，乃能過期不歸。」彩雲曰：「容我探問路人。」得知秀州知郡張大夫，已於某時去任矣。李氏曰：「此天之亡我夫妻！必是生既不見其親，中途頓挫，存亡未可知。我心轉不安，當与你同往秀州，問其端的。」彩雲曰：「娘子何以爲道路之費？」李氏曰：「但得尺布蔽体，丐於道路，得見其夫，虽死不悔。」彩雲泣下，李亦大慟。次日，税舟抵秀，遂問子細。人曰：「兩旬前有一貧士，稱是知郡張大夫長子，遠來省親。見他舊蒼頭云，大夫震怒，不許入門，夫人得白金數兩与之，倉惶而去。」李氏大哭曰：「向者貧士，妾之良人，既不得見其父母，不知何往？」因遣彩雲更探消息，忽至一巷，覩一宅，稍壯麗，門前掛斑竹簾兒，厅前歌舞，厅上會宴。彩雲感舊，泣下曰：「我秀才娘子向日常有此會，誰知今日窮困如此！」因拭淚，於簾下一覷，見一女子，對坐一郎君，皃似張官人，言笑自若。更熟認之，果然是也。遂問青衣：「此是誰家？」青衣曰：「此張解元宅，乃前知郡張大夫之長子。大夫以生狂蕩，不内于門，我娘子慕它才貌，遂成婚姻。常開芳宴，表夫妻相愛耳。」彩雲氣噎，奔告李氏。李氏与彩雲俱至，視之果然。李氏突至階下，越英驚問，李氏指生曰：「此我夫也。」遂駡張生：「辜恩負義，停妻娶妻，既爲士人，豈不識法？」越英當時謂生曰：「君既有妻，復求奴姻，是君負心之過。」於是三人共爭，以彩雲爲證，遂告於包公待制之厅，各各供狀，果是張資之負心，遂將其繫於厅監。張資責娶李氏爲正室，其越英爲偏室。事見《太平廣記》【二】。

【二】按：《太平廣記》無此則。

壬集卷二

〔奩緣奇遇類〕

崔木因妓得家室

崔木，字子高，兗州人也。風骨秀美，精神洒落。元符間，來遊太學，所攜金錢數百万緡。既入學中，木以多資之故，所交結職事頗多，友甚衆。每遇相与遊於市中之時，崔木獨慷慨特達，用錢如沙泥。時京師目之曰「地行仙」也。應歌樓、妓舘、酒肆、茶坊，見崔木之來，殆猶走獸之於麒麟，飛鳥之於鳳凰，傾心以事之。一日，王上舍勉仲，邀崔木遊春出郊，特呼角妓張賽賽侑樽。酒已數行，崔木酣醉。王上舍謂賽賽曰：「崔上舍，今之望人也；尔乃京城之角妓也。以望人而遇角妓，可謂一時之佳遇。適今之時，正屬仲春，日暖風和，花紅柳緑，景物如此，豈可無一詞以歌詠乎？尔可請崔上舍賦一詞，於席前歌之，庶不負今日之景也。」賽賽曰：「既承台命，願有所請也。」乃斂衽緩步，至崔木之前，媚其顏色，和其声氣，謂崔木曰：「妾聞陽和不擇地而生物，此天之時也。文章如万斛泉源，不擇地而出，此人之才也。方今風和日暖，景色妍媚，文人才士當此之時，豈可無佳詞以詠一時之樂哉？主人適遣妾來，求金玉以詠佳景，令妾執板一唱，以助清歡。若蒙不鄙妾之鄙陋，即賜一揮而就，使妾不受重罰，當圖厚報。」崔木曰：「但恐小子不才，辭不達意。」妓曰：「主人之意已堅，不必以他辭爲拒也。」崔木於是索紙筆，更不停思，成詞。詞名《最高樓》：

蹇驢緩跨，迢遞至京城。當此際，正芳春。芹泥融暖飛雛燕，柳條摇曳韻鸝庚。更那堪，遲日暖，曉風輕。　算費尽主人歌与酒，更費尽青楼籌与箏，多少事，絆牽情。愧我品題无雅句，喜君歌詠有清聲。願從今，魚比目，鳳和鳴。

詞畢，賽賽執檀板，向筵前歌之。賽賽声音繚亮，腔調不失。王上舍大喜，引巨觥滿泛，以尽賓主之歡，所以賞勞賽賽者甚厚。迨紅輪西沉，暝色已晚，崔木辭歸。賽賽謂木曰：「妾居在南熏門内第九家，明日幸訪焉。」木次日偶有事幹，從南薰門入，惟見小童來前，揖曰：「主人請上舍。」木曰：「主人爲誰？」童曰：「王上舍在此屋内，請上舍有少稟。」木方欲謝他日之宴餞，即趨往焉。既至其門，惟見一女子，推朱箔，揭湘簾，娉婷婀娜，自内而出。崔木始見之初，以爲是王上舍之寵姬，徐而視之，乃昨日謳詞之妓張賽賽也。妓迎崔木以入。妓來前曰：「昨日荷特達，使妾罰不及身，君之惠也！不可无謝礼。」即呼小童，具酒殽已，飲數盃，妓曰：「有酒不可无詩，妾勉强作詩一首，以謝昨日之惠愛。」【二】即將紙筆爲詩。詩曰：

【二】惠愛　「惠」原作「恵」，據文意改。

春光駘蕩滿皇州，裊裊垂楊夾御溝。新燕梁間調好語，雛鶯林内囀歌喉。當筵幸與多才遇，好景須還雅韻酧。多謝東君多顧盼【二】，免教重罰一生羞。

木見詩曰：「有唱則有和。」即將筆賡和：

琴書相伴到神州，幸際朋儔過遇溝。主礼殷勤排燕會，佳人宛轉動鶯喉。自慚余子無才學，却使當年與唱酧。尤幸期時再相見，從今應不作花羞。

飲酒至夜，歡樂之甚。是夜，崔木宿於賽賽之家。夜半之後，木枕上從容謂賽賽曰：「汝鶯花无主，我亦未娶，汝肯与我爲夫婦乎？」妓曰：「妾門閥卑微，容皃鄙陋，而又此身繫官，不容爲君子之配。君若果未婚，妾當爲掌判，使君即得佳偶。」木曰：「何人也？」妓曰：「對面係太守黄秘丞之家，秘丞有女，名舜英，年方十九，美容仪，工新曲。俟秘丞夫妻子弟俱死，惟有一女，独處一室，家業巨万，無人主持，欲嫁之心，不啻飢渴。俟天明，妾當往薦一言。」木曰：「若果如佳麗之言，夫何幸！」至早飯後，妓往黄宅，具道其所以。女曰：「可令渠作一詩或詞來，則就此而作區處也。」妓回報曰：「此易事也，但要作詩与詞以往，事必濟矣。」崔木聞之，於是以紅羅一幅，寫詞一首，以付張賽賽。詞名《虞美人》：

春來秋往何時了？心事知多少【三】。深深庭院悄无人，獨自行來獨坐若爲情？

双旌声勢虽云貴，終是誰存濟，今宵已幸得人言，擬待勞煩神女下巫山。

【二】顧盼　「顧」原作「雇」，徑改。

【三】心事知多少　「心事」前原有「那更」，據詞律，當爲衍文，删。

賽賽奏詞以往曰：「定礼至矣。」舜英覧之，謂妓曰：「詞則佳矣，但不知其心性亦如詞否？」妓曰：「崔上舍文思捷急，心性寬和，賽賽知之熟矣。不惟賽賽知之，一城之人尽知之矣。此一節何疑焉？」女曰：「子所居，与我爲鄰，豈誑我也。」即以黄絹和詞云：

一從骨肉相抛了，受了多多少少！溪山風月屬何人？到此思量因甚不關情。而今虽道王孫貴，有事憑誰濟？自從今夜得媒言，相見佳期无謂隔關山。

寫畢，張賽賽又奉詞以歸曰：「此回仪也。」崔木見詞，即令術者擇日，往黄舜英之家親焉。

〔題詩得耦類〕

華春娘題詩遇君亮成親

開封華椿年，以吏部侍郎知齊州事。娶長安鄭氏，生一女，名春娘，年方十三而母死。春娘皃美而艷，性喜讀書，詩才敏捷。時當春昼，乃題詩於所居之窻。詩曰（下有闕文）

編者按，據《緑窗新話》，此段闕文作：「鄰居有徐君亮，年少俊爽，遊學方還，來訪椿年。椿年留飲。春娘窺見君亮，心悦慕之。君亮見春娘頻，乃奉李白詩句挑之。春娘即取紅綃，寫《毛詩》『春日遲遲』、『殆及公子同歸』兩句，遣小玉投君亮懷中。君亮飲罷歸。次早，以彩牋題詩曰：『自從瞥見如花面，晚夜相思腸欲斷，分明咫尺遠如天，何以同心作方便？』春娘得詩，無計以相就。」此一段雖可補充闕文，但上面的「詩曰」既無，下面亦與「信其無他志，更不防閑」不相銜接【四】。

信其无它志，更不防閑。春娘一日又於小院粉壁上題詩曰：

燕子樓中燕子飛，芹泥一點誤沾衣。主人頻起嗔嫌意，垂下珠簾不放歸。

一日，小玉浣紗於溪頭，与君亮相遇，君亮遂使通殷勤。是夜，約君亮至春娘寢室，共諧歡偶。自是潛入潛出，暮來曉去。經數月，椿年見春娘双乳胖甚，神彩發越【五】，遂生疑心，多方巡邏。一夕，君亮至其家，爲椿年所擒。事隸縣官，及見二人取覆，文采供狀多才。縣宰乃勸椿年併以嫁之：「有女如此，婿復如彼，下官自作媒人。」椿年從其言，遂妻之。二人喜出望外，拜謝媒人而歸之【六】。

【四】以上闕文據《緑窗新話》補。

【五】發越　原作「登越」，據《緑窗新話》改。

【六】拜謝　原作「拜諭」，據《緑窗新話》改。

癸集卷一

〔重圓故事〕

樂昌公主破鏡重圓

陳太子舍人徐德言之妻，後主叔寶之妹，封樂昌公主，才色冠絶。時陳政方亂，德言知不相保，謂其妻曰：「以君之才容，國若破，必入權豪之家。斯永絶矣！儻情緣未斷，猶冀相見【一】，宜有物以表信。」乃破一鏡，兩人各執一半，約曰：「它日必以正月望日賣於都市，我若在，即以是日訪之。」及陳亡，公主果入越公楊素之家，寵嬖殊厚。德言流离辛苦，僅能至京。遂以正月望日訪於都市，有蒼頭賣半鏡者，高大其價，人皆笑之。德言直引至其居，設食，因詰之。蒼頭具言其故，遂出半鏡以合之。乃題詩曰：

照與人俱去，照歸人不歸。無復嫦娥影，空留明月輝。

陳氏得詩，涕泣不食。素亦爲之愴然改容，即召德言，還其妻，仍厚遺之。聞者无不爲之感歎。素因與德言、陳氏偕飲，令陳氏爲詩曰：

今日何遷次，新官對旧官。笑啼俱不敢，方驗作人難。

校勘記

【一】相見　「見」原文無，據《本事詩》補。

飲酒訖，陳氏泣與素別，遂與德言同歸偕老焉。

无双王仙客終諧

唐王仙客者，刘振之甥。振有女曰无双，幼稚戲弄相狎，振妻戲呼仙客爲王郎子。後无双長成，舅氏以位尊顯，欲廢旧約。仙客每窺見無雙，明艷若仙娥，唯恐姻親之不成，遂鬻橐，得錢數百万，厚賂舅母左右寵妾。又復設酒饌。遇舅母生日，則市新奇以獻。舅母大喜。忽有青衣告云：「親情事恐參差。」仙客恨之，心氣俱喪，然奉事之礼，不敢懈怠。一日，振趨朝，忽走馬歸云：「急鎖却大門！涇源兵士反，姚令言領兵入含元殿，天子出苑北門，百官奔赴行在。我以妻女爲念，略歸部署。」疾召仙客勾當家事：「我以无双嫁你。」仙客聞命，驚喜拜謝。振令仙客：「裝金帛，押領出開遠門，覓一深隙店安下。待我与親屬出啓夏門相凑。」仙客依教，城外店中待至日落不至，遂秉燭至啓夏門，見守門者皆持白棒。仙客徐問曰：「城中有何事？今日有何人出此門？」答云：「朱太天子，午後有人重戴，攜家欲出，云是租庸使刘尚書。門司不敢放出，追騎至，驅向北去矣。」仙客驚懼，走歸襄陽。二三年後，知尅復京闕，方入京訪舅氏消息，至新昌南街，忽遇旧使蒼頭塞鴻。仙客問：「阿舅、阿母安否？」鴻曰：「尚書授僞命，與夫人皆處極刑。无双小娘子已入掖庭矣。」仙客哀苦傷情，又問曰：「旧家人誰在？」鴻曰：「唯无双所使婢採萍者，今在金吾將軍王遂中宅。」仙客曰：「无双故无，見得採萍，死亦足矣。」乃謁見遂中，願納厚價以贖採蘋。遂中許之。後京兆尹李齊運，以仙客爲富平尉，知長樂驛，忽報中使押領内嬪三十人往園陵，宿長樂驛。仙客謂塞鴻曰：「人言嬪選在掖庭者，多是衣冠子女。恐无双在焉。汝爲我一窺，可乎？」塞鴻假爲驛吏，烹茶於簾外。忽聞簾下呼曰：「塞鴻，塞鴻，王郎健否？」鴻曰：「郎君見知此驛。」无双曰：「明日我去後，汝於東北閤子中紫褥下，取書送郎君。」言訖，便去。鴻於褥下得書，送仙客。仙客覽之，茹恨涕下。其書後云：「常見勑使説：『富平古押衙，人間有心人。』能求之否？」仙客遂歸本官，尋訪古押衙者，居村墅。仙客厚贈金宝。歲餘，古生曰：「察君之意，將有求於老夫。老夫乃一片有心人也。」仙客以实告。古生仰天，以手拍腦者數四，曰：「此事大易，然不可朝夕便望。」後半歲，古生曰：「宅中有何人識无双？」仙客以採蘋對。古生曰：「借留三五日。」後忽聞有高品過，處置園陵宫人。仙客甚異之，令塞鴻探問所殺者，乃无双也。仙客哭曰：「本望其生，今死矣，爲之奈何！」是夕，聞扣門甚急，及開門，乃古生也。領一兜子入，謂仙客曰：「此无双也，今雖死，心頭微暖，後日當活。」古生又曰：「暫借塞鴻。」令堂後掘一坑。坑稍深，抽刀斷塞鴻頭於坑中。仙客驚怕。古生曰：「郎君莫怕。今日報君足矣。此聞茅仙道士有藥術，服之者立死，三日却活。昨求得一丸，令採蘋假作中使，以无双逆黨，合賜此藥令自盡。至陵下，託言親故，以百縑贖其屍。凡道路郵亭，皆厚賂之，必免漏泄。其茅山使者及舁兜人，皆在野外處置訖。老夫爲郎君，亦自刎。郎君亦不得更居此。門外已爲安排，到檐子一十人，馬五匹，絹三百疋。至五更，可挈无双便發去，变姓名浪跡以避禍。」言訖舉刃，仙客救之不及，頭已落矣。仙客葢覆其屍訖，天未明，發去。歷西蜀下峽，寓居于渚宫，悄不聞京兆之耗。遂歸襄陽別業，与无双偕老矣。

〔不負心類〕

李亞仙不負鄭元和

李娃，長安娼女也，字亞仙，舊名一枝花。有滎陽鄭生字元和者，應舉之長安。嘗遊東市，至鳴珂曲，見一宅門嚴邃，有姬憑青衣而立，姿色絶代。生停驂，徘徊不能去。詐去下於地，候其從者，令取之。累眄，情甚相慕。生問其友，對曰：「此狹斜女李娃宅，其家中贍，非累百万，不能動其志。」生曰：「但患不諧，百万何所惜。」徐律扣門。侍兒馳入大呼曰：「適時遺鞭郎來也。」娃整而出見。一姥即娃母也，呼生爲郎。及旦，生尽徙其囊橐，家于李氏之第。歲余，資財僕馬蕩尽。姥曰：「女与郎相知一年矣，而无孕嗣。此間有竹林神，報應如響，宜詣彼祠下，祭奠求子，可乎？」生大喜。翌日，與娃同往，再宿而返。路出宣陽里，娃曰：「此去小巷，某姨宅也。」引生拜之。池館幽絶，竹木葱蒨。生曰：「此姨私第耶？」娃笑而不答。食頃，有一人控大宛馬汗流馳至，曰：「姥暴疾，宜速歸。」娃謂姨曰：「我方寸亂矣！乘馬前歸，却遣返馬，取郎偕來。」日晚，馬不至。姨曰：「郎試前往覘之，某隨後來。」生至舊宅，扃鎖甚密。鄰人曰：「娃移居再宿矣。」生馳赴宣陽，問其姨氏，至則扣扉不應。有一官人出，生問之，對曰：「此崔尚書宅。昨一婦人税其庭院居兩日，云待其親戚遠至者。未暮，已去矣。」生惶惑無所歸。因訪日即抱疾甚困，邸主徙之凶肆中。稍愈，令執繐幃，維其雇直以自給。尤善哀挽，曲盡其妙，每歌薤露之章，聞者掩泣。適遇生父來京師，有老僕見之，告其父曰：「歌者之皃，酷似官人之子。」父曰：「吾子以多財爲盜所害。奚至是耶？」僕乃馳往，持其袖曰：「豈非某郎乎？」遂引与俱歸。父怒曰：「汝志行如此，汙辱吾門。」乃將出至曲江杏園中，鞭之數百，斃。父棄去。其凶師告同黨，往瘞焉。心下微温，經宿乃活，十旬能起。披布裘，懸鶉百結；持破甌，巡閭巷丐食。一旦大雪，乞食之声甚苦。有一門獨啓左扉，即娃之第也。娃聞其声，連步而出。抱其頸【二】，以綉袍擁入，長慟曰：「令子至此，我之罪也。」姥怒曰：「當逐出，奈何令至此？」娃曰：「此良家子，昔驅高車，持金到我家，一旦蕩尽，母子立設詭計逐之，令其失志，不齒人倫。欺天負人，神明不佑。今姥年六十，願計二十年衣食之用，以贖我身。當與此子别卜所居。」姥因許之。乃以數百金税一僻居，与生沐浴。先爲湯粥通其腸，次以酥乳潤其臟，徐以水陸之饌而奉養之。將理終歲，生勝如前。娃曰：「体已康矣，志已壯矣。可温習藝業，以志于學。」俾夜作昼，娃常偶坐。二歲而業大就。娃曰：「未。」更一年，曰：「可行矣。」遂登甲科。又應直言極諫，居第一，授成都府

【二】抱其頸　「頸」原作「頂」，據唐白行簡《李娃傳》改。

參軍。娃曰：「今日之事，復子本軀，某不負矣。願歸，君當結援鼎族，無自黷也。送子至劍門，當回。」既至劍門，生父拜成都府尹。旬日，父至。生投刺謁之，父見其祖父官諱，大驚，慟哭曰：「吾與尔父子如初。」生具陳本末。父問：「娃安在？」曰：「送某至此，當令復還。」父曰：「不可。築别館以處，備六禮以迎之。」娃婦道甚脩。自後，生之父母殁，持孝甚至。有靈芝産於倚庐，一歲三秀。又有白燕巢其甍。生累遷清顯，娃封汧國夫人。

癸集卷二

〔重圓故事〕

韓翃柳氏遠離再會

天宝中，韓翃有詩名。与富人李生友善，生以幸姬柳氏与之。明年，翃擢上第，省家於清池，歲余未歸。忽盜覆二京，士女奔駭。柳氏以貌艷，懼不免，乃剪髮爲尼，居于法雲寺。時侯希逸爲淄青節度，請翃爲書記。翃遣使間行求柳氏，以練囊盛麩金，仍於囊上題曰：

章臺柳，章臺柳，昔日青青今在否？縱使長條似旧垂，爭知攀折他人手。

柳氏答曰：

楊柳枝，芳菲節，所恨年年贈離别。一葉隨風忽報秋，縱使君來豈堪折！

豈期蕃將沙吒利初立功，知柳氏姿色【一】，劫以歸第，寵之專房。翃從希逸入覲京師，至龍首崗，見柳氏在輜軿中。兩情顧問，悲不勝情。有虞候許俊曰：「當爲足下立致之。」乃衣縵胡，佩雙鞬，從一騎，徑造沙吒之第。候其出來，乃大呼曰：「將軍中惡，使召

校勘記

【一】知柳氏姿色　原文下衍「知柳氏姿色」五字，删。

夫人！」僕侍辟易。遂升堂，挾柳氏，跨鞍馬，逸塵而奔，倏忽即至翃所寓之居。時沙吒恩寵殊等，翃懼禍，訴於希逸。希逸以事聞諸朝。帝憐之，詔以柳氏還翃。

張時與福娘再會

張時，字逢辰，河南人也。少年遊學至建康。盤旋數日，顧見建康形勝，鍾阜龍蟠，石城虎踞，退而歎曰：「自古稱金陵帝王州，豈苟言哉！」居數日，忽覩一少女，帶領三五人撐蓋，濃粧麗服，行入曲巷頭一小屋中。張時一見之頃，不覺動心。然張時方至建康，未審其爲何人。及至建康稍久，頗有相從遊者。偶行至巷首，張時問曰：「此屋虽然隘小，然庭户瀟洒，軒窻清淨，何人家也？」友人曰：「此妓者謝福娘之家也。福娘年未二十，才思洒落，應對滑稽。虽未爲花魁，然官司有筵會，非福娘不飲。而官司照矚之者，有過於花魁。」張時聞其言，喜曰：「吾輩可同訪彼否？」曰：「可。」遂同士友到其家。惟見福娘方梳洗了，輕移蓮步，微轉星眸，從内而出。張時見之曰：「真我前日所見之人也。」遂具酒殽同飲。偶筵間膽瓶内有芍藥花二朵，福娘心喜。張時年少風韻，又善談笑，至第二盞，唱芍藥詞。詞名《燕山亭》：

風雨無情，紅蘂吐時，下得㥥㥥摧挫。雲艷捲涼，旋汲銀瓶，收拾三三千朵。長日留伊，要把酒不教放過。无那，越放縱香心，越盤來大。特地點檢笙歌，先要吹个六幺曲破。總是少年，負却才名，佳客共伊圍坐。粉薄香濃，爲笑多不肯梳裹。

知麽？　須醉倒今宵伴我。

詞罷，張時曰：「若還醉倒，則不能伴君矣。」坐客与福娘皆大笑。既又曰：「適佳麗所唱之詞句，語既佳，意思尤勝。人言詞出佳人口，倍然。」福娘曰：「此特古詞耳，何足稱道。」張時曰：「古詞既不足道，可當造作一詞否？」福娘曰：「可。」即以紙筆令張時作詞。時曰：「今日之會，有賓有主；　主人先爲之，即當奉和。」福娘喜之，即援筆作詞《南歌子》：

閑傍藥欄西，正是春光三月時。深紫淺紅光照眼，依稀，有似西施醉枕攲。

摘放膽瓶兒，冷艷幽光映酒巵。曾記古人題品語，袄知，今夜花王得艷妻。

張時覽之，即就筆和云：

暖日未斜西，正是迷花殢酒時。紅藥彫欄呈冷艷，依稀，花重枝柔厭半攲。

相對耍猴兒，一捻幽芳勸酒巵。魏紫姚黄來覷着，方知，準擬今宵醉伴妻。

和畢，張時与福娘相得之歡，不啻魚水。留戀數月，倚玉偎香，未嘗相捨。及至秋末，忽前任建康守張尚書來，遣數十兵卒前來喚福娘去祇應酒。福娘欲不去，前此得張尚書之顧盼者甚多【二】，不容不去；　若去，則又不肯捨了張郎。沉吟良久，而差來人又催促甚緊，只得前去。遂与張君執手泣别。自是張時悶悶無聊，遂歸侍下。而福娘遂爲張尚書帶領去湖南仕宦。

【二】張尚書　「尚」字原脱，據文意補。

未幾，張時中高選。五年之間，爲湖南運幹，方赴上，於江下艤舟。忽見小舟中有一婦人，素服淡粧，坐于舟中，高聲呼：「張逢辰。」張時視之，乃福娘也。移舟相近，問其所以，方知張尚書近日不禄，其子差人操舟先送福娘歸去。一見張時，於是又隨時之運幹任，歡愛不啻相見之初。張時於未赴任之先，已有鼓盆之戚；方欲爲親，及得福娘，於是不復作娶。福娘后遂得爲命婦，受享富貴三十餘年也。

〔離妻復合〕

錢穆离妻而後再合

錢穆，莆陽人。幼而聰敏，長而好學，風姿粹美，骨氣軒昂。時人以奇男子目之，而錢穆亦自負其才，以爲奇男子也。然貧而不能自立。有兄在福州南禪寺爲僧，名慧聰。錢穆往依之。一日，慧聰欲去蜀川雲遊，以觀山川之勝。穆於是与之偕行。及至峽州，時有一富室蕭文貴者，与穆相會於旅邸中。文貴与語，見其經、史、傳記、百家、諸子无不通曉，大奇之。欲請穆教其子弟，然亦未知其爲文如何，於是設席，邀穆至其家。曁酒已半酣，文貴曰：「酒所以開發胸懷，詩所以吟詠情性。今日有酒，不可无詩。請君作一詩，以叙其情。」穆乘酒興，即索筆作歌一首。歌曰：

余生兮出莆陽，家世兮襲衣裳。學道兮未能近天子之光，路岐兮徒彷徉。間關巇險兮，歷曲折之羊腸，望巫山兮色蒼蒼，觀峽水兮流湯湯，回望故家兮天一方。不圖至此兮，獲瞻數仞之門牆。飽以仁義兮踰稻粱，飲以德兮勝觥觴。他日若能收寸效兮遊帝鄉，當大書特書兮播盛德之芬芳。

歌成，文貴大悦。即日請穆將擔仗至文貴書院中安下，以其二子出，拜穆爲師。僧惠聰見其弟已有棲息之地，於是相辭，自入蜀。錢穆在蕭文貴家，教導有法，規矩甚嚴。半年之間，其子頗進。文貴眷戀錢穆之意甚厚，惟懼其去。遂与之爲媒，娶本坊王子文女爲妻，以固其志。甫及四年，穆以有母在家，欲歸侍養。其初，文貴猶未欲与之去，至其言之稍力，不得已，許之。於是錢穆挈其妻以歸莆陽。方穆之在文貴家，已自有少錢物。文貴又与之買置貨物，賃兩舡，与穆歸莆陽，擇日起行。穆與其妻王氏人坐一舡，方行兩日，宿泊江岸。忽夜半後狂風大雨，怒濤如山，舡纜俱絶。王氏所坐一船，其去不遠，即得泊岸。獨穆所坐一舡，隨狂濤流去，不知所在。數日探問，絶無消耗。將謂穆已死於江水矣。至次早，穆於蘄州方得上岸。思其妻，未明生死。思其人而憶其舡，於旅肆中題於壁上。詩云：

憶昔行程日，駢頭晝鷁飛。豈期風烈烈，頓濺浪巍巍。掣拽無完纜，漂摇不别崎。棹稍无救應，彼此漫歔欷。物既同舟逝，人應与世違。何時得相見，執手与同歸。

題詩後，遣人到昨所泊舟之岸側，尋訪王氏所在，已皆各不相知。及到其家，又不得其实。及所遣之人到峽州，則已數月矣。穆自謂其妻王氏已死，命僕人挑擔以歸莆陽。

臨行次，復題詩一絶：

怒濤洶湧把天吞，人掩泉扃亦抱寃！待我而今歸去後，謄歌楚些與招魂。

題畢，泣淚出門而去。暨至其家，相去四五千里，声迹絶不相聞。王氏以爲穆不復存矣，其父王子文招媒議親。當已与韓仲甫者議定爲婚訖，錢穆忽夜半夢其妻告之曰：「自前此狂風驟發，纜斷舡流，彼此相失之後，声迹各不相聞。我父將謂君已伴三閭大夫【三】，遊於水中矣。今已將我嫁与本郡韓氏之子，非久言歸。」言訖，穆躍然而覺。既而思之曰：「尋常夢寐不如是，此我神与妻會，故其言如是之的也。」即躍馬陸行至峽州，則見其妻王氏已治疊嫁裝，旬日之間歸於韓氏矣。一見穆至，王子文大驚，以爲鬼魅。徐而視之，方知其真錢穆也。遂令媒人責禮物酧還韓氏，復爲夫妻。

【三】三閭大夫　「閭」原作「庐」，徑改。

佚文

蘇小卿

《醉翁談録》　烟花奇遇

蘇寺丞爲閶江知縣，有女字小卿，性格妖嬈，儀容儼雅，瑩玉肌香，宫腰難比。因遊賞於花園之間，星眸四顧，見一人臥於花陰之下。女叱問曰：「何人敢至於此？」對曰：「姓雙名漸，本郡吏也。少覽經書，長工詞賦。期躍禹門之三浪，待攀仙桂之一枝。柰家貧無以進身，暫爲本縣之廳吏。」女子悦其顔貌，默念曰：「荆山之玉，自帶纖瑕，世之常理。今生精神端麗，誠爲佳士，但未知其才學。」遂指廳壁山水賦詩。漸乃借意挑之，曰：「澗邊芳草連天碧，山下錦濤無丈尺。鶯稀燕少蝶未知，蜜意尋芳與誰惜？我有春情方似織，萬緒千頭難求覓。富貴榮華不早來，眼前光景空抛擲。」女子見詩，心加愛慕。乃曰：「昔相如有援琴之挑，文君潛附轂相逐。韓壽孤吟於牕下，賈氏竊之以香囊。此乃怜其才兒。」嬌羞微笑曰：「爾能學否？」生曰：「一介末吏，非匹耦不敢當此。」女慙曰：「妾一言已出，反不見從。邇來詩涉淫辭，汝得何罪？」生不得已而諾之。亂紅深

校勘記

處，花爲屏障，尤雲殢雨，一霎懽情。生曰：「今日別後，再會何時？」女曰：「如今別後，可解職歸家，深心勵學，不忘勞苦，以俟搜賢取士。待折高枝，然後復令良媒求親，可矣。我乃它托不嫁，等待親音。更無忘也。」生方欲言，見侍婢數人走至園中，生乃遁去。遂遊遠郡，訪其先覺，苦志二載，功業一成。歸詢本縣，公吏云：「寺丞不禄，縣君挈家以往揚州，投於外祖。」生乃往揚州，問其親音。有人云：「小卿母又告亡，小卿落於娼道。」生乃大慟。忽契友皇甫善、劉仲脩相訪，云：「吾兄有不樂之意？」生以它托告之。劉曰：「一盃與君解悶。」遂三人同往妓陌之所。但見綵樓與翠閣相連，綉幕共珠簾對捲。劉引其青衣出，請獻茶，應聲而趍。但見女子立於簾下，眉如柳葉，臉似桃花，玉削肌膚，百端嬌美。女子揖衆入於小閣中，坐茶了，衆方欲起，劉遂命酒開樽，四人共飲酒。妓行女與衆人曰：「妾有少懇，仰干清聽。近畜一歌妓，世間罕有。願求新詞，收爲家寶。得不見阻，深幸。」衆皆唯唯，酒再行之。後用青紗罩罩一女子，執板筵前佐樽。各滿引盃，令女子歌。女子再起曰：「衆中如有詩詞，願示片言。」漸乃先成其詞，衆不敢措手，衆賓大服。雙生詞曰：「碧紗低映秦娥面，咫尺暗香濃。瑶池秋晚長天共，恨煙鎖芙蓉。夭桃再賞，流鶯聲巧，不待春工。樽前潛想，櫻桃破處，得似香紅。」女乃深謝。酒再行，且再勸之。漸於樽前顧眄，見女子容貌若小卿也。心悸魂飛，但忘所惜。其女子見漸面，默念之：「依稀似雙郎也。」心目皆眩，情魂俱失。數盃之後，女子不免問漸曰：「然平生未識高丰，敢問仙卿姓氏？」漸暗喜曰：「乃閶江縣人也。漸姓雙，因訪親得至於斯。」女子亦曰：「妾先人前任閶江縣蘇寺丞也，因染疾不禄。妾隨母至揚州，母又厭世。不能自養，遂落於娼流，終不爲樂。」語畢，唏嘘流涕，悲不自勝。是日筵散，各歸所邸。漸獨坐自念曰：「我當日共伊花間叙别，指山爲誓，永不别嫁。今已爲娼。」正嘆之，忽有人彈户。漸開户，見一青衣，曰：「適來筵娘子别具小酌，專候官人。」漸與青衣同去。小卿再拭鉛粉，别搔簪珥，出簾相引就坐。各叙間别於小閣中。其小酌三盃之後，小卿與漸曰：「自别之後，父母繼亡，失身娼道。每自思君，空勞夢寐。今得自就合歡之志，我所愿也。」是夜姻緣，再逢嬌態。次早生辭，小卿曰：「是何言也？相别三載，今方得見，安可遽去？」生曰：「聞伊與司理院薛官人爲親，安可久住也？」女曰：「我宅中有一小室，爾且安止。」逐日俟司理回宅，却共妾偕行。遣興吟詩，與郎繼和。」閑時促席飲樂，荏苒二春。美任歸京，官吏送至郵亭餞别。前至大江沿流而上，漸觀江景寂寞，鬱鬱不樂。船因至鍾陵浦，夜泊豫章城下。是夜萬里無雲，月色如畫。凝情似醉，亂思如癡。一派江聲，促成愁思；數點漁灯，燒斷離情。浩飲長歌，不能自遣。忽聞樓櫓呀呷，有一畫舸將近。亦係垂楊之下，蓬牕相對。漸出視之，但見彼舟中馬門裏，一佳人年約二十餘。對坐一人，必是其夫，約五十餘歲，形貌古怪。明燭舉酒，左右二青衣女子。佳人抱一琵琶，品弄仙音。漸熟視之，即小卿也。漸因見佳人，遂成心感，不敢傳言，遂自歌而挑之。歌云：

樂天當日潯陽渚，舟中曾遇商人婦。坐間因感琵琶聲，與托微言寫深訴。因念佳人難再得，故言何必曾相適。今日相逢相識人，青衫拭淚應無極。我因從官臨川去，豫章城下風帆住。續有翩翩畫舸來，斜陽共繫垂楊樹。緑窻相近未多時，紅簾半動聞私語。認得舟中是誰氏，長自盧江佳麗地。蘇小從來字小卿，桃葉桃根皆姊妹。十歲清歌已遏雲，十一朱顔如桃李。十二難描新月眉，十三解綰烏雲髻。亂花深處偶相逢，一託深心許爲壻。翠鬟曾剪繫平生，暗斷平生與盟誓。無何官難兩相忘，因病流落來天際。揚州一夢今何處，風月深情向誰訴？算來爭信不相逢，空感當時無限事。昔日風光曾作主，今日風光如陌路。腸斷江頭夜不眠，風帆明日東西去。

女子品弄之次，忽聽歌詠，熟認其音，乃雙郎也。女放琵琶而出視，見雙漸立於馬門之外。四目相交，各有餘情。皆眷眷而不敢奉認。女入舟中，再抱琵琶品弄，其聲悲噎，人不忍聞。遂乃歌以答之。歌曰小卿在舟中答雙生：

妾家本住盧江曲，私處蘭閨嬌不足。金翹未綰翠雲低，羅裙已束尖腰玉。回眸雙派秋水清，低眉兩點春山緑。妾之名兮世所聞，錢塘蘇小真仙屬。二三月兮春遲遲，鄰姬行樂相追隨。小竹青絲賞何處？笑言相指亂花溪。折花舉酒未成宴，倏然有客花前轉。青驄馬繫緑楊陰，低鬟便與迎相見。眼期心約情繚亂，與君一使柔腸斷。縱有西清松柏間，仝心許結連枝願。幸得伊救我，妾身願以死以報君之德也。

漸曰：「此不可久住，恐被舟中人見。」令得力者押行李後進，二人易衣馳騎，先往京師。參選，注授顯擢歷任，得偕老焉。（《永樂大典》卷二一四〇五）

圖書在版編目(CIP)數據

全宋筆記. 第9編. 8 / 上海師範大學古籍整理研究所編.— 鄭州 : 大象出版社, 2018. 3

ISBN 978-7-5347-9442-1

Ⅰ.①全… Ⅱ.①上… Ⅲ.①中國歷史—史料—宋代 Ⅳ. ①K244. 066

中國版本圖書館 CIP 數據核字(2017)第 162682 號

全宋筆記 第九編 八

出版人	王劉純
特約編輯	陳 新
責任編輯	郭一凡
整體設計	張 勝
出版發行	大象出版社 鄭州市開元路16號(450044)
製　版	上海杰申電腦排版有限公司
印　刷	北京匯林印務有限公司
版　次	2018年3月第1版 2018年3月第1次印刷
開　本	640mm×960mm 1/16 19.25印張
字　數	209千字
印　數	1—1000册
定　價	73.00元